本书由暨南大学“211工程”
建设项目“传媒产业与新闻传播研究”经费资助出版

传媒与文化研究丛书　董天策　主编

媒介融合与话语越界

——传媒文化的多维阐释和散点透视

Media Convergence and Discourse Boundaries-Crossing

A Multi-dimensional Interpretation and Shifting Perspective of the Media Culture

陈伟军◎著

中国社会科学出版社

图书在版编目（CIP）数据

媒介融合与话语越界:传媒文化的多维阐释和散点透视/陈伟军著.
—北京:中国社会科学出版社，2011.6
ISBN 978-7-5004-9704-2

Ⅰ.①媒…　Ⅱ.①陈…　Ⅲ.①传播媒介-研究
Ⅳ.①G206.2

中国版本图书馆 CIP 数据核字(2011)第 060840 号

责任编辑　郭晓鸿(guoxiaohong149@163.com)
责任校对　周　昊
封面设计　李尘工作室
技术编辑　戴　宽

出版发行　中国社会科学出版社
社　址　北京鼓楼西大街甲 158 号　　邮　编　100720
电　话　010—84029453　　传　真　010—84017153
网　址　http://www.csspw.cn
经　销　新华书店
印　刷　北京君升印刷有限公司　　装　订　广增装订厂
版　次　2011 年 6 月第 1 版　　印　次　2011 年 6 月第 1 次印刷
开　本　710×1000　1/16
印　张　17
字　数　279 千字
定　价　38.00 元

序

伟军原来在新闻媒体工作，到高校任教的时间并不长，几年内，他迅速地完成了转型，在教学、科研岗位上勤奋耕耘，取得了良好的业绩。我很高兴地看到，他孜孜以求、探索不倦，又有新的著作出版。

基础扎实、视野开阔，是伟军突出的优点。他善于融会贯通文学、新闻传播学及相关学科的知识资源，形成了自己的研究路径和特色。他 2009 年出版的博士论文《传媒视域中的文学》，已显示出在跨学科研究方面的潜力。从文学到新闻实践，再到传媒文化，伟军研究领域的交叉和转换，其实是很自然的。他借鉴文化研究的方法，打通文学与传媒，进而重点关注传媒文化。他将自己的知识背景充分运用起来，结合所在院系教学、科研的需要，在开放性的知识场域和学科边界的跨越中找到了立足点。

由于大众媒介对当代社会生活的广泛渗透，传媒文化是学界研究的热点之一，吸引了众多学科、专业的学者介入其中。事实上，跨学科的方法、综合性的思维更有助于我们对传媒文化进行深度审视。传媒实践及其文化现象不是孤立存在的，多维阐释、多样化的学术语言可以使我们更清晰地把握事物的全貌。《媒介融合与话语越界》一书，是伟军在多学科之间游走取得的成果。这种收获，缘于作者对我们时代的知识生产状况有着深入的领悟。他认识到，过度的专业化和过细的学科划分，无异于画地为牢，将会使研究对象和知识体系被切割成零碎的小块，从而削弱整体印象和思想深度。对此，我很赞同他的观点，知识、思维、理论、方法，原本就应该是开放性的，是互相交叉和相互渗透的，不受学科壁垒的限制与阻隔。

该书涉及了众多领域，但作者对相关问题的考察并未停留在表面，而是抓住特定的对象，从不同侧面透视传媒文化的复杂性。如广告与文学、广告与日常生活之间的关系，伟军深入地分析了广告与文学的文本互涉、广告与日常生活的文化诗学建构。书中提出，生活的极度商业化使得广告的符号意义不断增值，广告文本采用独特的表意符号，将欲望修辞与受众需求联系起来，使人的经验世界理想化、诗意化。广告参与建构的日常生活的诗学体系，是一种广义的诗学，它拓展了日常生活的“诗性”、审美性。这些虽是一家之言，但颇有见地，能够启发人们新的思考。

伟军始终站在学术前沿，直面媒介实践中的新动态和文化现象。诸如媒介融合趋势下的知识生产、媒介融合视野中的新闻出版强国建设、手机媒体与图书营销、电视“明星学者”、媒介技术与人文素养等，作者将理论思辨与实务分析相结合，文化观察与传媒运作相结合。全书内容厚实，论据充分，具有理论的锐气和锋芒。

伟军不仅理论准备和专业积累深厚，知识面也很广泛。书中对晚清报刊评论、“小说界革命”与现代性的阐述，便显示出作者坚实的历史、文化基础和独到的理论眼光。作者指出，19 世纪末以来，物质层面的“现代化”诉求与精神层面的“现代性”追寻在中国结伴而行，大众传媒推动了现代性的进程。晚清报刊评论、文学杂志和小说理论的嬗变，就体现了这一点。基于新的理论思维，该书还追踪了“五四”和 20 世纪 90 年代的人文论争，这种纵向维度上的思潮解剖、文化把脉，是作者多学科知识交融互渗的理性结晶。

该书对传媒文化进行散点透视，实际上各部分之间还是有其内在的联系。作者以文化、价值和意义追寻为核心线索，在历史和现实的时空坐标上思考各种媒介现象的精神底蕴，探讨大转折时代的传媒文化嬗变与价值流向，为我们理解传媒实践及其文化定位提供了某种参照。书中表达的价值立场，也体现了一个人文学者应有的文化品格。

伟军为人谦虚诚恳，做学问勤勉踏实。翻阅书稿，看到年轻人不断进步，作为老师，我深感欣慰。

是为序。

蒋述卓

2010 年 11 月于暨南园

引言　传媒文化内蕴与价值流向探析

大众传媒在现代人的生活中扮演着重要角色，它是信息和知识的传播载体，维系着整个社会的政治、经济、文化等各种活动，承担着社会意义与主流价值建构、引导的功能。传媒的这种固有属性，使它构成了文化不可或缺的一个重要部分。传媒文化，或者说媒介文化、媒体文化，在当今社会日益成为强大的精神力量。

传媒的话语实践与意义建构

对于“文化”的定义，有无数种。但不管文化的含义如何泛化，它都应该与意义和价值相关联。正如美国学者约翰·菲斯克所指出的，文化就是生产关于和来自我们的社会经验的意义的持续过程，并且这些意义需要为涉及的人创造一种社会认同。在意义的生产和传播过程中存在着快乐。文化生成是一个社会过程：关于自我、社会关系的所有意义，所有扮演了如此重要的文化角色的话语和文本，只有在与社会体系的关联中才能得以传播。任何社会体系都需要一种关于意义的文化体系。[①] 意义和价值生产，文化与集体认同，又必须以大众传媒作为中介。斯图亚特·霍尔在《文化、传媒和“意识形态效果”》一文中指出，现代传媒首要的文化功能，便是选择建构“社会知识”和“社会影像”。大众是通过传媒建构的这类知识和影像来认知世界，来体味他们

① ［美］约翰·菲斯克：《解读大众文化》，杨全强译，南京大学出版社2001年版，第1页。

曾经经历过的现实生活。汤普森说，现代社会中象征形式的生产和流通是与传媒产业的活动不可分的。传媒机构的作用如此重要，它们的产品遍布日常生活之中且特别吸引人，今天难以想象生活在一个没有书刊报纸、没有电视、没有无数把象征形式常规地和不断地传给我们的其他传媒的世界里会是什么样的。日复一日，报纸、电视等媒体持续不断地传给我们发生在我们所处社会环境以外的事件的有关形象、信息和思想。电影与电视节目中放映的人物成为千百万人的共同关心点，他们之间可能从无交往，但由于他们参与传媒文化而具有一种共同经历和集体记忆。[①] 大众对媒介信息的接收可能是零散的、非连续性的，然而这种信息播撒无处不在。通过提供信息、知识给时间与空间上广大和分散的受众，大众传媒刻写了人们的外部印象、集体记忆和社会意识。

大众传媒不能简单地视为社会化工具，它是一种“自主性”的力量，遵循文化生产自身的逻辑，决定着文化的类型、风格以及作用于社会现实的方式和范围。哈罗德·伊尼斯认为，“一种新媒介的长处，将导致一种新文明的产生。”[②] 尼尔·波兹曼更进一步指出，“媒介的形式偏好某些特殊的内容，从而能最终控制文化。”[③] 波兹曼阐述道，虽然文化是语言的产物，但是每一种媒介都会对它进行再创造——从绘画到象形符号，从字母到电视。和语言一样，每一种媒介都为思考、表达思想和抒发情感的方式提供了新的定位，从而创造出独特的话语符号。这就是麦克卢汉所说的“媒介即信息”。波兹曼指出，麦克卢汉的警句还需要修正，因为这个表达方式会让人们把信息和隐喻混淆起来。信息是关于这个世界的明确具体的说明，但是我们的媒介，包括那些使会话得以实现的符号，却没有这个功能。它们更像是一种隐喻，用一种隐蔽但有力的暗示来定义现实世界。不管我们是通过言语还是印刷的文字或是电视摄影机来感受这个世界，这种媒介—隐喻的关系为我们将这个世界分类、排序、构建、放大、缩小、着色，并且证明一切存在的理由。波兹曼写道：“一种重要

① ［英］约翰·B. 汤普森：《意识形态与现代文化》，高铦等译，译林出版社 2005 年版，第 180 页。

② ［加拿大］哈罗德·伊尼斯：《传播的偏向》，何道宽译，中国人民大学出版社 2003 年版，第 28 页。

③ ［美］尼尔·波兹曼：《娱乐至死》，章艳译，广西师范大学出版社 2004 年版，第 10 页。

的新媒介会改变话语的结构。实现这种变化的途径包括：鼓励某些运用理解力的方法，偏重某些有关智力和智慧的定义以及创造一种讲述事实的形式，从而使某个词语具有某种新的内容。”[①] 波兹曼深刻地揭示了传媒、语言与文化之间的关系，传媒的话语实践，是无意识的语言结构、符号象征、精神意义和价值系统的根本来源。人们的社会意识、话语体系和价值观念，被传媒潜移默化地塑造、修正和改变。

由于大众传媒对当代社会生活的广泛渗透和意义生产的深度介入，公众往往接受媒体再现的外部世界和社会现实，按照媒体的思想逻辑和话语倾向去评价客观事件，因而当代文化实际上就成了传媒文化。传媒法则正在与日俱增地穿透进日常生活的世界。在传媒中，较之在日常生活中我们见到的是另一种物理学和另一种形象和事件的逻辑。它起始于电视屏幕上的变幻图像，通过视觉和赛博空间，营构出叫人见所未见的新维度来。我们对现实的这一阐释，开始打开了世界潜在的多元性。有了传媒的表征，日常世界便日益根据传媒的法则来框架自身。这导致了传媒和日常逻辑的混合，至少是在那些唯有通过其传媒表征才被认知的现实之中。[②] 我们日常生活中的常识观念、价值取向和评判标准，在很大程度上是经由大众传媒构建的。

通过传播媒介的交叉路径，精神产品的生产与消费进入一个多元关系覆盖的复杂网络，主导意识形态和市场竞争规则，欲望和利润，多重力量博弈。传媒的运作逻辑，跟价值建构与消解、文化生产与传播交织在一起，人们在媒介话语中接受社会化的经验、概念与语言形式。广告、时评、影视、时尚杂志、流行歌曲、BBS论坛、博客、微博、手机段子……如洪水般泛滥，大众从中获取交流的话题，形成自己的道德观念和价值评判。

消费主义语境中的传媒文化逻辑

传媒处于当今文化生活的中心位置，形成历史上前所未有的复杂境况。

① ［美］尼尔·波兹曼：《娱乐至死》，章艳译，广西师范大学出版社2004年版，第33页。

② ［德］沃尔夫冈·韦尔施：《重构美学》，陆扬、张岩冰译，上海文艺出版社2002年版，第249—250页。

"当代世界一直处在剧烈变动中，只是在这个时代它的变动是由媒介与信息技术共同造成的，这二者带来的变化体现在政治（全球化政治的出现与地方主义、区域主义的复苏）、经济（大众消费品的重组与消费者权力的激增）与文化（大众传媒占据了主导地位，幻想与现实的坚固防线也溶解开来：这就是超现实）中。"[①] 人们的自我意识、情感结构、心灵世界，都打上了传媒的烙印，虚拟与现实的界限消失了。在后现代世界，现实和身体的概念正在改变。由媒介所描述的现实不再是物理现实的反映，而是一个自足的、我们所有人都参与其中的世界。吉奥凡尼·瓦提摩强调指出，是交流和信息社会日益提高的互动性产生了人关于自我及自我存在于此世的意识。他认为，这产生了一个想象性的世界，而在人类的意识中，这个世界变得真实了。[②] 这也就是波德里亚所揭示的，从媒介到媒介，现实符号取代了现实本身，我们生活于其中的世界已被一个复制的世界所取代，在这个世界中，我们看到的不过是一些模拟的刺激而已，除此之外别无他物。

在传媒制造的虚幻自由和狂欢语境中，人的主体性并未真正得到确立，媒介技术对人的控制、异化和情感荒漠化成为触目惊心的现实。面对追新逐异的潮流，"时装师假装要满足公众对多样和变化的要求，实际上却产生千篇一律的后果。书籍出版业也是这样的情况。比如，当前的潮流是重印的封皮越来越具有活力。结果，所有的封面都钻进了一个肉欲的死胡同。同样，毫无形态变化的、千篇一律的东西也成为书籍内容的特征。"[③] 各种不同形式、内容、运作理念的媒介，表面上让受众有了更多的选择，但传媒的同质化，使受众深陷趋同性的"话语牢笼"，被各种"媒体奇观"所吸引。按照道格拉斯·凯尔纳的解释，媒体奇观是指那些能体现当代社会基本价值观、引导个人适应现代生活方式、并将当代社会中的冲突和解决方式戏剧化的传媒文化现象，它包括媒体制造的各种豪华场面、体育比赛、政治事件和那些用"突发新闻"的标签来

---

① ［英］罗杰·西尔弗斯通：《电视与日常生活》，陶庆梅译，江苏人民出版社 2004 年版，第 2—3 页。

② ［芬］汉娜尔·考维恩：《从默认的知识到文化产业》，见林拓、李惠斌、薛晓源主编《世界文化产业发展前沿报告（2003—2004）》，社会科学文献出版社 2004 年版，第 110 页。

③ ［加拿大］马歇尔·麦克卢汉：《机器新娘——工业人的民俗》，何道宽译，中国人民大学出版社 2004 年版，第 42 页。

吸引受众的事件。在追求媒体轰动效应的时代，传统意义上的新闻已经屈从于奇观逻辑，因而被“小报化”。[①] 现实生活原本是混沌无序、纷繁凌乱的，传媒通过信息筛选、过滤，把支离破碎、互不相干的片段拼贴起来，或者聚焦某些特定的人物、事件或场景，构筑具有视觉冲击力的符号奇观，并将人们对外部世界的片段印象聚合为整体经验。大众传媒影响力的空前扩展，日常世俗生活经由传媒改造之后直观的“陌生化”，商品世界在“工业设计”和“广告”之后的艺术品化，拼贴和复制作为大规模生产的文化工业与生俱来的特性，让现代主义所追求的创造个性落地无声。[②] 媒体技术具备了个体化的效应，但未必能带来个性化、民主化的结果。

传媒文化与商业化的逻辑、消费主义的观念合谋，在文化工业的生产线上成批输出由大众购买和消费的文化产品。出于商业利润的目的，文化产品要赢得尽可能多的消费者，以实现扩大再生产。它诉诸人的各种欲望，将精神文化变成工业产品，推动社会的高度商品化。“在日常生活领域，媒体文化也被用来推销体现高消费理念的名人符码、消费快感、高技术和种种崭新的身份形式。技术资本主义已经发展到令人目眩神迷的信息/娱乐社会阶段。媒体巨头之间的合并和重组方兴未艾，竞争愈演愈烈。在这样的背景下，媒体制造出一个又一个‘奇观’来吸引观众，这些带有浓厚广告色彩的节目旨在刺激庞大消费机器的启动。”[③] 消费文化的建立，固然是经济、社会变迁的结果，但与传媒也密不可分：电视、电影、耸人听闻的庸俗小报、发行量巨大的各种时尚杂志等奉行享乐主义的原则，大肆宣传闲适的生活格调和新的行为规范和准则，激发人们的物质欲望，将享受、快感视为生命价值的实现。大众传媒的象征符号指向人类的欲望心理，唤起各式各样的诉求。当代社会快节奏、高压力的生活，也促使人们在闲暇时间中去娱乐、轻松和享受。如广告便是以生命的内在欲望为基础，诱惑人们参与商品消费，从中去寻找各种梦想中的体验，留住青春，体味温情，追求成功、卓越和高品位，或者把握现时的各种快乐和美好的

---

① ［美］道格拉斯·凯尔纳：《媒体奇观——当代美国社会文化透视》，史安斌译，清华大学出版社 2003 年版，第 2 页。

② ［美］詹姆逊：《文化转向》，胡亚敏等译，中国社会科学出版社 2000 年版，第 3—5 页。

③ ［美］道格拉斯·凯尔纳：《媒体奇观——当代美国社会文化透视》，史安斌译，清华大学出版社 2003 年版，第ⅶ页。

东西，并提醒每个人要善待自己，暗示各方面都有自我完善的空间。

按照法国思想家居伊·德波的理论，当消费完全占据了社会生活的各个领域，景观（奇观）就产生了。德波指出，在现代生产条件无所不在的社会，生活本身展现为景观的庞大堆聚。直接存在的一切全部转化为一个表象。“景观不是附加于现实世界的无关紧要的装饰或补充，它是现实社会非现实的核心。在其全部特有的形式——新闻、宣传、广告、娱乐表演中，景观成为主导性的生活模式。”[①] 人们沉迷于各种景观而丧失自己对本真生活的希望和渴求。景观社会或曰“奇观社会以广告为中心，遵循媒体文化被高度商业化的原则，通过休闲、消费、服务和娱乐的机制来不断扩展其影响力。向奇观社会的结构性转变实质上既是社会生活原有的、未被侵蚀的领域被迫接受商业化的过程，又是对休闲、欲望和日常生活领域进行官僚主义式的控制逐渐扩展的过程。”[②] 通过多样化的新奇影像，调动各式象征化的意义符码，利用各种专门化的媒介，景观具有巨大的辐射效应，它成为一种文化常态，支配着人们的无意识心理结构。

新媒体技术的文化效应

互联网、手机等新媒介形式的强势崛起，传播与沟通技术出现了整合的趋势。在媒介融合的平台上，数字化带来了语言性质、文化生态的新变化。“新的传播系统日趋使用全球的数码语言，既将我们文化的言词、声音与意象之生产与分配在全球层次整合，又按个人的心情和身份品位量身订制。互动式电脑网络呈指数增长，并创造传播的新形式与频道。它既塑造生活，同时也为生活所塑造。”[③] 高科技成为传媒创新的驱动力，数字技术可以将所有信息，包括文字、图片、音频和视频等，采用压缩封包方式传输，让受众在新媒体终端上随时随地获取，完全个人化的传播系统呼之欲出。

---

① ［法］居伊·德波：《景观社会》，王昭风译，南京大学出版社 2006 年版，第 3—4 页。

② ［美］道格拉斯·凯尔纳：《媒体奇观——当代美国社会文化透视》，史安斌译，清华大学出版社 2003 年版，第 3 页。

③ ［美］曼纽尔·卡斯特：《网络社会的崛起》，夏铸九等译，社会科学文献出版社 2006 年版，第 2 页。

新媒体彻底打破了传播的时间和空间限制，提供实时互动的多种途径，带来日常交流和信息传递模式的变化，“在文化、技术和观念上震撼着我们生活的根基”。[①] 新媒体不仅是一种新的传播载体，同时也是一种用于感知、思考的方式，一种转变思想意识和价值观的工具。

新媒体技术营造的意义世界，改写着人与人、人与社会之间的关系。对此，媒介学者提出了一系列引人深思的问题：年轻人借助技术如手机、电子邮件及其他即将发明的设施实现的几乎不间断的联系，会产生什么影响呢？仅借助技术连接相互联系的年轻人，他们的关系会是什么样子？由于现代的年轻人更多地通过虚拟手段进行交往，那么他们与同龄人之间有更紧密的社会关系吗？或者，因技术联系而牺牲了更为丰富的直接交往，他们之间彼此会更为疏离吗？[②] 更进一步地说，新媒介将如何改变我们的思维方式、文化生态和价值流向？如何在推进社会健全民主机制、自由表达的同时保证规范化的秩序？对这些问题，我们目前还难以作出明确的回答。

可以肯定的是，新媒体技术会导致多种多样的文化效应。这些效应既可以是正面的，也可以是负面的。乐观者认为，媒介的走向是产生更加自然的形式，存活下来的媒介就达到人类某种自然的生态环境，保罗·莱文森把这种走向叫做媒介演化的“人性化趋势”。新媒体空前地延伸了我们交流的范围和能力，给我们提供的一切都是最好的东西，使我们既可以远程交流、长时间交流，又可以不失去自然的世界。“显而易见，手机是这个新型的、尚未发育完全的领域里原型的天使。”[③] 还有一些学者提出，新媒体搭建的信息平台使人类进入了一个泛文化的传播时代，各种文化以立体的符号形式存在，为所有人提供了分享不同层次文化的机会。新媒体指向充满意义的生活世界，社会成员都能在自我创造、自我实现的过程中实现个性的全面、自由与和谐发展。从新媒体的现状及其发展趋势来看，这当然是一种理想状态。必须看到，新媒介传播中的话语暴力、群体极化、价值紊乱、无厘头恶搞、庸俗化和低俗化倾向也

---

① ［美］凯文·凯利：《网络经济的十种策略》，萧华敬、任平译，广州出版社 2000 年版，第 7 页。

② ［美］格兰·斯帕克斯：《媒介效果研究概论》，何朝阳、王希华译，北京大学出版社 2008 年版，第 202 页。

③ ［美］保罗·莱文森：《手机》，何道宽译，中国人民大学出版社 2004 年版，第 147、171 页。

是存在的。新媒体加快了思维的浅表化，信息海量增加、膨胀，一切都是瞬间传送与接受的，深度和意义在信息海洋中漂移、融化、消失。受众可以有无数种选择，但无非都是时尚虚浮的文化快餐，瞬间与永恒、时间与空间、泡沫与经典，其间的鸿沟被填平了。

新媒体的影响力正在与日俱增，无论基于何种出发点，我们都应该严肃审视其文化角色定位。如果理性的反思声音沉寂了，传媒文化将不可避免地沉沦，人们将陷入深深的价值迷惘。不管技术如何进步、社会如何发展，新媒体的运作都不能偏离主流文化和核心价值体系的轨道。面向数字化未来，科学与人文，技术操作与价值理性应该在新的层面实现相互融合与共同发展。

目　录

第一章　媒介融合的知识场域

一　媒介融合趋势下的知识生产

日新月异的信息、通信技术促成了互联网、手机等新媒体的崛起，信息传播、知识生产的方式呈现出更加多样的形态，媒介融合成为一种必然趋势。互联网、手机与报刊、广播、电视等传统媒体构成一种多向竞争、交融互渗的媒介生态。国内外的一些传媒机构陆续进行全媒体实验，展开了战略层面、操作层面乃至文化层面的媒介融合。

媒介融合是新观念、新技术催生的一种现实选择，它体现在媒介战略转型、信息资源整合、业务技能更新等诸多方面。以信息的数字化技术、网络技术为基础，纸质的、音频的、视频的、移动的媒介实现了大联盟，各种不同的文档格式、传播手段可以在一个大平台上进行整合，通过新型显示终端分享多元、异质的资源。在全球化媒体融合形势的催逼下，传媒业跨越疆域界限全面竞争，大规模的媒介融合方兴未艾，而网络、3G手机等新媒体的兴起则直接加快了媒介融合的步伐。媒介生存发展环境及其运作逻辑的变化，同时也影响着人文社会科学的知识生产，传媒领域的重新组构悄然改变着我们时代的文化生态和知识场域。

新的平台建构与知识生产转型

多媒体化或全媒体化的媒介融合，建构起新的信息传播、知识生产平台，其复杂程度显然要超出传统的学科知识边界。科技突飞猛进，各种新知识层出不穷，精神生活和知识性质亦发生了改变。按照丹尼尔·贝尔的说法，知识是对事实或思想的一套有系统的阐述提出合理的判断或者经验性的结果，它通过某种交流手段，以某种系统的方式传播给其他人。知识有别于新闻和文娱，它包括新的判断（研究和学问）或者对老判断的新提法（课本和教学）。[①] 而艾德加·莫兰从文化的视角审视知识，将它视为文化的积淀。知识是经过存储和编码的，只有掌握编码规则的人才能理解，而掌握编码规则的人只能是语言和符号系统等某种特定文化的成员。[②] 知识、信息、数据，这些概念既有联系，也有区别。数据是有关事件的一些离散的、互不关联的事实，数据本身没有意义；信息是经过加工处理的有用数据的汇集，综合了各种变化的数据，具有相关目的性；知识则产生于工作的大脑，是“结构性经验、价值观念、关联信息及专家见识的流动组合”。[③] 知识产生于信息，如同信息产生于数据。知识生产在不同领域有着不同的表现形式，而创新是其共同的本质，并且都是将信息进行升华，使信息浓缩、系统化。后工业社会可以视为知识社会，技术改变了社会关系和我们观察世界的方式，尤其是运输和通信革命促成了新的经济依存关系和社会联系网络，知识、市场、媒介和权力紧密结合在一起，这种变化是技术、文化和社会相互作用的结果。

科学技术从一个方面重绘了当代的知识总图景，所有的知识、信息都可以在同一个复合的、选择性的、互动式媒介系统里传播，所有的知识、信息都可以整合在一个共同的认知模式里。知识生产和传播成为一种技术化的程序，知识由人脑创造、记忆转换为多媒体机械自动存储、自动检索、增殖和复合。现

---

① ［美］丹尼尔·贝尔：《后工业社会的来临》，高铦、王宏周、魏章玲译，新华出版社 1997 年版，第 191 页。

② ［法］艾德加·莫兰：《社会学思考》，阎素伟译，上海人民出版社 2001 年版，第 354 页。

③ ［美］托马斯·达文波特、劳伦斯·普鲁萨克：《营运知识》，王者译，江西教育出版社 1999 年版，第 22—23 页。

代传媒技术为知识社会提供了新的认知方式和探索逻辑，人们可以打破时空的限制，用自己所喜欢的任何方式去获知和传播信息。正如利奥塔尔所指出的，“在这种普遍的变化中，知识的性质不会依然如故。知识只有被转译为信息量才能进入新的渠道，成为可操作的。”[①] 随着媒介融合进程的加快，知识的获取、整理、支配、利用等相应都会发生变化，知识不再是传统意义上的知识了。

作为一种全新实践和话语重组，媒介及其相关要素的会聚与整合，其影响不仅是在技术层面，它还会对我们时代的文化生态和思想框架造成巨大冲击。基于互联网的新媒体及其引爆的媒介融合，搭建了“一个超越历史上全部既有知识的平台，在其上演绎出一幅全球化、个人化、现代化、社会化、信息化交相融合、此起彼伏的宏伟动人图景”，“成为新的生产关系、知识机制、价值规律、文化观念、意识形态的社会化生产要素，它既具有继承人类过去的本能，更具有开辟未来、突破创新的天性。”[②] 可以说，传统的文化理念，知识生产与传播的方式在媒介融合的环境下发生了种种变异。有学者研究网络理论时提出两个概念：“松散的网络”（loose Web）及“文化生产论说”（cultural production thesis）。[③] 网络在延伸传播疆域、推动媒介融合的同时，催生新的话语实践和知识构型。在科技突飞猛进的后现代社会，人们的思维模式、生活方式和专家学者、文学艺术家的神秘地位以及社会结构、人际关系、时空观念等都遭到了颠覆性的破坏与消解。由于电脑和网络，“今天一根头发丝般细的光纤能在不到1秒的时间里将《大不列颠百科全书》二十九卷的全部内容从波士顿传到巴尔的摩。”“世界正飞速进入交互时代，这一时代改变着我们交流、学习、生活、工作和娱乐方式的每个方面。”[④] 全球化语境与消费社会的欲望冲动，为媒介扩容和技术创新提供了制度背景，文化属性乃至人的主体性亦因此

① ［法］让-弗朗索瓦·利奥塔尔：《后现代状态——关于知识的报告》，车槿山译，生活·读书·新知三联书店1997年版，第2页。

② 苏志武：《新媒体：竞合与共赢·序言》，中国传媒大学出版社2009年版，第1页。

③ 鲁曙明、洪浚浩主编：《西方人文社科前沿述评·传播学》，中国人民大学出版社2007年版，第41页。

④ ［新西兰］戈登·德莱顿、［美］珍妮特·沃斯：《学习的革命》，顾瑞荣、陈标、许静译，上海三联书店1997年版，第60、497页。

改写，人类的知识和经验进入了一个新的层次，多媒体语言、文本将信息和知识重新编码，通过数字化技术、网络技术使之进入快速循环的轨道。

在媒介融合时代，知识生产变得更为快捷，知识产品的品种也更为多样化，这是以往任何历史时期不可比拟的。由于信息社会的非物质生产对物质生产的生产力水平具有决定性的影响，社会进步在更大程度上依赖于知识再生产，信息、知识、消费、健康、研究、教育等均被产业化。今天科学杂志及论文的数量正如发达国家的工业产量一样，几乎每 15 年即增多 1 倍。美国联邦通讯委员会的高级教育传播专家罗伯特·希里尔德指出："今天出生的孩子，到大学毕业之时的这一段时间，世界的知识总量将增加 4 倍。在他 50 岁时，知识的总量将增加 32 倍。"① 新知识的浪潮已迫使我们走入日渐细分的专业领域，驱使我们以更快的速率，重新修正现实在我们头脑里的形象。而且，这种情形绝不仅限于物理分子或遗传基因的深奥科学知识而已，同样适用于其他影响我们日常生活的各种不同的知识领域。生活变成了一个充满信息和知识的时空交织体，这些信息和知识被多媒体编码、数字化，在任何时间、任何场所都可视、可感、可读。

知识生产的转型是多种因素和力量促成的，当媒介融合推动电子传播媒介向数字式语言彻底转变时，现代文明正在发生深刻的转变。知识生产的主体，不只是高等院校和政府的科研机构，各种企业培训和虚拟组织相互合作，催生新型的研发人员。

传播手段创新与知识分化整合

以计算机和网络技术等为基础的媒介融合，为信息和知识的生产、传播注入了新内涵。"由财富、科技及权力的网络所发动的全球化及信息化，正在改变我们的世界。它们提升了我们的生产力、文化创造力及传播潜能。"② 人类社会信息和知识的生产、传播与利用是一个永无止境的过程，随着社会发展和科技进步，信息和知识的生产方式、组织方法、整合途径及传播手段必然会不

① ［美］阿尔文·托夫勒：《未来的冲击》，蔡伸章译，中信出版社 2006 年版，第 17、85 页。

② ［美］曼纽尔·卡斯特：《认同的力量》，夏铸九等译，社会科学文献出版社 2003 年版，第 79 页。

断创新。

知识生产包括知识创造和知识传播两个不可或缺的环节，传统的观念只重视知识创造而忽视了知识传播。其实，知识生产与传播是一体二面。教育是为了一定目的而传递知识，研究和开发在其成果发表时就是传递知识。知识的社会化、信息化、商品化、交换价值和社会再分配，都是在知识传播过程中实现的。诚如弗里茨·马克卢普所言，“生产”知识的意义不只是发现、发明、设计和筹划等，还包括散播和传递。① 在社会知识的产生不是由传播来完成的时候，这种新知是不可操作的概念。只有人们分享了这种新知识，才能意识到新知已经产生。未经传播的新知识产生是毫无社会价值也是不被确认的。借助大众媒介和教育机构，信息和知识得以跨越时空广泛地扩散、实现社会化，为不同的人所共享。这个传播阶段可以视为知识的再生产，在新的头脑中生产——也就是说，从“已有该知识的头脑”传送到“还没有该知识的头脑”。

传播技术的革命，为知识传播提供了更快捷的途径和更经济的载体。比尔·盖茨曾经在《未来之路》中提及“传播冲突”的概念：传统上，人类的知识和信息是以书本文件保存的，当顾客选择了一本书并为它付款时，作者所得利益与花在木头纸浆以及传送信息等外在方面的资金相比只是大馅饼中的一小块。这就是传播冲突，它阻碍了多样性，并把作者的钱浪费在了别人身上。古登堡发明的印刷机给知识和信息传播冲突带来了第一次真正意义上的改变，它使得任何科目的知识和信息都能迅速而又便宜地发送出去。盖茨说，使信息传输变得极为廉价的信息高速公路的出现，更是基本消除了这种传播冲突，赋予作者更多的权利，因为顾客不用为信息的传送花费大量的冤枉钱。这并不表明信息将会免费，但传播信息的花费将会变得很少。② 传播冲突的消解，促进了知识资源的共享性、传递性和非损耗性，大大改善了知识生态环境，大家可以共享知识、共享资源。低损耗、微成本的传播通道使得知识服务社会的途径拓宽，人们的文化意识日渐增强，从而进一步推动知识的再生产。

当今社会的知识爆炸，是知识生产总量迅猛增长的结果，但其诱因也离不

---

① [美] 弗里茨·马克卢普：《美国的知识生产与分配》，孙耀君译，中国人民大学出版社 2007 年版，第 5 页。

② [美] 比尔·盖茨等：《未来之路》，辜正坤主译，北京大学出版社 1996 年版，第 152—153 页。

开信息技术带来的知识传播革命。“适当的编码不仅使人获得新思想而且获得传播它们的新技术。技术和文化的发展是相辅相成的。”① 从人类文化史来看，每一次媒介技术的重大变革，都会对知识生产和传播产生深远影响。从某种意义上说，媒介本身就是生产力，它在技术变革的基础上优化传播环境，同时通过塑造主体的观察方式、感知方式、思维方式来推动知识生产、传播。媒介一直渗透在知识的社会化过程中，为人类知识宏观网络的改善提供重要载体。口耳相传是史前人文艺术和知识的特征，语言、声音成为最重要的传播介质，古代的游吟诗人就是通过不断的游走吟唱来传播艺术、故事和历史的，这时的知识主要存在于人们的集体记忆中，知识在叙述和回忆的语言交流中建构。从龟甲、钟鼎、竹简、绢帛到纸张等书写工具的变化，以及印刷术的发明，使人类的知识复制、文化传播有了巨大进步，知识的生产模式和存在方式随媒介变迁而不断发生改变，“立言”、著书立说逐渐成为知识人的重要工作。当印刷术与近代以来机械工业的发展相结合后，知识传播彻底告别了手工抄录的时代，大大拓宽了传播范围，提高了传播效率。到了20世纪，“学科分化并重构为新专业，是知识增长的主要形式”。② 伴随着教育的普及化，知识开始以体系化、专业化的形式进入社会。

媒介对于知识发展的意义，并不仅仅体现为传播层面的工具作用，传媒技术改进还会导致知识形态和理解方式的变化。媒介虽不能视为社会进步和知识发展的决定性因素，但不同传媒类型使得知识性质以及知识社会化的意义迥然相异。电视机、录像机、摄像机、VCD、DVD、磁盘、U盘、MP3、移动硬盘、数据库……特别是高速度、多媒体、网络化的世界信息技术和交流技术的应用和普及，使目前仍处于主宰地位的书籍文化逐渐被视听文化所取代。过去纸质书籍是以文字为媒介传送知识和信息，今天的数字技术、媒介融合技术对知识的生产和传播产生了巨大影响。各种专业的知识数据库、“信息门户”、“知识门户”将分散的知识资源通过知识组织体系进行集成与整合，以统一的界面提供多样化的资源导航和检索服务，引导专业用户方便有效地获取知识和

① ［英］马克斯·H. 布瓦索：《信息空间——认识组织、制度和文化的一种框架》，王寅通译，上海译文出版社2000年版，第147页。

② Peter Scott，*The Crisis of the University*. London：Croom Helm，1984，p. 6.

信息。在这种趋势下，当代知识社会学的发展，愈来愈走向经验研究，主要是研究知识的生产、储存、传播和应用。

媒介融合技术的飞速发展，使知识生产和传播更趋向开放性和多元性。在通常情况下，学科是用来进行知识分类的，指一定科学领域或一门知识专业。知识原本没有学科门类的界限，人们对不同知识体系的抽象和划分，是为了学习、研究的需要。特定时期在某个学科名义下被研究的东西并非“自然的”对象，而是一个人为建构的知识场域（constructed field），这个场域本身就是通过学科的实践建构起来的。随着知识和技能更新速度的不断加快，理论知识和应用知识的传统界限已日渐模糊，知识生产模式的变化促进了学科知识新的分化与整合。

知识环境转换与接受方式变异

媒介融合的浪潮，对传统的知识接受方式也提出了挑战。知识接受是一种从语言、符号和教育教学中获得意义的社会行为、实践活动和心理过程，是受众与文本、知识传播者相互影响的过程。在媒介融合时代，传统单向的灌输式教育手段已很难适应今天的知识状况，大学生的阅读、写作水平大不如前也是很正常的。现今的孩子到上学年龄时，早已用非线性和视觉、听觉的方式饱尝了不计其数的电子信息和卡通影视剧，待到在教室里遭遇典型的印刷式教育体系，当然难以适从。在过去 30 年中进行的抽样调查和学者测试已经显示出公众在阅读和写作技巧，以及在关于历史、地理和科学等基本知识方面的水平不断下降。有些人建议，读写能力正如其历史上的界定那样，在将来也许不再重要了；新兴的以电脑为基础的可听/可视媒介，将很快使书面语言和印刷媒介降低到传播的精英形式[①]。图像化、影像化成为知识传播的重要手段，观看图像、影像的吸引力凌越于传统印刷时代的“阅读”之上。媒介变迁和载体形式的转换，改变了人类的外部知识环境，对知识接受无疑是一种强烈冲击。

走向融合的媒介把人们置身于一个知识、信息泛化的世界，由此带来感

① ［美］罗杰·菲德勒：《媒介形态变化》，明安香译，华夏出版社 2000 年版，第 95 页。

知、观念的种种变化。日常生活、工作、学习跟媒介技术紧密结合起来了，个体偏重于经验和知识的快速应用。当书籍、报纸、杂志和其他一些印刷文献开始变得习以为常以后，多媒体扩大了对人们时间的占领，死记硬背式的记忆方法不断地让位于发展起来的新技术。在西方，中世纪以前的阅读就是高声朗读，教会的职责之一便是禁止默读，因为默读被认为是反常的。直到公元10世纪，默读才逐渐普及。当时知识和传播工具只为少数人所掌握，知识、学术被蒙上了神秘的面纱，文化垄断导致知识崇拜。而在今天“知识爆炸”、文化普及的时代，人们期望学生们通过泛读来掌握具有普遍意义的世界观，而不是通过精读来获取专门的知识。于是学习知识的重点也开始由从容不迫的信息分析与批判性的思考，向快速获取和加工信息的方面转变。① 媒介变成了知识快速复制、传输的新型场所，生活自身也被不断编辑和重构。

知识生产与新型媒介技术的联姻，另一个结果就是传播者不得不考虑“大众”业已形成的趣味品位。在这个大众媒体和大众文化盛行的时代，人文社会科学知识也变成了一种商品，知识、经验只有以一种消费品的形式才能得以传播。融合的媒介系统不仅反映而且推动了这种文化现象的发展，并使得知识理解趋向浮泛化、去深度化。“可受性”强化了媒体与大众的亲和力而“真理性”则被悬置了，知识的内涵与深度也让位于传媒法则，生活的经验被与知识等量齐观。

加上知识存储和复制方式的变化，电子阅读器、数字图书馆冲击着传统的知识接受方式。“一个人所收集的书籍再现了他长期以来煞费苦心的选择。个人‘图书馆’常常将这个人与某个群体或某类小型团体的信息网联系起来。因此，个人图书馆也会将个人与其他群体及其信息隔离开来。需要一本本地去找书，所以人们倾向于‘寻找’自己熟悉或感兴趣的主题的书。”② 电子图像和声音却是将自己注入周围环境中，大众接受讯息几乎不费什么力气。从某种意义上讲，人们必须主动寻找印刷讯息，而影视剧等视觉形象及电子讯息却会主动出来接触人们。在这方面，电脑是给我们感知经验分类的强大工具，也是我

① ［美］罗杰·菲德勒：《媒介形态变化》，明安香译，华夏出版社2000年版，第95页。

② ［美］约书亚·梅罗维茨：《消失的地域：电子媒介对社会行为的影响》，肖志军译，清华大学出版社2002年版，第76页。

们知识生产的放大器。它在传播信息方面的作用，与其主要的认知功能一样，具有革命的意义。拥有一台电脑就是拥有一所图书馆，一所潜在的无所不包的图书馆。电子邮件、电子出版和电脑会议，对知识的全球互动产生深刻的冲击。① 网络、电子阅读器、视频等通过改变不同阅读习惯所建立的信息获取模式，可能正在影响着许多群体身份、社会化程度和权威的级别。学校是教育中心的传统认识不可避免地受到冲击，教师的权威地位遭到瓦解。数字符号的交流方式，建立的是"符号世界"，割裂了知识与价值的辩证关系，对学科知识中心论提出了挑战。"对传递确定的知识而言，教师并不比存储网络更有能力；对想象新的招数或新的游戏而言，教师也并不比跨学科集体更有能力"。② 在科技与社会互动的过程中，知识生产、传送和接受方式的变化，让人们需要重新思考教师或知识分子的角色定位。

与人们学习、工作、生活方式的改变一样，知识自身的性质也游离了传统的界定。英国学者弗兰克·富里迪在《知识分子都到哪里去了》一书中曾强烈质疑道："把知识转变为产品，也就剥除了它一切内在的价值和意义；而由知识经济的商人沿街叫卖的知识，事实上是知识的世俗化漫画。为什么这么说？因为缺少了与真理的联系，知识也就失去了其内在的含义。它成了一种抽象的观点，更可能被传播而不是珍视，可以在其最世俗的形式中被回收利用。"③ 新知识的创造性不应该只是在新概念、新技术、新成果、新应用等方面，新的思想内涵和人文价值也是不可或缺的维度。

传播技术变革与知识边界跨越

历史学家斯塔夫里阿诺斯在《全球通史》一书中指出，至今世界历史在很大程度上是连续不断的技术革命的历史，技术革命要求进行相应的社会变革。在当今这样一个活跃多变的世界里，"任何地方所采取的任何创造性成就都可

① ［美］保罗·莱文森：《思想无羁》，何道宽译，南京大学出版社2003年版，第170、172页。

② ［法］利奥塔尔：《后现代状态——关于知识的报告》，车槿山译，生活·读书·新知三联书店1997年版，第111页。

③ ［英］弗兰克·富里迪：《知识分子都到哪里去了》，戴从容译，江苏人民出版社2005年版，第7页。

能成为大家共同的知识财富，人们加以讨论、学习、采用或予以抛弃。最终结果将是全球范围的相互作用和相互交融，生物学领域中杂交优势的法则在文化领域中也会起作用。”[①] 今天我们面对传播技术新旧更替，媒介杂糅超越了单向技术的运用，必须采用一种新的思想、理论体系来评价这些变化以及随之而来的实践活动。我们在研究媒介融合的理论与实践问题的时候，不能只看到技术的一面，而忽略了社会和文化的一面。只有在多样化的视阈中，才能更好地把握传播技术变革、社会生活变动及知识生产的价值取向。

在媒介融合的趋势下，知识构型的转换将是不可避免的。对异质的、多样性知识的要求，也是社会生产、生活复杂性的表征。而过度的专业化和过细的学科划分，将会使研究对象和知识体系被切割成零碎的小块，从而削弱整体印象和思想深度。知识、思维、理论、方法，原本就应该是开放型和大一统的，是互相交叉和相互渗透的，不受学科壁垒的限制与阻隔。

由科技革命引起的知识转变，都很难用传统的概念、模型和观念去看待。媒介融合是一个具有高度复杂性的系统，它涉及自然科学、人文社会科学多个领域的知识。我们必须考察媒介融合与知识整合的真正本质，包括知识的信息化、媒体化、可视化、影像化传播等种种现象。现实的快速变动，常常超出我们的想象。不管怎样，新闻传播实践的变化，要求学界做出新的回应。针对媒介融合的发展趋势，研究者需要多学科的视野，跨越多个领域的话语界限，全方位地审视信息社会的媒介实践，探索现实和文化变迁语境中的知识构造学。例如，媒介融合是如何一步步改变和建构人类既有知识体系的，而这种变化则可以从哲学思路、文化研究思路、新闻传播学思路、多媒体艺术思路、社会学思路、经济学思路、管理学思路、应用技术科学思路等多维度展开。“边界跨越已经成为知识生产过程的一部分，不是一个外围事件，教与学、研究与学术以及服务工作，不再简单地是学科内部与学科外部的问题，学科互涉问题既在学科之内，也在学科之外。现在，学科每天都经历着众多领域的推拉和强大的新概念、新范式的拽扯，由于专业化已经扩展到新的问题领域，知识视野也扩大到新的经验领域和现象领域。新领域中兴趣的不断增加产生出新的知识范

---

① ［美］斯塔夫里阿诺斯：《全球通史》，吴象婴、梁赤民译，上海社会科学院出版社 1999 年版，第 904、908 页。

畴，它们填充在已有学科之间”。[①] 媒介融合作为当代高新技术与内容产业结合的产物，引起当代文化与技术的大跨度“杂交”与融合，它本身就是人类知识的最新成果，开辟了新的知识领域。新知识的增长有利于社会的交流和经济状况的改变，但要确切地预知知识给发展带来的结果还是非常困难的。异常复杂的媒介融合现象和快速变动的知识环境，很难用一种大一统的理论来描述和阐释。“社会的万花筒不断地在旋转，总是以永远变动的、新的和不同的形态出现在我们面前，因此，我们很难辨别出一种持久的结构来。”[②] 我们只能以开放性的思维方式，渊博的知识积累，前瞻性的眼光，打破那种传统的、因循守旧、故步自封的学科体系，探求我们时代的媒体变革和知识整合之道。

二 媒介融合视野中的新闻出版强国建设

媒介技术发展到今天，已经成为文化建设强劲的“自主性”推动力量。数字化、信息化、网络化技术为媒介融合提供了基础，催生了多媒体、跨媒体的迅猛扩张，将新闻出版业带入前所未有的变局和大转型。传统媒体与新媒体在更广阔的平台上相互竞争、融合，为新闻出版业带来了新的挑战和机遇。

新闻出版业始终处于媒介技术应用的前沿，也是文化创新的主力军，在媒介融合的视野中探求新闻出版强国建设的路径，思考相关的战略对策，拓宽发展空间，将是新闻出版业必须面对的现实选择。

媒介变局与新闻出版业转型

新媒体技术浪潮的涌动，对传统的新闻出版模式形成巨大冲击，其影响不

---

① ［美］朱丽·汤普森·克莱恩：《跨越边界——知识 学科 学科互涉》，姜智芹译，南京大学出版社2005年版，第51页。

② ［英］詹姆斯·库兰、［美］米切尔·古尔维奇编：《大众媒介与社会》，杨击译，华夏出版社2006年版，第146页。

仅体现在技术层面的传播方式上，同时更深刻地表现在媒介发展理念、思维范型、整体布局和文化生态等诸多方面。媒介技术的发展，带来广泛的辐射效应。

较之以往历史上发生过的传播革命，数字技术带来的颠覆性影响将更为深远，传统的媒体在数字化终端上都可以实现深度融合，这对人们的阅读方式、知识和信息获取方式，以及交往、沟通方式，都带来了重大改变。甲骨文系统（Oracle System）的创始人劳伦斯·艾里森认为，信息高速公路将最终从本质上改写一切中介传播方式。他说总有一天包括书籍、杂志、音乐、电视和电影等一切媒介都将被数字化，通过计算机互联网提供给每个人。美国学者罗杰·菲德勒在《媒介形态变化》一中也指出，出版商公开担忧，随着时间的推移可能没有任何人对阅读他们的出版物再感兴趣，而历史学家正在茫然不知所措：历史的终结是否在即。所有这些担心都表明，在当代媒介形态大变化开始进入它的下一阶段——由电子传播媒介向数字式语言彻底转变的阶段，现代出版和文明正在发生深刻的转变。

互联网、手机等新媒体的崛起，为数字化传播提供了更宽广、更大众化的平台，并催生新的内容服务模式。数字技术将相同的信息内容转换为不同的媒介形式传播，书、报、刊等平面媒体与音频、视频媒体在网络、手机等终端上实现融合。“融合是指所有的媒介都向电子化和数字化这一种形式靠拢，这个趋势是由计算机技术驱动的，并在网络技术的推动下变得可能。融合的出现对现有媒体秩序是一个意义深远的挑战，它为多媒体产品的发展铺就了发展道路。所谓多媒体是指文本、图片、视频、声音以及这些元素的链接和交互的混合体。”[①] 报纸、书刊等全面数字化，实现传统业态与新兴业态的融合，旧的媒介形式和新的传播方式并行不悖、共同演进。

新媒体集影音、图文于一身的复合传播，也在悄然改变着大众的阅读方式，人们从单纯依赖报纸、书刊等纸质媒体向多元化的阅读方式转变。中国出版科学研究所2010年发布的第七次全国国民阅读调查报告显示，从各类出版物的阅读率结构看，图书和数字出版物阅读率在上升，报纸和期刊的阅读率则

① ［美］约翰·帕夫利克：《新媒体技术》，周勇、张平锋、景刚译，清华大学出版社2005年版，第126页。

明显下降。从 2009 年的情况看，我国 18 周岁以上成年国民数字出版物阅读率为 24.6%。网络在线阅读和手机阅读是两大主要数字化阅读方式，分别有 16.7%的国民通过网络在线阅读，14.9%的国民接触过手机阅读，另有 1.3%的国民使用其他手持阅读器进行数字化阅读。毫无疑问，网络的迅猛发展是造成传统纸媒阅读率降低的重要因素。在这些“触网”的受访者中，有 91%的人说，他们在阅读电子书后就不会再购买此书的纸质版。[①] 这表明，电子书已对纸质书构成了很大挑战。像索尼和亚马逊电子阅读器的销量近年来大幅攀升，其功能不断改善，渐趋完备，它们对喜欢轻便携带书籍的人来说很有吸引力。

西方的数字化出版已经形成了一定规模，亚马逊等一大批从事数字化出版的公司日渐强大。包括麦克米伦出版公司、哈珀柯林斯出版社等一大批历史悠久的出版界大鳄，也开始通过和苹果公司合作等手段，开始向数字化出版领域迈进。兰登书屋总裁马库斯·杜尔的三大治业理念是：努力创新、提供高效服务和领军数字出版。兰登书屋投入千万美元用以改善纸质书和电子书的分销渠道，加快建立电子书库，目前电子书和数字音频收入约占其总收入的 8%。另据国外媒体报道，索尼数字阅读事业部主管史蒂夫·哈伯表示，在未来 5 年内，电子书销量将超越传统的纸张书籍。哈伯表示，大多数消费者已经接受了数字文本阅读方式，所以销量超越传统纸张书籍是件很自然的事，正如音乐和摄影走向数字化一样。哈伯的预测可能过于乐观，客观地说，在出版市场，电子书是发展最快的一个分支，但目前，销量远低于传统书籍。美国出版商协会表示，电子书的销量很难跟踪，但预计市场份额不会超过 5%。

一种新型阅读载体从诞生到被广泛接受，这其中有一个时间过程。从甲骨文阅读时代到简帛、手抄本阅读时代，再到印刷书阅读时代，其间的历史便极为漫长。现代媒介技术呈加速度向前发展，科技进步使数字化转型加快，电子图书、网上阅读、手机浏览将会在不太长的时间内更为普及。而且，读者并不只是出版物的被动受众，他们的精神需求以及物质条件（即购买力）等，都极大地影响着新闻出版业的规模和走向，在某种程度上可以说是读者牵动着出版

① 徐升国：《从第七次全国国民阅读调查看国民阅读趋势》，《光明日报》2010 年 4 月 20 日。

界的发展思路。据统计，2009 年我国数字出版产业的产值达 799.4 亿元。其中，数字期刊收入 6 亿元，电子书收入达 14 亿元，数字报（网络版）收入达 3.1 亿元，网络游戏收入达 256.2 亿元，网络广告收入达 206.1 亿元，手机出版（包括手机音乐、手机游戏、手机动漫、手机阅读）则达到 314 亿元。由此可见，手机出版等融合形式的新兴业态发展迅猛，具有广阔的成长空间。

必须看到，中国新闻出版业目前总体仍处于传统业务状态，赢利模式在很大程度上依赖纸质出版物，部分企业对信息时代的数字化趋势认识不足，忽略了搭建媒介融合平台的战略性意义，资源整合程度不高，内容和传播形式的创新能力较弱。而当阅读纸质载体的读者日渐减少的时候，这种原有的新闻出版赢利模式就面临着很大的风险。随着大众阅读习惯的改变，新媒体的优势越来越明显，在建设新闻出版强国的过程中，传统的新闻出版流程、运营机制不可避免地要进行调整乃至重构。

针对媒介融合趋势进行多元化探索

新媒体技术极大地延伸、扩展了大众传播的手段和载体，改变着新闻出版的内涵与外延。发展数字出版，推动媒介融合，是时代进步、社会发展和经济转型的必然选择，也是建设新闻出版强国的题中应有之义。

国务院 2009 年颁布的《文化产业振兴规划》明确提出，出版业要推动产业结构调整和升级，加快从主要依赖传统纸介质出版物向多种介质形态出版物的数字出版产业转型。积极发展纸质有声读物、电子书、手机报和网络出版物等新兴出版发行业态。加强数字技术、数字内容、网络技术等核心技术的研发，加快关键技术设备改造更新。新闻出版总署 2010 年初出台的《关于进一步推动新闻出版产业发展的指导意见》也提出，鼓励新闻出版企业创新纸介质读物形式，积极发展纸介质立体、有声读物，提升传统纸介质出版物的吸引力。打破出版载体界限，在多个出版平台上对出版内容进行深度开发和加工，实现一次性生产、多媒体发布。支持新闻出版企业积极采用数字、网络等高新技术和现代生产方式，改造传统的创作、生产和传播方式。加快从主要依赖传统纸介质出版产品向多种介质出版产品共存的现代出版产业转变。

必须看到，《文化产业振兴规划》和《关于进一步推动新闻出版产业发展的指导意见》提到的这些发展方向，不是一个简单的技术问题，它涉及新闻出版业的战略性转变，是全流程的整体革命，单单改造流程的某一个环节并不是新闻出版业数字化转向、媒介融合变革的最终目的。媒介融合打破了新旧媒体间的围墙，新闻出版、视频、网站、手机等融为一体，从而促使资源在更大的范围内合理配置。面对转型，新闻出版界要在发展理念、体制创新、平台建构、流程再造、管理手段和人才培养等方面进行探索和实践。

第一，在发展理念上，直面媒介融合带给新闻出版业的机遇和挑战，适应数字时代受众信息需求的特点，进行传播形式和产品形态方面的创新，从“传播者本位”向“受众本位”转换，传播内容上一定要努力做到分众化、对象化。

同时，要转变思维范式和经济增长方式，尽最大可能吸引战略合作者，消除出版商、技术提供商、移动运营商、影视剧制作机构等不同身份和角色之间的距离，寻找数字出版、媒介融合的有效模式，培育新的业务增长点。转变经济增长方式，就目前看，其核心是打破以往出版机构与其他媒体间相互割裂的局面。整合广播、电视、电影、音像、电子、网络等媒介资源，形成与出版之间合理流动、合理利用的格局，实现从单一纸介出版物向纸介与多媒体出版物并存、互通、互补、互动的转变，实现出版业服务对象的多层次、产品品种的多样化和传播手段的多元化，使出版业由一业为主转变为多元经营，形成出版资源的多次开发、合力经营、多种媒体互动发展的综合效应。[①] 新传播技术代表着新的生产方式，代表着全新的游戏规则和价值标准，需要全新的观念和运作模式。

第二，在体制创新上，努力构建结构合理、机制灵活、富有活力、竞争力强的现代传媒企业。媒介融合促使形成新的价值链和业务模式，同时呼唤体制和机制的创新，推动企业产品、业务和组织结构等方面重新整合。

我国正积极推进文化体制改革工作，新闻出版业要以此为契机，进行一系列深层次的改革，创新体制、转换机制，培育和重塑充满活力、具有竞争力的

① 齐峰：《资源整合：出版产业实现新发展的战略选择》，《光明日报》2009 年 7 月 27 日。

市场主体，建立现代企业制度。按照市场规律和行业特点，优化资源配置，实行规模经营，加快产业升级。

第三，在平台建构上，以数字技术为中介，将传统的新闻出版产品形态进行数字化处理和编码，建立统一的数据库，把纸质媒体、视频、网站和手机等融为一体，构建可以共同享用的技术平台。

从传媒业的前沿动态来看，平台化和大型信息服务终端将逐渐成为主流。如中国国际出版集团（中国外文出版发行事业局）“构建统一资源库，实现跨媒体出版”的经验便值得推广。这个项目将传统出版业务与互联网进行结合，以互联网开放、融合、互动、思想对传统出版资源进行分类、标示、加工，从而提出进行数字出版技术建设的解决方案。这样的统一资源库将国际出版集团内部的内容、经营、管理等各类资源统一管理，并在此基础之上实现内容的统一采编，实现书、刊、网一体化，使得各业务单位的资源通过“统一资源库”实现了跨部门互通共享。① 这样的网络平台一方面让跨媒体出版的流程更加顺畅，对内容资源的开发更加便捷；另一方面也打造了一个相关单位互动的平台，有利于协同效应的产生。

在向数字出版市场进军的过程中，中国出版集团数字传媒有限公司则力图打通产业数据沟通渠道，建设书业公共数据交换平台，实施供应链协同战略，聚合全国的出版资源，逐步建成拥有先进技术标准和完善数字化出版方案，面向全国出版行业、出版从业者以及全国广大读者的多功能、公益性和商业化结合的网络平台。② 这一宏大的构想实现后，可以达到资源的充分共享和多次重用，提高资源的整合和管理能力，满足个性化服务。

第四，在流程再造上，要适应媒介融合的特点，创新组织方式、内部架构和运作流程，改革采编流程、管理流程和经营流程等，实现产业链条上各个环节的互相支撑，逐步完成全流程再造，最大限度地整合资源，占领信息传播和媒介经营的制高点。

近年来，一些传媒机构抢先发力，在新的环境下进行业务流程再造。如烟台日报传媒集团研发的全媒体数字复合出版系统，包括 9 个功能模块，以及待

① 郑铁男：《构建统一资源库　实现跨媒体出版》，《中国传媒科技》2008 年第 8 期。

② 裴路、朱京玮：《数字传媒“牛角”初露　中国数字出版网呼之欲出》，《出版广角》2008 年第 5 期。

编稿库、历史资料库和成品库三个数据库，实现了用户管理、内容管理、线索管理、选题管理、任务管理和数据库管理的统一。该集团通过全媒体数字复合出版系统的研发以及机构、机制的调整，从集团层面再造了采编流程。[①] 打造一条包括“内容采集—内容编辑加工—内容多次发布—内容数据库存储—内容多次出售”等环节的内容产业化链条，通过整合产业链的上下游资源，创造出符合数字报业发展规律的新的价值模式，体现集团内容经营的集约化增值效应。

浙江出版联合集团 8 家图书出版社则建立了统一的全流程信息化管理平台。这个平台包括业务管理系统、决策支持系统、办公自动化系统等模块，以各出版社资源、选题、成本、质量、流程及销售管理为核心，集中监控和管理出版社的资源，为出版社管理提供决策支持。通过应用这个平台，出版社科学规范和重组了业务数据流，整合了人、财、物和信息流管理，实现了数据、流程和业务等企业资源的一体化管理。[②] 这种革新，将前沿性和可操作性很好地结合起来了。

第五，在人才培养上，从业者除了业务技能外，更重要的是需形成全媒体的思维方式，具备熟练的技能，前瞻的视野，宏观、整体的把握能力，以及创造性的策划、运作方式。

新闻出版业的知识含量高、发展变化快、人才需求量大，从业者除了大量的实践，还需进行各种专业培训，锻造高技术专才和领军人物，建立战略协同的商业运营团队。日渐融合的媒介跨越图书、报刊、影视、互联网、手机等领域，它呼唤跨媒体、全能型、复合型的人才，必须将培养新闻出版从业者的全媒体技能与全媒体运作思维，融入日新月异的具体实践之中。

培养造就大型传媒集团提升文化传播力

数字出版、媒介融合目前还看不到很清晰的赢利模式，但任何新生事物的

---

① 郑强：《再造流程，实施报业战略转型》，《青年记者》2009 年第 6 期。

② 耿丽萍：《开放合作，抓住机遇：实现传统出版在移动互联时代的转型升级——专访浙江出版联合集团董事长、总裁童健》，《出版广角》2010 年第 4 期。

成长必定有一个过程。适应媒介技术的变革，紧跟数字化和信息技术的发展趋势，建立出版业在新兴文化产业领域的业务体系，积极发展新媒体、贯彻多元化经营策略，在媒介融合的大背景下实现转型升级，势必成为今后中国新闻出版业的发展趋势。

以受众和市场为导向，加上技术的驱动，新媒体和传统媒体呈融合发展的混合态势，这对新闻出版业提出了更高的战略目标，单一的业务模式是很难继续发展下去的，书、报、刊、网以及其他媒体联动，以新技术系统、新运营方式推动产业升级，应是传统媒体在转型过程中做大做强的一个重要突破口。

新闻出版强国的内涵与标志，很重要的一个方面是：应当拥有一批科技含量高的新兴业态、一批世界知名的出版传媒集团、一批国际影响力大的出版品牌。新兴业态和骨干龙头企业具有极强的带动作用和辐射效应，大型传媒集团跨地区、跨行业、跨媒体、跨所有制，更能产生广泛国际影响力和强大竞争力。纵观全球，新闻出版业开始被一批跨国传媒集团所控制。美国的兰登书屋、欧洲的古纳亚尔出版公司从属于贝塔斯曼，哈珀柯林斯从属于新闻集团，西蒙·舒斯特、麦克米伦从属于维亚康姆，时代周刊、康泰纳什、梅里迪斯从属于美国在线·时代华纳。它们都是跨国运营的国际文化传媒巨头，其产业链条涵盖了新闻出版、电视、网络等领域，在出版方面重点转向了电子书和数字业务系统。

中国的新闻出版业要跟上时代发展的潮流，必须全力推进企业优化资源配置、多种媒体兼营、并购联合重组，最大限度地开发利用出版资源的多种价值，实现全媒体出版企业产权结构的多样化、投资主体的多元化，充分发挥规模经济的优势。建设新闻出版强国的一个突破口，便是进行跨媒体、跨行业的资源整合，深入运用高新科技，以市场需求为导向进行多元扩张，延伸产业链，提高内容创新能力和文化传播力，形成全球竞争优势。

三　媒介融合运作：手机媒体与图书营销

随着新技术的发展，手机的功能日益丰富，除了作为个人移动通信工具外，手机短信、手机上网、手机报纸、手机电视、手机图书等方兴未艾，手机自身也开始了角色的转换，由移动通信终端演变为大众传播媒介，它被不少人称为“第五媒体”。在新技术的条件下，所有的传统媒体都不得不重新审视自身的角色定位，改善原来的设备基础、管理架构、经营方式，更新传播观念、媒介理念，并采取新的应对措施。

手机、互联网等新媒体对传统媒体构成了一定的冲击，图书的出版、营销必须积极主动顺应时代潮流，在经营理念、管理机制、服务方式等层面进行策略性的调整，确保运营模式的高效率，开拓市场。其实，机遇与挑战同在，新技术也有利于传统图书出版、营销模式的升级。这里我们试就手机媒体与图书营销这一话题作一些探讨。

媒介融合力助图书宣传和推广

回顾大众传媒发展史，旧媒体与新媒体的关系并非是水火不相容的。科技的发展有助于媒介生态的互动乃至融合，不同性质的媒体如果能相互取长补短，实现有机组合，将有力推动传媒事业的发展。如手机报纸、电子书刊等，便带有复合媒体的功能，它们明显不同于各单一媒体功能的简单相加。

对于新媒体科技发展带来的新变化，传统媒体可以在适应中调整自己的发展策略。如报纸适应互联网推出了电子版，适应手机推出了手机报纸，新旧媒体在融合中找到了自己新的定位。因此，新媒体技术也带动、催生着传统媒体的发展。在新的媒介生态和传播环境中，图书营销完全可以借力于手机媒体，进行图书的宣传和推广。

由于竞争日趋激烈，图书营销工作近年来难度越来越大。出版社、国有书店、民营书商使出浑身解数，书展、书市、大书城、网上书店、超市书店、社区书店等让人目不暇接，图书经营在竞争中变得相当困难。就像美国图书业人士所说的，出一本书不太难，难的是把它卖出去。应该看到，新技术对图书营销是有一定的推动作用的。如手机媒体虽不能向读者直销图书，但它通过扩展信息服务，可以向用户发送图书的最新书目和书店新近营销动向，并替书店接受订货，书店根据手机用户预先的订购送书，这就挖掘了单靠书店无法全部掌握的潜在的读者需求。

手机媒体以高速的通信网络为依托，创造了搜集和传播信息的新方式。当前应用最广泛的手机短信，为用户提供了快捷、方便的实时信息服务，信息在发送的那一刻几乎同时到达接收者，它改变了人类信息的传播与交往方式。手机短信以其方便、价格低廉、可保存、能够互动等优点，为图书信息传播、图书促销开辟了一条新的渠道。例如，在美国，图书营销最常见有效的宣传方式除了书目、书评、广告、网络等之外，出版商和书商开始重视手机媒体的功能。在获得客户许可的情况下，手机短信可定期将书目发送到目标客户手中，并反馈回客户的需求。以前，出版、计算机和通信产业看上去完全属于不同的世界，如今它们正在新技术的推动下处于迅速组合中。手机媒体实时提供的图书信息服务，对优化图书出版、营销策略是有裨益的。

移动通信技术为图书营销和业务拓展提供了便利，手机的增值服务也受到了国内一些新华书店的关注。据报道，南京、广东潮州、深圳等市新华书店开通了专用短信特服，甚至有的新华书店打算开通手机移动论坛（移动博客）功能。其中较典型的代表是深圳书城，他们搭建起了一个多功能信息平台，这是一个集网站、呼叫中心、短信平台三位于一体的大型图书营销、资讯服务系统。它以多渠道、双方向的客户沟通模式，构建从图书查询、信息咨询到多渠道便捷购书的“虚拟书城”和“一体化服务中心”，是书城业务系统的延伸和整合。深圳书城短信平台主要用于会员读者之间的交流沟通，书城会免费向有需要的会员及时发送书城营销活动信息。

从技术上看，手机的数据传输能力不断加强，在纯文本短信之外，多媒体短信 MMS 整合了视频、图片、声音和文字等多种信息形式，信息容量也在快速增大，传输性能渐趋优越。目前手机的色彩性能已可与一般笔记本电脑屏幕相当，多媒体图像显示能力大为提升。手机短信对图书的宣传，可以有足够的空间使宣传信息具体化，突出关键信息、卖点，做到图文并茂、信息齐全，配上新书封面，并附带上书评文字等。由于移动通信与互联网的融合，手机用户还可直接进入网上书店，观看或搜索图书网站提供的信息。而 3G（第三代移动通信技术）应用和普及后，将使得手机几乎能全面实现固定网络所具备的所有功能，同时也将加速推动图书出版、营销与手机媒体的组合。这不是说传统的出版、营销方式将被淘汰，而是新旧媒体在多元共生中为人们提供更多样化的服务。

提供个性化的优质服务

与整个社会消费环境、消费习惯的变化一样，读者对图书发行、消费的要求越来越高。图书品种的多样性，使得分众传播很有必要，因为单一品种的图书不可能满足各类读者的需要。这就要求对图书的宣传、促销应该区分不同的受众群，根据他们的文化层次、阅读兴趣、个人口味进行有针对性的策划，激发他们的购书意向，达成购买行为。

众所周知，经营图书和经营其他商品是不一样的，图书既是一种商品，也是一个文化符号。图书营销的目的不仅仅是为了引发顾客的购买欲望，从一种更高的境界来说，它也是为人们营造精神家园。图书这种精神产品的再生产，也依赖于消费者永不止息的知识渴望和精神追求。因此，经营图书不是一种纯粹的商业行为，它要能够不断进行服务模式的创新，为顾客提供优质的、全方位的个性化服务，使他们产生一种心理上的认同。

手机、互联网使图书信息的传递等更快捷了，出版社、书店可以借此实现资源利用最大化，在媒介的互动中进行市场渗透，竭尽全力把图书销往需要它的人群中去。以国内的新华书店为例，四川新华在线网络责任有限公司是较早从事电子商务运营的专业网络公司。目前，新华在线已通过移动、联通、电信各基础运营商业务平台，向手机用户市场提供了包括新书上架、好书推荐、图书导购、搜书助手等图书服务功能，书店会员掌上 VIP 应用增值服务功能等。而浙江省新华书店集团推出了移动书城业务，读者只要用手机发个短信就能查找自己需要的图书，并且进行订购，移动书城业务通过通用短信网址为杭州读者提供全面服务。

利用手机媒体、互联网等进行图书信息发布，出版社和书店建立自己的潜在消费者名单（或数据库）是非常重要的。潜在消费者名单的获取，可通过派送会员卡、贵宾卡等途径。如中国人民大学出版社教研服务网络推出的会员卡，为全国高校一线任课教师提供优惠服务，持有该卡的会员可在各地指定的会员服务店中或在人大社网上直销以八折购买人大版样书，并定期或不定期地获得各种图书信息。而河北教育出版社则以书友俱乐部的形式，将潜在消费者维系起来。读者要成为会员，只需将购买该社图书中夹带的书友俱乐部回执卡填好，反馈有关信息。会员在提出申请时会提供详细的个人信息，包括兴趣爱好、经常购买的图书种类等。出版社将把它作为出书的参考，并及时向会员提供最新出版信息和各项服务。

潜在消费者数据库建立起来后，还需要对这些名单进行分析，根据他们各自的特点分门别类整理好数据资料。现在国外很多出版商用CAT软件来分析数据、筛选信息，他们把所有顾客、潜在顾客的销售记录和反馈来的信息资料集中起来，用数据分析工具进行分析，以便更好地管理业务数据，并按照顾客不同的特点、偏好选择信息传送的最佳方式。

图书的品种、门类繁多，要让全部产品在任何时候、任何地方与顾客见面，依靠手机短信当然不可能做到。现代营销理念要求深入了解读者需求，对读者进行精细的分类，增加读者与出版社、书店等的沟通渠道。同时，提高读者反馈率和书店与读者之间的接触率，提高读者满意度、忠诚度，降低图书营销以及新读者开拓成本。目前，一些新华书店开始深入研究读者，并针对消费者个体进行宣传，通过手机媒体让图书产品与潜在消费者沟通。如上海新华发行集团与上海辣点信息技术有限公司合作，利用其信息技术平台，整体联网运作销售终端和科学分析会员消费特点，为该市书香俱乐部会员“量身定做”，进行个性化信息增值服务和针对性营销活动。不止是在上海，深圳书城会员也可以通过短信平台与书城进行一对一的沟通咨询。这些做法，被新闻媒体视为新鲜经验进行了报道。

个性化服务、一对一营销，优化了企业、读者与市场的关系。它让读者体会到一种“信息关怀”而不是“信息骚扰”，真正爱书的人会积极回应其收到的图书信息并以此判断是否购买。当然，手机作为媒介在读者与书店、出版社之间进行沟通时，需要一种和谐的氛围，应鼓励读者以各种方式互动参与。在新的通信技术条件下，手机用户不仅可以选择他们看到、读到和听到的内容，而且也可以选择何时和何地接收信息。手机从单纯语音“听说”变为屏幕“阅看”，成为人们随时随地收发信息、进行互动最便利的工具。这种动态接收和快速传播的优点，使读者在任何地方都可以了解最新的图书信息。

图书产品的经营是多层面的，利用手机媒体只是宣传、营销手段的一种。今天，手机媒体的特点和优势已渐渐显现出来，它比电脑更普及、更个人化，比报纸更互动、抵达率更高，比电视更便携、受众目标更精确，而且手机对其他媒体有相当大的包容性，它也被传统媒体“借道”来扩张业务，其发展空间不可限量。图书产品与手机、互联网等新兴媒体联合，可以形成复合式传播，新旧媒体协同发展、相互促进，打造出全方位、立体的营销网络。

第二章　新闻实践与价值追寻

一　新闻媒体的价值引导

新闻舆论工作如何为建设社会主义核心价值体系服务，是一个亟待研究并需要深入实践的课题。党的十六届六中全会通过的《中共中央关于构建社会主义和谐社会若干重大问题的决定》，首次明确提出了“建设社会主义核心价值体系”这一重大命题和战略任务。对此，党的十七大报告有进一步的阐述。报告指出，社会主义核心价值体系是社会主义意识形态的本质体现。要切实把社会主义核心价值体系融入国民教育和精神文明建设全过程，转化为人民的自觉追求。积极探索用社会主义核心价值体系引领社会思潮的有效途径，主动做好意识形态工作。

马克思主义指导思想，中国特色社会主义共同理想，以爱国主义为核心的民族精神和以改革创新为核心的时代精神，社会主义荣辱观，构成了社会主义核心价值体系的基本内容。社会主义核心价值体系是建设和谐社会的必然要求和重要组成部分，是建设和谐文化的根本。就舆论宣传而言，要在全民族形成奋发向上的精神力量和团结和睦的精神纽带，新闻媒体承担着义不容辞的责任。

从社会学和经济学的视角谈及和谐社会构建、和谐舆论宣传，着重点是改革社会关系、协调发展与公平，统筹城乡、区域、经济社会发展，缩小贫富差距，用社会保障等各种机制力保社会的和谐、安宁、稳定，等等；但是从价值哲学的视角看和谐社会构建、和谐舆论宣传，则主要思考的是如何以人为本谋划社会发展，将核心价值体系植根于社会制度和人们心中，使人们能够在社会主义市场经济的环境中最大限度地实现自身的价值，在经济实践生活中培养人的责任感、自信心和成就感，实现人的道德品质与社会风气的双重优化。这也就是说，要适应市场经济的特点，把建设社会主义核心价值体系、夯实理想信念基础、提高人的素质、实现人的全面发展作为和谐文化舆论宣传的首要环节。新闻舆论宣传必须围绕着构建和谐社会这一战略目标全方位地展开，加强合理的舆论引导，多层次、多领域、多侧面地弘扬核心价值理念。

新闻媒体的价值引导及其必要性

一个国家、一个社会的良性运转，不仅依靠基本政治制度、法律制度和经济制度等“显形”的制度资源，而且也需要精神信仰、道德伦理等“隐形”价值体系的有效支撑。任何社会都有自己的核心价值体系，这是一定的社会系统得以运转、一定的社会秩序得以维持的基本精神依托。核心价值体系具有相对稳定性，它能够使存在着差异的多样价值观念之间保持合理的张力，并对各种思想意识冲突起到抑制作用。核心价值体系不仅作用于经济、政治、文化和社会生活的各个方面，而且对社会成员的世界观、人生观、价值观都施加着深刻的影响，它主导和制约着人们追求并实现个体生命价值和社会理想的意识与行为，对引导大众心理、缓解社会矛盾、保持社会稳定有着不可低估的作用。如果在一个社会发展的过程中，核心价值体系失去了应有的凝聚力，那么全体社会成员便可能出现思想和价值的迷惘，进而导致道德滑坡、心理失衡和社会混乱。因此，合理、正确的价值导向和调控，是国家和社会发展的必然要求。

价值引导和调控离不开坐标和指南，而“社会主义核心价值体系”这一概念的提出，进一步明确了当代中国的价值定位问题，为现代化建设提供了根本的价值指针，在理论上奠定了价值论框架的基石。社会主义社会的价值导向，有了更清晰的调控目标和方向。无论是由历时态还是共时态来看，人们之间存在利益差别、价值观差别是社会的一种常态，尤其是现阶段我国正处于社会转型期，不仅是经济体制发生深刻变革、社会结构出现深刻变动、利益结构进行深刻调整，而且整个社会的文化模式、价值体系、心理结构也在裂变与重构之中，转型过程中不可避免地充满了分化、差异和张力。面对社会变革时期纷繁复杂的现象，公众舆论也不时显示出一些内在矛盾——价值观念的矛盾。如义与利、荣与耻、集体主义与个人主义、奉献精神与享乐思想，等等，这些如何取舍、协调，如何分清是非、善恶、美丑的界限，正需要新闻媒体大力进行引导，强化核心价值体系的指向性。

价值调控作为一种有目的的引导，其实现途径是多种多样的，而新闻媒体在价值调控中的作用尤其显著。新闻媒体面对公众，便必然具有了功利价值，区别只在于这种效应与功利有正反强弱之分。舆论引导、调控和价值体系的建构，事实上存在于各国的舆论宣传工作中，几乎所有的国家都以所信奉的主流意识形态和价值体系来掌控新闻传播工具，限制新闻传播的内容，从而达到对舆论的影响。美国传播学研究者提出的“议程设置”理论，实质上肯定了媒介引导和形成舆论的功能。而德国学者纽曼提出的“沉默的螺旋”理论，揭示了媒介对舆论的控制作用。虽然西方的政府和媒介对“宣传”（propaganda）很反感，但复杂社会关系中的传媒根本无法回避功利性诉求，只是舆论宣传的内容、手法和形式不同。美国学者兰斯·班尼特指出，媒体在大众传媒时代的美国政治体系中扮演着重要的“把关人”的角色，对某些特定的声音和观点敞开大门，而对另一些声音和观点关闭。主流媒体所做的，便是把复杂多样的现实翻译成简单的、只有少数几种声音的符号世界①。每一种声音都代表一种价值立场，如果特定的新闻话语高频率地被使用，就会凸显某一种价值取向，潜在地形成或改变人们的思想观念，舆论引导的目的就达到了。

西方的传媒研究专家对舆论学进行了深入的探讨，他们推崇客观、公正，倡导新闻自由，同时也强调新闻媒体要对社会负责。西方媒体确有一定的独立性，在新闻报道中也可能没有追求功利价值的主观愿望，但其新闻取舍、评述客观上往往有着复杂的社会文化和意识形态背景，反映的是精英阶层的主流观点，其基本原则是维护西方的社会制度和价值体系。正如西方学者所指出的，

① ［美］兰斯·班尼特：《新闻：政治的幻象》，杨晓红、王家全译，当代中国出版社 2005 年版，第 19 页。

媒体是“社会价值的载体和协调者”，维护一个主导性的社会构架，“分享并共同强化相似的价值观”[1]。总体来看，西方的新闻媒体宣扬的是西方的生活方式和社会规范，传播的是西方的主流价值观念。尽管不同时代、不同国家的媒体秉持不尽相同的新闻理念，但在确证新闻媒体的价值功利性这一点上，却是相同的。美国社会学家甘斯把新闻所包含的价值观称为“持久价值观”，他认为：“新闻本身不局限于对真实的判断，它也包含了价值观，或者说，带有偏好的陈述”[2]。甘斯指出，在美国，新闻的基础是媒介认为国家和社会应该如何的图景。美国新闻一直被一小部分重复出现的主题所主导。这些情节发展，包括种族中心主义（例如美国第一、美国很慷慨、美国严阵以待）、利他主义的民主、负责任的资本主义、个人主义，等等[3]。美国媒体的这种取向，对建构美国的主流价值体系无疑产生了重要影响，新闻价值选择潜在地制约着整个社会的核心价值观念形成和调整。

在我国，新闻事业是党的事业的一部分，如何实施好新闻舆论引导的话题，一直受到业界和学界的重视。多年来，业界和学界全方位探讨了新闻舆论的本质、新闻舆论引导现状、新闻舆论引导原则、新闻舆论引导方法和艺术、舆论影响力等重要问题，新闻媒体在坚持正确的舆论导向、提高引导艺术方面积累了较丰富的经验。党的十六大以后，中央适时提出“以人为本”、“构建和谐社会”等治国理念，由此，人们开始深入思考构建和谐社会语境下传媒的功能定位。无疑，对新闻舆论引导和建设社会主义核心价值体系的关注和探讨，可以为新闻媒体的实际操作提供有益的启示，有助于严肃审视新闻炒作、新闻媚俗化、新闻娱乐化等现象。尤其是在全球化的背景下，人们的思想道德观念、价值取向日趋多样化，面对各种思想文化相互激荡、相互交织，必须唱响主旋律，使社会主义核心价值体系成为舆论引导的重中之重，使科学理论、进步思想、先进文化在全社会占据主导地位。新闻媒体掌握了价值引导的主动

---

① ［英］利萨·泰勒、安德鲁·威利斯：《媒介研究：文本、机构与受众》，吴靖、黄佩译，北京大学出版社 2005 年版，第 86 页。

② ［美］沃纳·赛佛林、小詹姆士·W. 坦卡德：《传播理论——起源、方法与应用》，郭镇之主译，中国传媒大学出版社 2006 年版，第 285—286 页。

③ ［美］兰斯·班尼特：《新闻：政治的幻象》，杨晓红、王家全译，当代中国出版社 2005 年版，第 260 页。

权，在多样化中树立主流，积极参与社会主义核心价值体系建设，有助于应对全球化浪潮和大众文化、消费文化的冲击，发挥新闻媒体在建构和谐社会、和谐文化方面的巨大功效，切实加强主流价值的培育和引导，建构舆论空间，促进社会主义价值观念、行为准则的广泛传播，进一步确立、巩固中华民族的精神支柱。

新闻媒体的舆论引导虽不是万能的，它不可能完全消弭社会上存在的各种各样的价值冲突，也不可能以教化、灌输的方式使人们的思想认识全部归于一致，但是新闻媒体可以根据社会发展的客观需要和新闻规律的自身要求来弘扬主流价值观。新闻媒体的价值导向，不是简单地、突击式地将思想内容与报道形式叠加、组合，而是持之以恒将新闻媒体运作与社会的主流价值取向有机融合，使受众真正在心理上产生亲近感与认同感。在现代社会中，新闻媒体已日益成为人们获得判断标准的重要途径，人们从传媒获得各种规范、准则，以便使自己的言行合法合理，获得社会的认同。而社会主义核心价值体系是代表时代发展的主流和前进方向、体现时代精神的特质、在实践中起先导和统摄作用的精神支柱。新闻媒体的价值导向，便是在弘扬社会主义主流价值观的基础上逐步构建起来的。

新闻媒体价值引导的现状分析

从价值引导的总体状况来看，新中国的媒体坚持以正面报道为主的方针，弘扬主旋律，用先进典型和优秀代表作为引导的榜样，在传播社会主义价值观方面取得了很大的成绩。新闻媒体充当党和人民的“耳目喉舌”，不断增强自身的文化使命感，努力以科学的理论武装人，以正确的舆论引导人，以高尚的精神塑造人，以优秀的作品鼓舞人。

应该看到，当今的社会生活出现了前所未有的多样化，大众的思想观念、价值取向、文化生活也相应地具有了多样性，这是社会发展、历史进步的一种表现。另一方面，社会转型毕竟是一种过渡状态，消极、庸俗甚至是腐朽的东西在精神文化领域仍占据一定的地盘，文化建设还未能跟上市场经济发展的步伐。休闲生活、消费文化迅速扩张和大众心理日趋世俗化，越来越对新闻媒体产生巨大影响，特别是与媒体表现时代精神和体现正确的价值导向息息相关。改革开放与市场经济，在深刻影响社会生活、经济形态和人们的思想情操与价值取向的同时，也深刻影响了新闻传播的形态与质态。特别是当新闻传播活动受消费主义意识形态、大众文化形态的普遍影响时，精神文化的生产面临着重新定向和定位的问题。正是在这一语境中，相当一部分媒体在新闻理念、采编方式和价值追求上不断位移，不断作出新的选择。这种时代背景跨越中的转换，一方面可以给新闻媒体带来巨大的市场活力，促使其发生变革和实现升华，另一方面也会产生一些偏颇和片面的新闻价值取向，在客观上出现疏离媒体的社会责任，表现出趋附庸俗的价值追求。

事实上，在社会转型时期更需要成熟的公众舆论，多元文化的环境更需要正确的价值导向。然而，近年来新闻媒体在价值导向的把握上却时常游移不定。譬如，媒体主观制造的虚假舆论热点不时出现，娱乐新闻热衷于炒作明星绯闻，诸如“性爱日记”、演艺圈“丑闻”、“潜规则”等，低俗化炒作充斥在文娱新闻之中。还有一些媒体存在比较明显的“新闻娱乐化”倾向，刻意猎奇，片面寻求怪异和“轰动效应”。即便是一些党报的价值导向也不同程度地存在偏差，其内容构成包含了价值观念的冲突。它的头版可能是在“以正面宣传为主”，但在娱乐版上却大肆报道有刺激性的什么明星艳史、什么荒诞不经的社会新闻了，且极尽铺张描写之能事，鲜有批判的锋芒。它促使人们追问：这种蕴含矛盾观念的信息组合会产生怎样的舆论导向呢[①]？

当前，新闻媒体在激烈的市场竞争中为了生存而不遗余力地争夺广告和商业利润，相对忽略了精神文化产品的价值向度。建设社会主义核心价值体系这一重大任务的提出，是从全球化的背景与中华民族进步与发展的战略高度探寻价值论与改革开放的结合点，这对于确立全社会的基本价值系统和明确新闻媒体的价值取向，形成导向正确、目标明确、手段先进的价值实践，具有重大指导意义。新闻媒介作为社会舆论机关，必须始终如一地传递社会主导价值观。从本质上说，新闻舆论引导是一种精神文化、价值观念、社会心理的调控机制，它对个人和群体具有强大的影响力。传媒的价值导向、精神诉求，可以发

① 吴飞主编：《传媒竞争力》，中国传媒大学出版社2005年版，第119页。

挥出很强的文化整合作用。新闻媒介应该向社会公众大力倡导主流的价值理念和基本原则，阐述构建和谐社会的目标和价值，它不只是宣传论证某些价值观念的合理性，而且要增强价值引导的社会效果，通过树立一定的榜样，通过褒奖一定的典型，把主流价值观念渗透到人们的思想意识中，使之成为人们自觉地进行评价的标准。

价值引导的具体操作原则和方法

在新的历史条件下，新闻媒体应当如何表现正确的价值导向呢？新闻媒体的价值导向如何与自身的经济效益诉求平衡，价值引导如何与遵循新闻规律相结合呢？现今我们在把传媒经营推向市场的时候，仅仅强化它的“物化”价值与经济效益显然是不够的，同时还必须强化其精神价值和社会效益，并确保其始终具有人文价值建构的功能与品格。诚然，媒体为了生存，必须考虑经济效益，但单纯考虑利益导向就有可能会背离正确的价值倾向，例如迎合部分读者的庸俗趣味。“迎合”是指媒体缺乏正确的思想导向和价值导向，只一味地甚至是消极地迎合某些与生活主流相违、与新闻规律和文明本质相悖的新闻价值取向，它表征为格调不高、品位低下。“引导”则是以高度的责任心和使命感进行报道，赋予新闻文本以积极的社会意义、思想内涵，形成广泛的道德舆论，说服或感染受众，提升人的精神境界。

新闻舆论的价值引导，要求媒体紧密联系建设社会主义核心价值体系的时代课题和新闻媒体的运作规律，在横向拓展、纵向比较等维度上，总结中国的新闻舆论引导与价值体系建设的历史特征、沿革、现状，进而探索在构建和谐社会语境中新的对策。新闻媒体的价值导向，处于动态生成的过程中，是一种高度自觉的、趋于平衡的理性声音，它应该在对新闻事实、信息的选择、编排、阐释中体现出文化价值取向，渗透着现实关怀、人文关怀，以形成凝聚全社会的核心价值体系，促进人的心理和谐，实现社会的和谐、进步。新闻舆论价值引导的原则，就是要贯彻马克思主义新闻观，弘扬时代精神、民族精神，讲究正面报道的艺术，在对新闻事实准确、全面的报道中渗透价值理想，做到人文导向明确，具有理性和建设性，在价值层面实现深度整合，体现对人与社会的关怀、责任。在具体操作中，新闻媒体实施价值引导可考虑从以下几方面入手——

1. 媒介理念：在新闻事实的选择中蕴涵价值导向。

对社会主义核心价值体系的舆论宣传，需要发掘大量的新闻事实，通过事实的报道来引导人们真正将社会主义核心价值体系作为言行准则。从新闻的选择、制作和话语加工来看，世界上每时每刻都有无数事件发生，新闻工作的对象具有数量无穷和转瞬即变的特征，但绝大多数事件都不可能成为潜在新闻事件，媒体报道的也只是极少的一部分。虽然对象具有无穷无尽的特点，但媒体也有一个功能强大的观察框架和过滤器。媒体每天通过精心选择事实来报道、建构现实世界，他们对外部世界的报道不是全景式的再现或“有闻必录”，而是一种目的明确的选择性行为。媒体选择哪些信息传播，是因为这些信息基本反映了媒体自身的价值理念。也就是说，当一个媒体通过解释、排列组合传播某种信息时，它已经根据自己的理解和框架选择了其希望传播的价值倾向。新闻媒体要掌握舆论工作的主动权，要确保社会主义主流意识形态在全社会的主导地位，就必须按照“三贴近”要求，坚持以正面报道为主，注重改进报道方法，借助多种手段寻求并保持信息强势，在新闻事实的选择中体现价值意图，遵循新闻规律灵活处理可能影响人们意愿、判断、行为的信息，将建设核心价值体系和反映人民心声统一起来，这样才能增强吸引力、感染力，才能在多元中求主导，保持强大的舆论影响力。

2. 新闻采写：通过对事实真相的追寻表达价值诉求。

作为事实报道的新闻应真实、全面地提供信息，但新闻并不仅仅是信息公告牌，其叙述的姿态和过程也不是纯客观、超然的。新闻传媒往往遵循着特定的采写、编发机制运作，新闻报道通常是按照媒体的价值目标和现行主流观念来撰写的，记者通过某种固定的认知心理、解释框架和叙述模式来操作新闻，在叙述中明示或暗示某种意旨，构成报道的命意。

基于价值建构的目的，新闻报道以社会主义核心价值体系作为观察角度和一个重大的报道主题，体现了建设和谐文化的要求。当然，记者在采写稿件中包含价值立场，并非违背新闻的真实性原则对事实作扭曲以符合自己的用意，而是通过事实的内在逻辑发言，将价值倾向性寄寓在客观、公正、全面之中，这会令受众更加信服。新闻报道的主题通常并不是直接呈现的，新闻稿件中有许多隐含在字里行间的意义，这在词语、句式和叙事视角的选择上都可以体现出来。新闻报道中的措辞和隐含意义，都可能折射出记者从他的角度和立场所作的评价。新闻修辞不仅限于使用常见的修辞手法，它还包括为增加新闻报道的真实性、合理性、精确性和可信度而使用的策略性手段。如引述当事人的话即是一种理性诉求，能起到很好的修辞效果。此外，媒体在报道某个新闻人物或事件时，其叙述的视角，高重复率的语句，通过挑选副词和形容词，或者在曝光社会阴暗面、进行舆论监督的同时，积极地保持报道的平衡，这些都可能折射出某种价值评判，潜移默化引导受众。

3. 稿件编排：运用版面语言表现价值导向。

合理地为新闻增加倾向性，运用版面语言表现价值导向，这是稿件编排中引导舆论的一种方式。“为报道添加倾向性并不是说完全改变它的意向，而是根据事实的自然性质作合理推论。”[①] 纸质媒体价值引导的常用手段包括：添加显著标题，在版面和整份报纸中给予显著位置，给予大幅版面、大幅图片，以及采用提要式导读等。通过这些手段，编辑的意图得以某种呈现。稿件编排所体现的价值倾向，须得符合新闻规律，要以充分的新闻事实作为依据。否则会产生片面性，甚至歪曲新闻的本质含义。

4. 言论建设：直接发挥价值引导作用。

新闻媒体要发挥时评的功能，从不同的角度反复宣传社会主义核心价值体系，传播主流观念和主流生活方式。以新闻评论为重要载体，媒体与时俱进铸造新闻之“魂”，积极建构马克思主义的政治价值、经济伦理、人文价值、生态价值、审美价值。媒体在牢牢把握价值生命线的同时，必须提高新闻评论价值引导的有效性，注意贴近性、启迪性，在大众化、通俗化的表述中高扬核心价值目标，使中国特色社会主义共同理想、民族精神、时代精神、社会主义荣辱观教育深入人心，增强大众对社会生活的价值判断能力。

必须指出，新闻媒体在具体的引导中，要适度而为，也就是需把握好报道言语、价值倾向的分寸，理性地控制在合理的范围内。针对不同的情况、不同

① ［美］利昂·纳尔逊·弗林特：《报纸的良知——新闻事业的原则和问题案例讲义》，萧严译，中国人民大学出版社2005年版，第56页。

的受众，新闻媒体要善于运用不同的引导方法，如直接引导与迂回引导相结合、硬性引导与软性引导相结合、正面引导与侧面引导相结合、说理引导与事实引导相结合、宏观引导与微观引导相结合、突击引导与反复引导相结合、热情引导与冷静引导相结合、内容引导与形式引导相结合①。适时、适度、适量的多样化引导，使新闻报道真正能够影响受众。

价值引导是一项长期的精神文化建构工程，新闻媒体必须有明确的价值目标和传播取向，将信息、价值观和道德规范在全体社会成员中传播开来，成为社会主义核心价值理念重要的载体，对社会精神意蕴进行文化提升和概括，为和谐社会构建提供良好舆论氛围、强大精神动力以及智力支持。

二 个案分析:《南方日报》头版的编辑策略

头版的重要性，对于一张报纸来说是不言而喻的。党报要“贴近实际、贴近生活、贴近群众”，做好舆论调控和价值引导工作，其中头版的面貌起着至关重要的作用。头版办得好，等于舞动龙头，带活整张报纸，真正落实“三贴近”，使方针政策、主流文化和核心价值实现有效传播。因此，对于头版来说，选择好报道的内容，实施精编策略，提高宣传艺术，显得尤为迫切。

《南方日报》从 2002 年 8 月 6 日改版以来，按照“高度决定影响力”的办报理念，在努力将主流新闻做得更权威、更有高度和深度的同时，力争实现有高度的“贴近”，也就是创新主流新闻的报道形式，将其做成能吸引目标读者群的黄金资讯，提高宣传效果。而头版创新的力度尤其大，在拓展导读功能、丰富编辑手段、用好主打图片等方面，该报进行了深入探索，力争将头版整合成新闻盛宴。为了确保编辑质量，报社每天在头版安排了三名编辑值班，即除了带班主任之外，还有两名责任编辑，而其他版正常情况下都是一名责任编辑。这充分说明了报社对头版的重视程度，调动重兵把守，为版面创新、实施

---

① 徐光春:《努力提高新闻宣传质量 切实改进新闻宣传方法》，中宣部新闻局编:《坚持正确导向 提高引导水平——部分新闻单位提高新闻宣传质量经验汇编》，学习出版社 1997 年版，第 3—4 页。

精编策略提供人力资源上的保证。

拓展导读功能，将头版整合成要闻总汇

拓展头版的导读功能，是《南方日报》2002年改版的一个重要方面。该报对头版导读功能的理解，不是简单地在头版辟出一小块空间为其他版的重要文章做一个要目，而是更充分地发挥头版的“首位效应”和“统率性”特征，用多样化的导读形式整合各个版的核心信息，使之成为会聚省内外、国内外要闻的封面版。

具体地说，适应改版后报型的变化，《南方日报》除了在报头两侧开设固定的“导读窗口”外，还在头版其他位置不拘一格地采用标题导读、消息导读、图片导读等多种方式，甚至头版头条本身也可做成导读。就省委机关报而言，这些确实是在编辑观念上的一种很大的变化。经过编辑的选择、加工，各类稿件加上导读，《南方日报》头版平均每天有十多条重要信息。

强化导读功能之后，相应地缓解了头版版面空间有限的矛盾。以往是重要稿件在头版扎堆，一些长稿不得不转版，有的时候头版有好几条稿件要转版，把读者搞得晕头转向。还有一种情况是，一些很有新闻价值的稿件被删得很短，有的最终还是不能在头版安排。当观念改变之后，稿件就可以更合理地分流。未被安排在头版的重要新闻，也可以用标题导读、提要式导读、消息导读、图片导读等多种形式使它们在头版露面，在其他版做大，以起到较好的宣传效果。从体裁上说，其他版的消息、通讯、评论等，按照其重要程度和读者关注程度，都可以做成导读，扩充头版的信息含量。

上述导读不是弱化对重要稿件的处理，也不是浪费头版版面，这恰恰是充分发挥头版的龙头作用，以版面联动的方式，将黄金资讯整合成新闻盛宴。如《南方日报》推出的《广东历史文化行》大型系列专题报道，都是用头版发导读消息，其他版整版做专题报道的形式，取得了很大的反响。当然，这不意味着要舍弃传统的头版长稿“下转某版”的方式，而是充分调动编辑手段，打破以往的单一模式。因为“下转某版”的方式，既不方便读者阅读，编辑手段的创新空间也有限，尤其是承接转稿的版面，编辑往往是被动的，很难再对被转

稿件进行加工，除了小标题之外，几乎没有用武之地，遇到特别长的稿件，就只能是黑压压、密密麻麻的一大片。《南方日报》头版改变以往“下转某版”的单一方式，辅之以“详见某版”、“相关报道见某版”，充分发挥头版与其他版的联动功能，做大做足主流新闻，让党和政府的声音更深入人心。如2004年3月15日《南方日报》头版头条是新华社播发的十届全国人大二次会议在京闭幕的消息，紧接着的是温家宝总理出席记者招待会的提要式导读，十个小段落前分别加上圆点以引人注目，而新华社播发的温家宝总理回答中外记者提问的全文，则以通栏标题在A2版整版突出处理。

类似的版面联动方式，在《南方日报》头版已成为常规手段。甚至头版头条，该报也用这一方式作强化处理。如2004年2月2日头版头条《国务院九条意见推进资本市场改革开放稳定发展　保护公众投资者利益》，加上提要式副题，连同导读式消息内文，只有几百字，而《意见》全文及解读则放在A6版。

创新编辑手段，让主流新闻更具亲和力

一般而言，党报头版都有某种“同质性”，在报道的内容和方式上有一定的相似性，也就是说，有关贯彻党的路线、方针、政策以及社会政治、经济、文化等方面重大事件的报道，党政领导同志活动和会议消息，政策法规解读等，在头版占有非常大的比重。这些是党报的“富矿”，必须对其进行深度开掘，改进“包装”方式，使其既具新闻性，又有亲和力。

强化标题的信息量，在传统肩题、主题、副题以及内文视具体情况加小标题的基础上，十分重视提要，这是2002年来《南方日报》头版的特征之一。提要不是简单地重复原文，而是经过编辑的消化，在深入吃透原稿的基础上，提炼出读者关注的重要新闻信息，以非常简洁的文字予以表述。提要所占版面空间的大小，根据稿件的重要性及新信息含量的多少而定。有些很重要的稿件，提要本身又有标题，非常醒目，它丰富了版面语言，在形式上和内容上都更贴近主流读者。

要盘活党报的优势新闻资源，发挥其应有的影响力，离不开编辑手段的综

合运用。《南方日报》头版根据不同稿件的具体特点，灵活运用背景材料、图表数字、名词解释、新闻链接等“常规武器”，对一些重要稿件进行强势处理，既装饰了版面，使版面生动活泼，同时也方便读者阅读。如经济新闻，该报就尽量将有关数字图表化，使之一目了然；专业性较强的稿件，则配发“名词解释”；先进典型报道，就设置“人物档案”，等等。

党报头版鲜明地代表着党和人民的利益，必须做到“讲政治”。坚持“政治家办报”的原则，与按照新闻规律编排并不矛盾。由于党报头版的特点，经常需要刊登党和政府的有关通知、意见、决定、决议，以及政策法规等，按照传统的编排方式，很多报纸都是将有关通知、意见、决定等连标题都不改，原封不动地放在版面上，这样虽然完成了报道任务，却不符合新闻规律。《南方日报》在处理这类稿件时，都是将原稿改写成消息，有的文件需要全文照发的，就以“本报讯”、“通知（或意见、决定等）全文如下……”的形式将其作新闻化处理，同时在消息题中把最具有新闻性的东西“拎”出来。这也就是说，面对“规定动作”，编辑并不是无所作为的，关键在于主体意识是否得到充分发挥。

虽然头版的空间有限，但《南方日报》在处理重要新闻时不遗余力，发挥组合报道的威力，消息、评论、专家访谈等“多炮齐发”，做足做透重要新闻。如 2004 年 2 月 26 日头版有关广东工业竞争力研究成果报告会的组稿，头条《邀请国家有关部委和行业协会摸清工业产业现状　广东明确九大产业发展方向　张德江主持我省工业竞争力研究成果报告会强调落实科学发展观提高综合实力和国际竞争力》，与《历时一年完成 350 万字的广东工业产业竞争力研究报告面世　“大盘点”推动大发展》一稿，以及两个导读题《广东工业七大看点——工业产业竞争力研究报告解读》（详细报道在 A2 版）、《中国轻工业联合会会长接受本报独家专访时指出　重化工业将提升轻工业水平》（详细报道在 A3 版）组合在一起，形成了全新的内容“高度”。

用好主打图片，为头版增添视觉冲击力

《南方日报》头版非常重视新闻图片的运用，对于主打照片，尤为精心选

择，图片总监和版式总监都可以提出意见和建议。通过报社内部网设置的“南方图片管理系统”，编辑对当天的图片资源一览无余，头版在不影响出报流程的同时，可以随时调动所有版面的图片资源。

适应《南方日报》作为高端大报的定位，头版对主打图片的选择，更进一步地开阔视野，凡属新闻性、时效性、视觉冲击力皆是当天首屈一指的图片，不管其表现的内容是省内还是省外或者国际，都可以放在头版中心位置。如2004年3月23日头版三栏的大照片为新华社发，报道的是巴勒斯坦民众参加“哈马斯”精神领袖亚辛葬礼的新闻，画面上人头涌动、拳头挥舞、悲痛欲绝的场面，与《“哈马斯”精神领袖亚辛被炸死　我对袭击事件影响深表忧虑》的导读消息（相关报道放在A9版）组合在一起，具有极强的震撼力。再如2004年4月5日《南方日报》头版的四栏主打图片，选择的是新华社播发的《公祭黄帝》的图片，画面气势磅礴，激活了整个版。

“图文并重，两翼起飞”，是报纸争夺读者“眼球”的方针之一。因为《南方日报》有比较科学的图片运营机制、精编策略，重视质精而不是量多，新闻照片一般都能在头版合理准确地得到运用，提升了报纸的视觉传播综合能力。

头版改革的难度大、阻力多，然而，《南方日报》坚持开拓创新，先后于2002年8月6日、2003年8月6日、2003年12月12日、2005年5月30日、2006年3月28日、2007年10月26日、2009年10月23日，相继启动七次改版，在体制、机制、办报理念以及运作模式等方面相应进行调整。数年内七度改版，《南方日报》头版的理念更清晰，封面版的策略更成熟。尤其是封面版的开设，导读、索引、提要和图片等唱主角，强化了视觉形象，使受众更容易阅读。一个头版变为两个头版，传统的要闻一版变为封面版的第一纵深版，版面空间大大拓展，编辑也有了更多的用武之地。省级党报如何适应新时代发展、提高国内国际传播能力和舆论引论水平，《南方日报》无疑做了有益的探索。

第三章　出版的历史维度与现实景观

一　新中国地方出版社的发展

新中国成立60多年来，新闻出版业发生了历史性变化，其中，地方出版社的崛起便是一道引人注目的景观。60多年的辉煌历程，尤其是改革开放使地方出版社脱胎换骨、群雄并起，中国的出版事业增添了巨大的生机与活力。回顾地方出版社在新中国的演进轨迹，我们对60多年来出版业所取得的成就会有更深入的认识，对改革、发展、创新的时代精神将会有更深刻的体会。

整合资源：集中力量发展社会文化事业

出版工作是一种精神生产，是社会整合赖以展开的文化支柱之一。随着新中国的成立，国家对出版领域的领导加强了，出版总署、新闻总署相继成立，各大区和一些省市成立了新闻出版局或新闻出版处，确立了中央和省两级新闻、出版管理体制。由于我国出版社一开始是按照行政事业单位来组建的，这些出版社的主管部门是具有不同行政级别的党政机关，因而就有了所谓地方出版社和中央级出版社之分。

新的出版体制是与整个社会结构相适应的，它催生新的文化生产模式。原有的分散的出版资源迅速被整合起来，全国新华书店（当时出版、发行尚未分开）在政策上、组织上、制度上、业务上走向统一和集中。与此同时，社会主义改造被提上议事日程。1956 年 6 月，对全国私营出版业、发行业、印刷业的社会主义改造基本完成。到 1956 年底，全国国营出版社从 1950 年的 25 家发展到 82 家，公私合营出版社从 1950 年的 2 家发展到 19 家，全国国营、公私合营出版社共计 101 家（其中中央级 54 家，地方 47 家）。

新中国成立初期，各种出版资源、出版力量处于分散状态，推行计划化、分工经营，有其历史的合理性，它可以在短时间内集中力量发展社会文化事业，在一定程度上满足读者的需求。但是，随着出版工作计划体制的逐步推行，图书出版的行政色彩也越来越浓。1952 年 10 月，出版总署在所颁发的《关于国营出版社编辑机构及工作制度的规定》中，国营出版社“必须作出全年的选题计划、编辑计划、发稿计划和出书计划；并须根据全年计划拟定每季每月的计划。”1952 年全国推行经济计划化，当年 10 月制定的《1953 年出版事业建设计划》，是我国第一个全国性的出版事业发展计划，接着又开始制定《全国出版事业五年建设计划》。在全国一盘棋的局面中，地方出版社也开始拟定出版计划。出版计划大体由四种相互衔接的计划构成，即选题计划、编辑计划、发稿计划、出书计划。

在新中国成立后很长一段时间内，出版业基本上集中在北京、上海两地。支撑全国出版业的主要是北京、上海十几家出版社。地方出版社的数量较少、规模不大，绝大多数省只有一家出版社，且其选题、组稿、出书范围等受到诸多限制，学术著作、长篇小说等不能出。在“地方化、群众化、通俗化”（简称“三化”）出版方针指导下，地方出版社主要推出一些“字大、图多、本薄、价廉”的普及性读物，即按照当地人民生活状况和每一时期的中心任务，出版当地所需要的、解决群众思想问题的、传播先进经验、介绍先进人物的、指导工农群众的生产、学习的通俗读物。同时，地方出版社只能向本地作者组稿，不能任意向外地作者组稿。因为中央级出版社和地方出版社有着明确的分工，通行全国的一般图书，由中央级出版社出版。实行两级分工，强化了中央级出版社的主导地位，而地方出版社的作用极其有限。有些地方的出版工作者以办报的方法办出版社，希望出版的每本书都能直接配合当时当地的中心工作，起到政治鼓动作用。他们辛辛苦苦赶任务，结果书籍质量却不高，脱离了群众实际需要，造成积压。地方出版社在发展中遭遇重重困难，到“文化大革命”中更是陷入绝境，造成严重书荒的局面。如“文革”前上海有10家出版社，1970年10月被合并成一家“上海人民出版社”，相关业务更是停滞不前。

历史转折：从“三化”方针到“立足本地、面向全国”

进入新时期，受改革开放大潮的推动，地方出版社蓄势待发，不断寻求突围、变革之道。1979年4月，国家出版局在北京召开部分地方出版社座谈会，许多同志在会上提出，地方出版社的“三化”出版方针应当改变，并建议允许各地出版社“协作出书，面向全国”。这一呼声在同年12月召开的全国出版工作座谈会上得到了进一步的强化。由国家出版局在湖南长沙召开的此次会议（后来人们简称为“长沙会议”），对“三化”方针展开了热烈的讨论。主持这次会议的陈翰伯坚持解放思想，以党的十一届三中全会精神为指针，顺应历史发展，突破以往的条条框框，支持调整地方出版社的工作方针。陈翰伯说：“地方出版社的同志要求立足本省、面向全国或兼顾全国，可以试行。地方出版社出书不受‘三化’限制。”他还表示：“要充分发挥中央与地方出版社两个积极性，目前要特别注意发挥地方出版社的积极性，同时要树立全国一盘棋的思想。”对于会议讨论中提出的中央与地方出版社的关系问题，陈翰伯明确指出：“中央一级出版社，力量比较雄厚，有责任帮助地方出版社。中央出版社同地方出版社是兄弟关系，同志关系，要相互支持。提倡各出版社之间开展社会主义竞赛，提倡有矛盾协调解决。”①

“长沙会议”提出的立足本省（后来改为“立足本地”）、面向全国的工作方针并未形成正式文件，但却在地方出版社普遍实施了。这一历史转折是出版界实践党的十一届三中全会路线的重要成果，对新时期出版事业发展产生了深远的影响。长沙会议之后还不到半年，很多的地方出版社以1/3的力量来面向全国。有些出版社说，他们发现自己最近出的书，不像从前一本书出来生命力

① 陈翰伯：《地方出版社的出书方针》（1979年12月11日），《陈翰伯文集》，商务印书馆2000年版，第108页。

很短，几天就没有人要了，现在感觉到书的寿命长了。从前出的省版书不大受欢迎，因此尽亏本，1979 年出现了扭亏为盈的现象。编辑人员普遍关心自己负责的那一本书的销售情况。省版的书进入国内市场的也比较多了。[①] 地方出版社出版的书籍再版比例直线上升。1980 年地方出版社出版书籍 8510 种，其中再版书 969 种，占 11%；1981 年出版 10764 种，再版书 1697 种，占 15%；1982 年出版 13700 种，再版书 3232 种，占 24%。再版书比例的扩大，从一个侧面说明出版物质量在提高，地方出版社有生命力的书在增加。[②] 70 年代末中国的书荒现象经过出版界的努力，两三年后便逐步缓解了。在这样的喜人形势下，中共中央、国务院于 1983 年作出加强出版工作的决定，强调出版工作要在统一领导下，发挥中央和地方出版部门的积极性。“地方出版社立足本地、面向全国，要把出版具有本地特点的图书，满足本地读者特别是农村读者的需要，作为经常性的重要任务。”[③] 随着方针政策的调整，出版范围、出版方式、经营方式的改良，全国出版事业迅速出现了繁荣的局面。

在图书出版总印数、种数飞速增长的同时，全国的出版布局也发生了重大变化。从 20 世纪 80 年代起扩建了出版社，每个省市差不多都建立了十个八个出版社；计划单列的大城市，也建立了出版社。特别是大学，“文革”前只有中国人民大学出版社、华东师大出版社，以后许多大学都设立了出版社。大学出版社的发展势头迅猛，如广西师范大学出版社已发展成为一家拥有 13 个下属企业、控股和参股公司的出版集团，构建了集图书、期刊、电子音像、照排印刷、批发零售、咨询策划、广告等业务于一体的出版传媒产业链[④]。地方出版业成为中国出版的一支重要力量和最活跃的因素。

20 世纪 80 年代中期以后，地方出版事业的出版指标开始领先于中央各出版单位的总和。在重要出版社（集团）总资产、净资产、销售收入等表现市场占有率的排名中，居前十位的除了中国出版集团外，都是地方性出版集团。江苏、浙江、山东、湖南、河南、河北等省正在成为新的出版基地。湖北、辽

---

① 陈翰伯：《在全国出版工作座谈会上的讲话》（1980 年 5 月 4 日），《陈翰伯文集》，商务印书馆 2000 年版，第 129 页。

② 石峰：《大有作为的地方出版工作》，《中国出版》1983 年第 4 期。

③ 方厚枢：《中国当代出版史料文丛》，中国书籍出版社 2007 年版，第 253 页。

④ 段海风：《我国首家地方大学出版集团在桂林成立》，《出版广角》2009 年第 7 期。

宁、云南等许多省份也孕育着强大的后劲。地方出版社的总数则由1956年的47家，到2008年已达359家。地方出版社在1978年仅出版图书9937种，到2005年就已突破12万种。

迈开大步：转换经营机制做大出版产业

“立足本地、面向全国”方针的实行，解放了出版生产力，促成了出版生产要素的重新组合，为地方出版社的大发展奠定了政策基础。改革、创新的时代精神，推动地方出版社在探索中前行。20世纪80年代中期之后，出版业经营方式改革的步伐开始加快。在发行、组稿方面，地方出版社都开始面向全国。在机构设置上，由“大而全”向“小而专”发展，地方人民出版社中分化出多种多样的地方专业出版社。各省市普遍从综合性的地方人民出版社中“孵化”出了一批地方专业出版社，大体上包括文艺、科技、古籍、美术、教育、少儿等几类。在分化过程中，地方人民出版社也逐步成为政经读物的专业出版社了。地方教育社不少是80年代建立的，开始时规模不大，但1992年后发展迅速。如江苏教育社1984年成立时销售码洋只有1000多万元，但到1995年就达到4亿元，1996年达到5亿元。

在生产经营方面，旧的体制需要适时作出改革、调整。1984年6月21—27日，地方出版社工作会议在哈尔滨召开，在中国出版改革史上留下了浓墨重彩的一笔。会议明确提出我国的出版单位要由单纯的生产型逐步转变为生产经营型，同时提出要适当扩大出版单位的自主权，实行岗位责任制，建立联系奖惩的考核制度，提高出版单位经营的主动性。1988年，根据党的十三大精神，中宣部和新闻出版署联合发出文件，明确要求，在发展社会主义有计划的商品经济的条件下，必须改革政企不分、统得过死、出版单位缺乏自主权、缺乏活力的旧体制，建设政企分开、具有生机与活力的新体制，扩大出版单位自主权，提高其应变能力、竞争能力和自我发展能力。此后，出版单位普遍推行社长负责制和多种形式的责任制，根据贡献大小拉开分配差距。发行体制改革也由“一主三多一少”进入了“三放一联”阶段。出版体制改革迈出了积极而又重要的步伐。

20 世纪 90 年代以后，出版企业逐渐成为经营的主体，出版事业在市场化方面逐步开放，市场体制、市场观念强劲地挤入出版的核心，出版组织也越来越企业化。地方出版社在执行“立足地方、面向全国”这一方针的过程中，实际上已形成了一种地方性的出版企业集团。随着地方出版集团的组成，以横向为主跨地区、跨部门、跨省市的多种形式的联合体也就相继产生。如几家出版社联合起来出版大型丛书、套书、工具书、系列书；数家出版社与书店联合起来搞书展、书市等。1992 年 4—5 月，新闻出版署召开党组扩大会和部分省市新闻出版局局长会，提出加强出版行业的联合，进行出版、印刷、发行企业集团的试点。此后，山东、四川、辽宁、江西等出版总社经地方政府批准纷纷成立了出版集团，新疆、浙江、天津等成立了印刷集团或出版贸易集团。1998 年 12 月，新闻出版署批准建立广东出版集团和上海世纪出版集团。作为全国出版改革试点单位的出版集团，辽宁出版集团、山东出版集团等也相继组建。这些出版集团以省级出版社为主体，积极转换经营机制，整合生产要素，努力提高核心竞争力，探索较为完善的管理制度和运行机制。

地方出版社发展成为出版集团，有利于进行社会化、专业化大生产。集团的组成，在一定程度上打破了条块分割，促进了出版行业结构组合的合理化，形成了出版行业的经济规模，不断提高产业集中度和集约化经营水平。

体制改革：兼并重组培育大型出版传媒集团

尽管改革开放使地方出版社获得了空前的大发展，但从总体上来看，现在多数地方出版社仍然是规模偏小，效益较低，竞争力不强。“有的地方出版社对地方的出版资源优势产生了过度的依赖思想，以至把出版社的主要精力放在开发地方性中小学教材教辅上，把开发地方性中小学教材作为出版社的经济支柱，而忽视了对面向市场的一般图书的开发，忽视对具有文化传播和积累价值的常销书、品牌书的开发，出书品种出现了结构性缺陷。”① 地方出版社如何充分利用现有条件，进而形成竞争优势，这其中还有很多需要突破的困扰。

① 朱胜龙：《地方出版社本土化生存，喜耶？忧耶?》，《出版参考》2006 年 2 月下旬刊。

一些地方的出版集团虽然在组织结构、管理制度、经营机制等方面出现了一定的变化，但是与其原来的形态——总社或出版社相比，并没有根本性的改变，要真正实现“四跨”（跨地区、跨行业、跨所有制、跨国）更是有很大的障碍。

可以预料，在文化体制改革逐步深入的大背景下，新一轮的出版体制改革必将有序推进，地方出版业将获得新的发展空间。正如新闻出版总署署长柳斌杰所说，时至今日，国内经济体制改革、政治体制改革、社会体制改革已经取得阶段性进展，出版发行业赖以生存的经济基础、传播技术、运行机制和国际环境已经发生变化，出版业不改革不行。20 世纪末，以集团化为标志开始了中国出版业的重组，那时是事业性质，不属于市场行为，属于行政计划体制内部进行的调整和资源整合，这种体制下的出版组织形态不可避免地具有明显的过渡性。因为利用行政力量扭结在一起的出版集团，在进行资源配置和有效组织管理这个关键问题上，难以下手解决。2003 年 6 月，中央召开文化体制改革试点工作会议，启动了新一轮的文化体制改革。十多家出版发行单位被列入全国文化体制改革试点单位。2006 年 7 月，新闻出版总署根据《中共中央、国务院关于深化文化体制改革的若干意见》和全国文化体制改革会议的精神，出台了《关于深化出版发行体制改革工作实施方案》。方案提出：要培育一批有实力、有竞争力和影响力的报业集团、出版集团公司、期刊集团公司、音像集团公司和发行集团公司，使之成为出版物市场的主导力量和出版产业的战略投资者。鼓励出版集团公司和发行集团公司相互持股，进行跨地区、跨部门、跨行业并购、重组或建立必要的经营性的分支机构。积极推动有条件的出版、发行集团公司上市融资。转制为企业的发行单位要建立现代企业制度和法人治理结构，已经转制到位的要加快产权制度改革，积极进行股份制改造，实现投资主体多元化。通过合作、兼并、重组等方式推动小型出版社和文化、艺术、生活、科技类报刊进入大型出版集团公司。2007 年，出版业跨区域、跨行业真正的兼并重组有了实质性进展：深圳发行集团与海天出版社、江西出版集团与和平出版社、吉林出版集团与中华工商联合出版社等兼并重组，都是以资产为纽带的企业重组，市场化了。2007 年 12 月 21 日，辽宁出版传媒股份有限公司在沪市公开发行 A 股，成为国内首家将编辑业务与经营业务合并打包上市的出版企业。转制后，大部分出版集团都采用多元化的经营模式，拓展经营范围，加强了出版产业与文化产业甚至其他产业之间的融合，拓展了出版业的产业边界。

在今后的出版集团建设中，起主导作用的不再是政府，而是市场和企业。柳斌杰在谈及新闻出版工作的新思路、新亮点、新进展时指出，要打破地域行政部门的界限，对有能力有实力的出版发行企业，鼓励其跨地域兼并和重组，壮大实力，争取在5年之内培育几家综合性的大型出版传媒集团，主导中国出版传媒市场。大集团在市场的份额中占到70%—80%，在国际市场上能够代表中国出版的形象。运用政策力量支持新闻出版单位“走出去”，几年内，让我国的新闻出版产品在国际市场的份额明显增多[①]。2008年6月，在京召开的全国新闻出版局长工作会议再次提出，要全面推进新闻出版领域体制改革。总的目标是3年内要完成158家中央在京出版社、103家高校出版社以及所有地方的出版集团、出版单位的转企改制和股份制改革任务；进一步通过推动产业集中和企业重组，在我国培育出几家销售超过百亿元的国家级大型出版传媒集团公司；印刷、复制、发行企业也要打破地域和行业限制，形成以国有主导、多种经济成分共同发展的产业格局。

在改革的大潮中，地方出版集团的规模将有较大的发展。随着媒体之间界限的模糊，出版集团将向媒体集团进化。媒体集团将围绕产品的内容生产线，提供一个大的管理运营平台，进行资源整合、品牌创造，真正降低成本，提高效率，加强管理，焕发强劲的生命力。如上海世纪出版股份有限公司、湖南出版投资控股集团公司等以内容产业为中心，逐步形成了包括出版相关产业、衍生品产业在内的现代传媒产业体系。至于一部分不愿联合而又有自己经营特色的地方出版社，则应充分发挥自己的人才优势、品牌优势，利用自身“盘子小、包袱小、船小好调头、机动灵活”的特点，找准定位，制订发展战略，增强市场优势和抗风险能力，走出个性化、多样化的发展路子。

---

① 方菲、柳斌杰：《改革开放30年给新闻出版业带来什么——中国图书商报独家专访新闻出版总署署长柳斌杰》，《中国图书商报》2008年1月18日。

二　献礼书的多维审视

2009年新中国60华诞，全国的出版机构适时推出了不少献礼书，在同一个时段集中出版，产生规模效应，营造出普天同庆的时代文化语境和舆论氛围。

所谓“献礼书”，一般是为了庆祝国庆、党的生日以及具有历史意义的重要会议、特殊事件等而编辑、印制的，其内容以展示社会变革、各行各业的成就、百姓生活的变化、讴歌新时期的改革者和建设者等为主，也有一些是原创性重量级学术著作，或对文化积淀、精神濡染作出贡献的大型典籍、文学艺术作品等。从多维角度审视新中国成立60周年献礼书，有助于我们积累出版经验，为以后的献礼书操作提供参考，使之更进一步地遵循出版规律和新闻传播规律，产生更好的社会效益。

重点图书舞动龙头显声势

由于精神文化产品的特殊性，新闻出版和宣传战线的主管部门及早部署，从宏观上整体把握，精心组织、策划庆祝新中国成立60周年献礼书，具有高屋建瓴的指导意义。早在2008年9月，中宣部和新闻出版总署联合下发了《关于抓紧制定和实施庆祝新中国成立60周年出版物重点选题规划的通知》。各地各部门高度重视，全国各出版单位结合本地区和本部门实际，发掘选题资源，精心策划了一大批庆祝新中国成立60年的重点选题，其中包括中宣部、新闻出版总署组织出版的《辉煌历程——庆祝新中国成立60周年重点书系》，中宣部、新闻出版总署联合推荐的“庆祝新中国成立60周年百种重点图书”。《辉煌历程——庆祝新中国成立60周年重点书系》通过在全国236家出版社申报的1044种选题中遴选，确定了31家出版社的52种选题入选该书系。这批重点图书，就像舞动的龙头，带动了整个行业，为出版界向新中国华诞献礼营造了声势。

“重点工程”的效应不只是在引导和示范方面，其内容的广度、深度和厚度，本身就具有丰富的价值内涵。重点图书的遴选，同时也是一种文化选择，担负着积累和传播社会主义先进文化的重任。向国庆献礼的百种重点图书，内容涉及政治、经济、科教、文化、军事、外交、体育、文学和艺术等领域，具有广泛的代表性。归纳起来，主要包括三方面的作品：一是关于全面系统地回顾总结新中国成立 60 周年的辉煌历程、伟大成就和宝贵经验等内容的作品，如中共党史出版社的《中国共产党执政 60 年》、人民出版社的《中华人民共和国的 60 年》、解放军出版社的《强军之路——亲历中国军队重大改革与发展》、中国社会科学出版社的《中国外交 60 年》、广东教育出版社的《共和国教育 60 年》、辽宁人民出版社的《中国农村建设 60 年》、人民美术出版社的《新中国出版 60 年》等；二是反映新中国成立 60 周年辉煌历程的重要理论研究成果、马克思主义中国化创新成果，特别是中国特色社会主义理论体系研究成果等方面的作品，如人民出版社的《共产党通史》（3 卷）、天津人民出版社的《中华人民共和国政治制度史》、党建读物出版社的《中国共产党反腐倡廉文献通典（1921—2008）》、学林出版社的《中国特色社会主义思想史》等；三是汇集新中国成立 60 年来文学、艺术和文化领域的经典作品，尤其是展示那些传承文化、意蕴深厚的集大成式文本，如作家出版社的《共和国人民作家文库》、中国出版集团公司的《中国文库·新中国 60 年特辑》（110 种）、中国广播电视出版社的《中国广播电视文艺大系（1977—2000）》、人民音乐出版社的《国韵华章：新中国音乐 60 年》（10 册）、中国少年儿童新闻出版总社的《共和国儿童文学金奖文库》（30 册）等。这些厚重的书籍，叙述风格多种多样，表现形式异彩纷呈，从不同侧面绘制出新中国发展气势恢弘的长卷。

重点图书作为一种标杆，其水准和质量在一定程度上反映了我们时代的文化境界。它们代表了献礼书的高度，体现了出版人的使命感、责任意识，围绕宏大主题凝聚智慧，既突出国家政治意识形态的内涵，又在积淀精神文化、突出社会效应方面积极努力，力求给读者知识的盛宴和思想的震撼。

精品献礼书的打造不在朝夕之间

像国庆、党的生日等，都有特定的日子，是大众所知晓的，也是一个有效的时机，它能够刺激产生新的精神消费需求，形成对出版极为有利的文化场效应。出版界推出献礼书，只有及早策划，集思广益，群策群力，周密地筹划出版运作过程中每一个环节之间的衔接及多个相关要素之间的融合，才能将出版运行建立在科学组合的基础上，避免盲目出击，防止重复出版、跟风走、选题扎堆。如人民出版社社长黄书元曾向媒体透露，他们很早就开始着手策划关于新中国成立60周年的选题，2009年9月上旬和中旬陆续推出60多种相关图书。由于选题丰富、重大，作者队伍层次高，多为国家部委专家领导和著名学者，因此该社有近30种图书入选“庆祝新中国成立60周年百种重点图书”和《辉煌历程——庆祝新中国成立60周年重点书系》。

策划献礼书，出版社应根据自身的实际情况，在掌握大量阅读需求信息的基础上，编制出整体选题框架，组织专家学者对选题进行反复论证，物色最佳的作者队伍，重点瞄准文化累积工程、原创性社科理论著作、思想文化政治教育读物、文学艺术作品以及传播科学思想、科学方法的选题，开拓出具有创新意义的献礼图书。选题策划确定后，要分项落实，抓好编写、出版过程的每一个环节，防止虎头蛇尾。如上海古籍出版社的《新中国60年文化经典珍藏文库：中国古籍总目》，是迄今为止收书最全、使用最为方便、体现了现代科学研究成就的古籍书目，整个工程从筹划、编纂到审订、定稿，历时17年。该书主要收录了1912年以前抄写、刻印、活字印刷、影印的历代汉文古籍近20万种，全面反映了中国（大陆及港澳台地区）及美国、日本、韩国等地现存中国刻印传抄的汉文古籍的品种、版本及收藏情况。而上海辞书出版社的《辞海》是一部出版发行70余年的大型综合性辞典，作为献礼书的2009年版《辞海》总条数近13万条，比1999年第五版增8%。

众多献礼书中，的确有一些堪称“标志性读物”，但它们都不是为“献礼”而“献礼”，更不是在仓促之间匆匆上马的。如被列入“庆祝新中国成立60周年百种重点图书”的《汉译世界学术名著丛书》（典藏版），商务印书馆以400

种图书的规模整体推出。该丛书自 1982 年印行第一辑，是改革开放以来规模宏大、品格高蹈卓拔的一套思想译丛，曾被赞许为“对我国学术文化有基本建设意义的重大工程”，成为一个时代的文化标志。该丛书珍藏本的出版，并不是盲目追逐热点，它们确实为献礼书增添了沉甸甸的分量。

图书出版要紧扣时代脉搏、追踪文化潮流，却不可助长浮躁之风，不能为了求新、求大、求全、求快、求钱而放弃精神文化内涵。像精品献礼书的打造，往往不是在一朝一夕之间。被称为中国出版战线上一个奇迹的 20 卷《星火燎原全集》(解放军出版社)，是我军历史上规模最大、内容最丰富、影响最深远的大型革命史料丛书，以向新中国 60 华诞献礼的方式付梓面世。《星火燎原全集》为保持原《星火燎原》丛书和《星火燎原未刊稿》丛书的连贯性，出版社在原《星火燎原》丛书基础上编辑前 10 卷，已刊文稿位置不变，将因 20 世纪五六十年代历次政治运动被撤销的 75 篇文章恢复至原有位置。在《星火燎原未刊稿》丛书基础上编辑后 10 卷，已刊文稿位置不变，将最新收集到的珍贵文稿 340 篇按历史顺序分插各卷。全书作者 1338 人，其中元帅 9 人，大将 7 人，上将 44 人，中将 91 人，少将 254 人，未授衔的军以上领导干部 41 人，省部级以上领导干部 84 人。这些作品汇聚成鸿篇巨制，曾被郭沫若誉为“用红宝石砌成的万里长城，记述中国革命战争的东方史诗”，在大众中有着广泛的影响，将它们作为向共和国生日敬献的礼物，是有内涵、上档次的。

找准与主旋律相一致的切入点

献礼书的选题很容易重复，出版社应找准与主旋律相一致的切入点，开掘别具一格的创意和理念，以创造高扬主旋律的“精美乐章”。独特的创意要求出版策划具有全新的视角和思路，给人以全新的感觉。如潇湘晨报、湖南文艺出版社在全国范围内特别组织了“我的名字叫建国”大型征文活动，以此庆祝新中国 60 华诞，新意迭出。“取名建国，不仅承载着父辈们的心愿和祝福，也寄托了对祖国繁荣昌盛的希望。这是一本普通中国人的‘写真集’，我们希望能以民生、民声、民间的形式，从深处发掘出人民与共和国的血肉情怀。”编者从名叫“建国”的同胞中，挖掘 60 年来的个人生活史和家国史。《我的名字叫建国》集中了60个普通中国人与共和国一起成长的情感、理想、命运故事，折射出人民与共和国的血肉情怀。该书角度新奇，以小见大，颇具社会学价值、纪念价值、收藏价值和历史教育价值。

出版社推出献礼书的“政治热情”固然值得肯定，但图书出版一定要遵循文化生产的规律。只有精心的策划、周密的组织、反复的协调、辛勤的耕耘，才能得到收获。三联书店的《六十年六十部——共和国文学档案》，是中国社会科学院文学研究所当代室集体策划、通力合作的研究成果，以年代顺序，借对小说、诗歌、散文等文学门类60部作品的选评，展现了共和国文学60年的发展脉络和整体风貌。三联书店推出的另一本献礼书《六十个瞬间》则选编了邓拓、庄则栋等众多作者的60篇文章，从政治、经济、文化、体育等方面展示新中国60年的变迁。因为是选编，文章的质量和可读性有较大保证，比虚张声势地搞宏大的原创工程来得更实在。

由于具有一定的时效性，献礼书的编辑出版，必须要有灵活、周到、高效的组织协调，抓好写作、编选加工、印刷、宣传、发行等环节，合理调配力量，安排时间进度，把握好最佳的上市时机，抢占先机，迅速抓住读者，赢得市场份额。从发行角度看，献礼丛书统一设计、统一用纸、统一印刷、一次性推出、统一发货、统一宣传，可以给市场强劲的冲击力，形成一时的热潮。有价值的献礼书，还应展开整体营销策划，包括与新闻媒体联动，在报刊上发表书评、新书介绍，举办首发式暨学术研讨会、出版座谈会等多种形式，做足宣传造势的功夫。有些作为献礼图书出版重镇的出版社，还在新闻媒体上展开了广告攻势，或者借助社会力量，使献礼书的影响向更广泛的领域渗透，扩大辐射半径，以拥有上佳的市场表现。如上海世纪出版集团在全国遴选20多家大书城，在2009年国庆前100天举办上海世纪出版集团成立10周年和庆祝建国60周年重点图书联展，联展图书在折扣上实行优惠政策。这些活动既宣传了出版机构自身的品牌形象，也烘托了浓厚的喜庆气氛。

纯粹赶潮流容易走入误区

不可否认，献礼书中有一些纯粹是赶潮流的，如2008年全国出版社围绕纪念改革开放30年推出的图书达上千种，献礼书繁荣的背后却也避免不了鱼目混珠的现象。还有的出版社为了突出献礼书的分量，动辄以丛书的形式推出。这批献礼的丛书数量多、内容广，的确很有气势，但其中有一些不是量力而行，把关不严、草率出书导致质量参差不齐，造成一些“泡沫书”。

有的出版社则走入另一个误区，他们以为献礼书就是制作精良的礼品图书，于是一味在印刷装帧质量上下工夫，推出豪华的精装本，但因其价格太高，超出读者的心理预期，使人望而生畏。

不少出版工作者也认识到，经常出献礼书，难度很大。节日年年有，“礼”是“献”不完的，但用于“献礼”的出版资源是有限的，高质量的出版物不可能年年有。那种“献礼时发发消息，献礼后清清仓库”的图书，并不能真正唱响主旋律。如何不使献礼书昙花一现，不只是在书名与立意上做做文章，而是具有特定的纪念意义、深厚的历史文化内涵和认知价值，无论阅读和收藏都具有不可取代性，这就要求出版机构审慎行事、理性对待，将图书选题的政治性、成熟度和传播价值综合考虑，真正将献礼书做成具有阅读和珍藏价值的精品，实现时代性、历史性、思想性、科学性、特色性、艺术性和观赏性的有机统一。

第四章　面向农村的文化关怀

一　农家书屋的受众开发

从2007年开始在全国范围内实施的“农家书屋”工程，将使亿万农民受惠，它有助于切实解决广大农民群众“买书难、借书难、看书难”的问题，丰富农村的精神文化生活，推动社会主义新农村建设。

“农家书屋”要建立可持续发展的机制，这其中还有许多难题需要破解。诸如后续资金投入如何落实，如何走出公益性与经营性相结合的路子，如何用有益的出版物吸引受众，等等，这些都没有现成的经验可以借鉴，需要在实践中不断摸索。尤其是“农家书屋”的受众开发问题，相关的探讨很少。事实上，“农家书屋”建成之后，如果不能真正吸引农民大众，就可能出现有报刊书籍而无人读的情况，从资源上出现极大的浪费。因此，“农家书屋”把受众放在首位，用免费阅读擦亮公益性品牌，以有偿销售的经营性收入谋求可持续发展，这是“农家书屋”不断壮大自身实力的一条有效途径。

牢固树立受众本位意识

建设“农家书屋”的目的，就是为了给广大农民提供精神食粮；没有受众或受众太少的“农家书屋”，是没有生存、发展空间的。“农家书屋”的操作者必须牢固树立受众本位意识，在书屋的定位、宗旨、方针等方面，切实考虑普通农民读者的兴趣和需求，为农民大众服务，扩展受众群，努力增加出版物品种。

尽管农村人口众多，但“农家书屋”要把读者吸引进来并不容易。如今农村读物发行和农村媒体发展便面临着巨大困境，农村报刊、图书的读者流失问题十分严峻，农民的阅读习惯仍有待培养。以报纸为例，20 世纪 80 年代和 90 年代初期，是农村类报纸的兴旺时期，那时办得较好的一些农村报，发行量达数十万份。而现在农村报发行举步维艰，发行量超 10 万份的只有广东的《南方农村报》、山东的《农村大众报》等少数几家。图书出版方面，据新闻出版总署提供的最新统计数据，近 5 年来，我国每年出书品种一直在 17 万—19 万左右，其中“三农”图书平均不到 4000 种。统计数字还显示，发行网点自改革开放初期至今，城市增加了 3 倍多，从 3 万增至十几万，而农村却减少了 40％之多。农村出版物发行的这种状况必须从根本上予以改变，必须用有益的读物充实农民的精神文化生活，从而为社会主义新农村建设提供智力支持。

“农家书屋”启动之后，为了避免出现“有书无人读”的情况，就必须广泛宣传、深入开发受众，使书屋成为联系最广大农民受众的载体。开发受众的一个重要方面，就是要了解和调查当地农民读者群结构。从农民读者群结构来看，以传统种养方式进行生产、自给自足的传统型农民，他们很多不具备基本的阅读能力，更没有阅读习惯；而农村中具有文化知识的中青年多外出打工，留守人员以老年和少年居多。“农家书屋”的主流受众，应该是农村有文化的种养能手、中小学师生、各类生意人、企业主或企业员工型农民、乡村干部。这些人属于农村的“高端”读者，调动他们的阅读积极性，可以在当地形成较好的示范作用。

其次，要细致了解农民空余时间的安排情况，了解当地的社会风气。武汉大学信息管理学院的一项调查显示，由于电视这种快捷、简单、通俗易懂的媒体的普及，它在农民空闲时间的安排中占有重要位置，其比例已经达到 34％，而且他们观看的电视节目中多数是电视剧。令人欣慰的是，看书这项活动的比例是 20％，很多农民认为书本具有携带方便的特点，特别适合在田间地头的时候进行阅读。同时应该看到，目前仍有 18％的人选择棋牌类活动，尽管这类活动在一定程度上有利于人们智力开发和头脑放松，但是有不少人沉迷于这类活动，有的甚至连正常的农业生产活动都弃置不顾，更没有可能读书看报了。如果不了解受众的这些情况，有针对性地予以引导，“农家书屋”要扩大受众群是十分困难的。

虽然电视节目、棋牌娱乐占据了农民较多的空余时间，纸质媒体在农村读者中的生命力依然非常长久，农业科技知识和信息的专向传播，有助于农民致富，也有助于农民活跃文化生活。从农民的角度来说，“三农”出版物的实用技术、农村商业等信息成为农民致富的一条很好的信息来源。经过相关机构和部门的调查，“三农”出版物在农民中的受欢迎程度是非常高的。对于那些经常要用到的技术和知识，农民必须需要反复阅读。从一些地方的实际运作来看，“农家书屋”广受农民欢迎。农闲的时候，到“农家书屋”里看看书、上上课，对农民来说，既是一种文化休闲方式，又能学到知识，提高自身素质和致富能力。

良好阅读习惯的培养，不仅提高了农民素质，也为出版业培育了一个潜在的大市场，建立起相对完善的农村出版物销售终端系统，这将是一个双赢的过程。在这一过程中，报刊、图书、音像、电子等出版单位以及发行机构应承担相应的社会责任，积极捐资兴建书屋，实施“三农”读物出版工程，大力开发适合农村、农民和农业需要的各类出版物。出版、发行单位与“农家书屋”携手打造“和谐文化产业链”，既可以使“农家书屋”保持长久的生命力，满足农民的精神文化需求，也可推动新闻出版业发展。在具体操作中，“农家书屋”要注重打造自身品牌化、标准化、专业化、个性化的形象，通过与新闻出版机构、新华书店等合作，创立农村读者俱乐部或群众性读书组织，扶持农村专业户，举办农民读书节、专题书展等形式，拓展服务的领域，积极引导受众。

以受众为中心，“农家书屋”还可以通过创新经营模式，与新闻出版机构、新华书店等联手培育与开拓农村出版物市场。目前大部分“农家书屋”还没有专职人员，有村干部兼管的，有退休教师、志愿者管理的等。有少量的“农家书屋”有专职人员来干，有些还有代销业务，通过经营性活动来补充公益性事业。从长远来看，“农家书屋”通过经营性活动补充公益性事业，这是可持续发展的保障之一。如“农家书屋”与新华书店、出版社合作，在农村开展出版物推广活动，直接面向农民，探索面对面、零距离的对接，采用价廉书优策略帮助农民选购图书。再如“农家书屋”与农村中小学师生密切联系，从接触中及时了解他们的用书信息，组织适合农村师生需求的书刊，用优秀的读物净化校园环境，实现“读书、售书、育人”这一根本宗旨。有条件的“农家书屋”还可以常年开展有益的、丰富的读书征文、知识竞赛等活动，通过名家讲座、签名售书等形式，带动农村文化建设，营造浓郁的文化氛围。在农村中，有读书看报意愿，具备阅读能力或购书订报实力的人，必然有一定的知识文化水平或经济基础，他们在人群中有一定的影响力和辐射性，一旦将这群人发展成为报纸、期刊订户和图书顾客，将可以一传十、十带百，迅速扩大传播半径。

服务“三农”开拓潜在大市场

当前，城市出版物市场存在过度竞争的现象，农村市场被视为小众市场而遭到忽视。按照风行一时的“长尾理论”，小众市场其实蕴藏着巨大商机。“长尾理论”认为，所有非主流的市场累加起来就会形成一个比主流市场还大的市场，这些少量的需求会在需求曲线上面形成一条长长的“尾巴”，实现小众的极大数量。根据长尾理论，当生产和传播的成本下降后，只要渠道足够大，非主流的、需求量小的书籍的总销量也能够和主流的、需求量大的畅销书总量相匹敌。可以说，“长尾效应”也为“农家书屋”的发展提供了理论注脚，我们需要从战略的高度关注农村出版物的大发展。

媒体与发行机构要用客观和发展的眼光看待农村市场，“农家书屋”等发行网点的组建应与农村日益增长的购买力相适应，并根据当地实际情况确定基层网点的出版物品种数量。尽量缩小城乡信息鸿沟，让农民群众广泛分享改革开放的精神文明成果，这是新闻出版业义不容辞的责任。尽管农村的信息化建设取得了巨大进展，像广播电视村村通工程、社区和乡镇综合文化站建设工程、全国文化信息资源共享工程、农村电影放映工程等，在一定程度上建立和完善了农村公共信息服务体系，但必须看到，专门针对农民的出版物还难以到达广大农村，“三农”出版物发往农村的品种和抵达率低，不能满足农民的信息需要。而新农村建设和“农家书屋”工程为农村媒体提供了一个良好的发展机遇：不但可以大大地丰富新闻出版资源，而且随着农业和农村经济的发展、农民收入的增加，农民经济实力的增强，农村购书、订报渠道的畅通，农村出版物发行将出现新的快速增长。有关调查显示，当农民人均收入达到3000元左右时，基本生活支出约占纯收入的一半，农民有一半的剩余资金用于发展、享受型消费，文教娱乐在消费结构中所占比重呈现上升趋势。我国农民收入在达到这个临界点后，农村消费都出现快速增长的趋势。研究分析这一临界点，及时把握农村消费形势，就能有针对性地引导农民的出版物消费。

认清农村的消费特点，新闻出版单位应该努力提高农村出版物质量，开发真正适应农民需求的读物，减少对信息有效传播的障碍。实用类的“三农”图书，必须根据农村生产生活实践来策划选题，让农民“一看就懂、一学就会、一用就灵”。如重庆出版系统推出的“农村两元钱实用知识丛书”，定价低廉，通俗易懂，服务性强，取得了良好的社会效益和经济效益。江苏出版界推出的“跨世纪农村书库”，每本书约10万字，定价则在5元左右。类似这种价廉物美的读物，应该成为“农家书屋”经营中的主角，以适应农村的读者层次和消费水平。对于农村报刊来说，首要的是提高新闻品质，贴近“三农”、服务“三农”，以最快的速度、最为群众喜闻乐见的形式，把信息、政策送到农户。在新闻、信息的采编中，农村报刊要更好地发挥自己现有的资源和能力，注重信息的权威性、实用性和启迪性，用专业化和精细化的战略谋求竞争优势。如广东的《南方农村报》以专业增页的形式创办《养殖宝典》、《兰花宝典》等，便是考虑服务“三农”和细分市场的问题。这些专业增页适合农民的使用习惯和实际需要，在相关专业领域中颇有影响，广告客户也很感兴趣，报社在经营上获得了较好的收益。这种专业性的小刊物，服务于传媒市场的某些细小部位，准确定位于某一层面的农民读者，发行量虽不大，但它通过专业化经营占据了有利的市场位置。

充分挖掘农村市场潜力，深入改革出版发行体制，新闻出版业必将开辟新的发展空间。随着社会主义新农村建设的推进，城乡、区域发展差距扩大的趋势逐步扭转，农村家庭财产普遍增加，人们过上更加富足的生活，特别是农村人口科学文化素质的不断提高，农民用于文化消费的支出将逐年增加，一个潜在的出版物农村消费市场开始形成。而“三农”出版物的品种数量少、定价偏高、订购难等问题一旦破解，新闻出版业将获得新的经济增长点。新闻出版单位有必要进一步明确市场目标和受众群体，集中营销力量，进行跟踪调研，直接感受农民的阅读需求，策划农民切实需要的选题，既考虑农业生产所需要的技能知识，又顾及农民生产生活所必需的法律法规，以及人文知识等。农村出版物选题是一项动态的、长期的工作，新闻出版单位对此有针对性地常抓不懈，既是从源头上配合“农家书屋”工程实施，也是开拓潜在大市场、实现经济增长的有力举措。

二　农家书屋与农村出版物发行

“农家书屋”工程是政府统一规划、组织实施的新农村文化建设的基础工程、民心工程之一，它有利于提高农民文化素质，促进新时期农村经济社会协调发展，同时也为农村出版物发行打开了一片新的天地。新农村建设和“农家书屋”工程的启动，是所有农村类媒体、“三农”出版物的一次发展机遇，如果能抓住这次机遇，将会获得很大的发展。

完善农村出版物发行体系

“农家书屋”是公益性文化服务设施，也可以开展出版物经营业务。管理规范、服务较好、具有一定经营条件的，可在书屋管理人自愿的前提下，由新闻出版行政部门授予出版物经营许可证，通过经营性活动来补充公益性事业。从长远来看，“农家书屋”通过统一形象、规范管理、打造品牌，获得合作方出版物销售权，将是发行渠道的一种创新。

与城市相比，农村的报纸书刊发行网点建设相对滞后。以报纸为例，目前全国“三农”报纸的发行主要依靠邮发，农民居住分散，发行路线、发行质量受到诸多限制，报纸投递难。“三农”报纸投递入户率低，时效性差，期、张缺失严重。这些难题，引起了有关方面的高度重视。新闻出版总署报纸期刊出版管理司 2006 年出台的《全国报纸出版业“十一五”发展纲要》在“新农村报纸出版促进计划”中提出，“报纸出版资源配置政策向农村倾斜，完善‘三农’类报纸出版优惠经济政策。改进农村党报发行，显著提高各类‘三农’报纸在农村地区的普及率”。“三农”图书发行方面，2004 年 5 月，中宣部和新闻出版总署联合下发《关于进一步加强“三农”读物出版发行工作的意见》。经过努力，目前全国建立乡及乡以下出版物发行网点约 3 万家，在一定程度上缓解了农民群众购书难问题，但仍然无法满足农民群众日益增长的精神文化需求。

在农村建立比较完备的发行网点，联合新闻出版单位、发行机构开拓农村市场，使出版物发行的触角延伸到农村千家万户，这是一项具有重要意义的工作。“农家书屋”覆盖全国农村的基本框架，为构建和完善农村出版物发行体系提供了契机。“农家书屋”是推动农村出版发行工作的有效平台，它通过树立强大的品牌，构建完整的服务网点、发行网络，有效联系庞大的读者资源群。“农家书屋”既是农民免费借阅出版物的服务网点，也可以成为出版物发行网络延伸进村的发行网点和销售终端，与邮发、新华书店等渠道将形成良性互补。免费阅读和有偿销售并举，公益性与经营性相结合，“农家书屋”通过整编发行人员，可节省人力资源，另外还能使该渠道有能力容纳更多不同定位的报刊、图书，反过来对渠道本身的产品丰富也是一个促进。

跨越发行“瓶颈”的途径

跨越原有的“瓶颈”，拓宽传播渠道，“农家书屋”工程建设为农村出版物发行开拓了新的途径。

一是争取各级党政领导重视和支持，把“农家书屋”发行网点建设列入当地政府的建设规划，并力促有关部门出台一些优惠措施，扶持农村出版物发行。抓好“农家书屋”工程，是各地精神文明建设中的一件好事、实事，政府支持这项民心工程，有利于“农家书屋”尽快步入良性发展的轨道。“农家书屋”在事业发展初期，若能得到专项基金的支持，有助于在一定程度上解决基层网点资金不足的困难。像新闻出版行政管理部门和新华书店从所得税返还建立的出版基金中，拨出专项基金重点扶持乡镇基层店的做法，便是一种行之有效的手段。“农家书屋”的运作，可根据实际情况以此作为借鉴，从政府设立的农村出版物发行专项资金中获得补贴。同时，政府对发行工作取得突出成绩的“农家书屋”给予奖励和表彰。

二是“农家书屋”经营出版物可开展售、租、借等灵活多样的形式。“农家书屋”的长效发展机制，要走市场化道路，多渠道发行谋求农村出版物在农村推广发展。“农家书屋”能弥补原有发行渠道的一些不足，如采用编辑部委托发行、定向发行和零售等形式。合作单位定期对“农家书屋”管理者组织培训，规范经营活动，及时对网点进行盘点、结算、清账，保证经营管理有序。新华书店等出版物连锁经营企业都可立足“农家书屋”，签订经销合同，在农村建立各种形式的出版物发行网点或代销点、租赁点。尤其是零售，目前农村出版物在基层的销售网点很少，“农家书屋”的大量涌现有助于改变这一状况，农民即使不出村也能看书、买书。在具体操作中，可将零售和试销结合起来。所谓试销，就是“农家书屋”经营的出版物能销则销，不能销则退回出版发行单位，这样降低了“农家书屋”经营的风险性，有利于长远发展。新型的“农家书屋”室内经营模式，将新闻出版单位、发行机构和读者等多方资源有效整合起来，为出版物和农民群众牵线搭桥，建立起一个出版物展示、阅读、销售和品牌宣传的新型终端网络，努力解决农村出版产品和服务供给不足的问题，用健康有益的出版物占领农村文化市场。“农家书屋”工程建设的目标是基本覆盖全国的行政村，其自身也需要大量的出版物来充实。按照相关要求，每一个“农家书屋”原则上可供借阅的实用图书不少于 1000 册，报刊不少于 30 种，电子音像制品不少于 100 种（张）。单从“农家书屋”所需的出版物来看，其数量便十分巨大。

三是要面向潜在读者群进行有针对性的营销。发行渠道建设非常重要，结合出版物的特性，有针对性地开发适合人群、目标人群同样重要。如依托“农家书屋”成立农民读者俱乐部，便是一种易于操作的方法。任何农民读者只要想订购出版物，都可以成为俱乐部会员。出版发行部门应及时向“农家书屋”提供相关出版物目录，帮助农民及时掌握出版信息。会员订购不规定指标，不缴纳会费，还可享受一些折扣优惠，这对农民群众有一定的吸引力。“农家书屋”还可以接收农民群众反馈的信息，为农民查找实际需要的出版物，或与新闻出版单位联系，给读者补寄漏发的报刊，解决邮发报刊存在的缺陷，提高读者对报纸书刊发行的满意度。事实上，“农家书屋”与农民受众的互动性强，发行成本相对较低，农村出版物发行的市场潜力很大。

当前，新闻出版物和农民的相互关系不够密切。要改变这种状况，新闻出版人不仅心中要有农民，而且要放眼未来，积极、主动培养农民受众。目前农村的报刊订户、图书购买者不多，报刊社、出版社能否送一些书报、期刊给“农家书屋”？采取免费赠阅的方式，有助于实现目标市场的推广。与此同时，在农民群众中举办各种读书、读报、读刊活动，有条件的可以举办读书、读报、读刊知识有奖问答或竞赛，定期开展科技讲座、技能培训等各类活动激发农民阅读的积极性，鼓励农民连续使用传媒产品，培养农民群众的阅读习惯。像报刊社还可以加强与“农家书屋”的联系，聘请“农家书屋”的管理者为农村通讯员或报料人。报纸、期刊除了新闻报道、信息发布、知识传播外，也可考虑经常提供一定篇幅，免费为农村刊登有关农副产品购销信息的广告，让农民逐步认识刊登产销信息广告的作用，激发市场经济的广告营销意识，成为未来的广告客户，而报刊自身也扩大了影响力和发行量。如《甘肃农民报》创办专门针对打工阶层的《蓝版》，免费刊登分类信息，包括招聘信息、自荐信息、征婚信息、房屋铺面出租转让信息等。该报在兰州市每期便可卖出3000份左右，每份一元。《甘肃农民报》的这种营销策略，值得“三农”类报纸、期刊仿效。像农业期刊便可尝试出些“活页”，免费发布“种植业”、“养殖业”、“加工业”等信息，供读者选择。媒体锁定目标人群提供一些必要的优惠，有利于双方建立忠诚、稳定、长期的传播合作关系，做大市场份额。

第五章　影视文化的侧面观察

一　电视“明星学者”现象的文化思考

近年来，文人学者频频亮相于大众媒体，有的在报刊上开设时评专栏，有的在网络上推出个人博客，有的积极参与电视的选题策划，充当脱口秀节目嘉宾或主持人。尤其是电视，它可以说是当代最重要的文化传播媒介，一些文人学者在这个平台上成为炙手可热的人物，或者较之以前有了更高的社会知名度，出现了不少“明星作家”、“明星学者”，如易中天、于丹、刘心武、阎崇年、王立群，等等。尤其是易中天、于丹，分别被称为“学术超男”、“学术超女”。对于这样一种新的文化现象，人们褒贬不一，并引发了学术与畅销书、学者与大众、文化普及与文化娱乐化的争论[①]。文人学者、知识分子与大众传媒的关系，成了一个值得探讨的话题。

麦克卢汉曾经指出：“媒体会改变一切。不管你是否愿意，它会消灭一种文化，引进另一种文化。”电视作为强势媒体，是现代媒介的代表之一，它的扩张使人们的日常文化生活发生着显著变化。如果我们梳理大众传媒对社会文化的冲击、绘制媒体世界的文化地形图，电视“明星学者”现象的文化意义便不容忽视，它折射了当代文化发展的某些新特点，针对媒体的学术研究范畴也

① 张英、梁铁雯：《〈百家讲坛〉：让争议来得更猛烈些吧！》，《南方周末》2006年10月26日。

需要与时俱进不断丰富。

学者的文化资本收益

对于媒体的评价，有这样一种观点："深刻的报纸，浅薄的电视。"① 电视是一个通俗文化的载体，必须把话说通俗，而不能太抽象。"文字所造就的深刻，可以跟大脑媲美，而电视则不具备这种深刻"②。报纸的深刻性，体现在"短而深"的新闻报道以及新闻评论中；而电视的历史传承较短，文化氛围不够浓，在不同程度上存在"娱乐节目弱智"等情况。当然，这种说法未必完全准确。应该看到，电视为了改变自身的"浅薄"形象，近年来也做出了不懈的努力，包括强化电视评论节目，加大舆论监督力度，提高文化品位，显示了电视媒体自身创造力、公信力、影响力的不断提高。特别是文人学者、知识分子深度参与到电视节目中，将文化观念以通俗化的形式传播到更为广泛的大众之中，这对塑造电视媒体自身形象也是有益的。

在当今的媒介生态环境中，创新的压力对于各种媒体而言都是一样的。从内容到形式，用多样化的方法推陈出新，这是媒体得以生存和发展的根本途径。电视节目采用专题化、对象化、知性化、娱乐化等多种形式，都是根据受众的接受心理进行取舍的。为了通过收视率的考核，中央电视台《百家讲坛》经过一段时间的探索，将栏目定位从人文、自然和社会转向到中国传统文化和历史，并注重包装形式的创新，使初中生也能看得懂，但轻松娱乐的节目中又有着某种学术味道。《百家讲坛》2006 年重点推出的《易中天品三国》，便是以具有一定历史文化内涵的知性化节目争取受众，实现了学术的平民化。易中天因其出色的表演，成了拥有众多粉丝、"乙醚"（易中天迷）的"学术超男"、文化偶像。《易中天品三国》的书稿，央视国际电视总公司还率先采用了市场化的竞标方式，上海文艺出版社以 14%的高额版税和 55 万册的起印数中标，被人认为是"天价"。随后《易中天品三国》出现的热销狂潮，让人瞠目结舌。

① 李希光：《转型中的新闻学》，南方日报出版社 2005 年版，第 124 页。

② 张志安：《报道如何深入——关于深度报道的精英访谈及经典案例》，南方日报出版社 2006 年版，第 12 页。

当年易中天第一本书在上海文艺出版社出版的时候，只印了3000册。而于丹在《百家讲坛》讲述《论语》、《庄子》，其受欢迎程度甚至超过了易中天，《于丹〈论语〉心得》发行量达数百万册，《于丹〈庄子〉心得》首发当天10个半小时签售15260本。

易中天、于丹走红，首先离不开电视媒体的助推力。当年余秋雨凭《文化苦旅》一书打出名气，而易中天成为“明星”，全靠电视的传播效应。易中天在“品三国”之前，已是著述颇丰，如《读城记》、《艺术人类学》、《〈文心雕龙〉的美学思想论稿》、《黄与蓝的交响——中西美学比较》、《闲话中国人》、《品人录》、《中国的男人和女人》、《艰难的一跃：美国宪法的诞生和我们的反思》、《帝国的惆怅》等。这些书视野宏大开阔，内容丰富，叙述方式深入浅出、生动有趣，但其影响仍局限在一定的圈子里。由于央视的放大效应，电视节目在“包装”学者的过程中，使其声望被放大、快速传播。学者得到了文化资本的收益，因为参与电视节目而声名鹊起。在此过程中，电视媒体也是赢家，其节目形态获得了文化增值。因为文人学者的身份，本身就是一个具有象征意义的文化符号。

从社会文化心理来看，大众在喧嚣浮躁的感性世俗生活中，也需要能启发人进行某种思考的“知性”文化。当然，这种思考不是纯粹思辨式的，而是从具象到抽象，在他者形象化的表述、言说中感悟人生和社会的哲理。于丹用“心灵鸡汤”般的语言讲解《论语》、《庄子》，她坦言自己所做的是普及，“稀释经典，让它进入大众生活”。易中天则是以具体可感的素材讲述三国故事，用“平民化观点”评述三国人物，既妙趣横生，其中又有学者对历史和现实的整体把握、独特思考。易中天曾经提出过一个“妙说历史”的概念：“妙说，首先讲者得有趣，有文学修养，有体验历史、品味历史、把握历史情调的能力。”他的访谈中，他说自己是在进行对接：传统与现代的对接，学者与大众的对接，学术与传媒的对接。他品说《三国》，如他所言，“是介于史学和文学之间的‘第三种形态’，即‘历史其里，文学其表’。不编造（或创作）故事，但将历史上有记载的故事适当‘文学化’，让它们更加生动鲜活。前者是和《三国演义》不同的地方，后者是和《三国志》不同的地方，所以是‘第三种形态’。”易中天以个人的方式解说历史、对接现代，可以为电视节目提供与一般感性娱乐不同的文化经验。

就电视艺术本身而言，易中天、于丹、余秋雨等一批学者参与其中，在节目形态变革方面也有一定的推动作用。如凤凰卫视的《秋雨时分》在2006年元旦开播，余秋雨用深沉蕴藉的语言与观众探讨东方及中国文化，谈话场所设定在“一个最能体现文化兴衰的苍凉环境”中，该节目每天一期，虽然只有5分钟的时间，但它有一定的思想容量，丰富了脱口秀的形式。而《李敖有话说》打破电视制作模式，旁征博引，在骂人声中探索言论的新空间。易中天则将教书先生的博雅和“说书人”的曲折深致实现了某种结合。在中国，“说书”这种传统艺术有着深厚的接受心理背景。且不说古代的说书艺人，单是20世纪80年代，便涌现了单田芳、刘兰芳、袁阔成等一批红极一时的说书大师，他们主要以广播为载体，使说书艺术走进了千家万户。随着电视媒体的勃兴，说书渐渐式微，然而其表现技巧也被嫁接到一些电视节目中。如杨锦麟的《有报天天读》以及凤凰卫视一些“说新闻”的方式，就打上了传统说书的某种印痕。单田芳自己也一度担任电视台的主持人，用说书的方式来主持节目。批评家张闳说：“易中天等人的出现，是旧式说书艺术的现代复活。”[①] 不仅易中天，通过《百家讲坛》火起来的人，都多少带有点说书人的色彩，如孔庆东甚至穿上了说书人惯用的传统长衫大褂。总的看来，这些节目充满故事性、趣味性，主讲人都曾经有过教师的经历，都有较出色的语言能力，善于制造悬念，引发观众思考，因而《百家讲坛》被认为是“新说书时代”的集中体现[②]。用口舌征服受众，文人学者也找到了体现自身存在意义和价值的另一种方式。由于电视媒体的受众社会化程度日益提高，要针对受众的社会文化心理，加强节目的深度、广度，学者的参与也是一种有意义的探索形式。

知识分子的生存方式和文化定位

电视、网络等传播媒介的普及，给传统的文化秩序造成很大的冲击，由此带来了审美、艺术与文化的“民主化”。文人学者如何面对新的媒介生态、文

① 张闳：《易中天：新说书时代》，《SOHO小报》2006年9月号。

② 侯虹斌等：《新说书时代》，《南方都市报》2006年8月7日。

化生态，众说纷纭，莫衷一是，人们开始重新反思知识分子的社会定位和文化角色。

随着社会生活的日渐世俗化、功利化，以及消费主义意识形态的兴起，文化与艺术的垄断权逐渐丧失，平民化的通俗读物、影像商品拥有巨大市场，高雅文化被迫改头换面走向大众。传统知识分子的生存方式和文化心态，受到了外界很大的干扰或诱惑。

文人学者介入大众传媒，并不完全意味着低俗、功利，而是为我们时代提供了一种富有特色的“文化景观”。知名学者徐友渔曾著文指出，在数理、逻辑、哲学方面少有与之匹敌的学术巨匠罗素，为了完成知识分子的那份社会责任，与传媒就有多方面的合作，他接受采访，在电台和电视台演讲，而做得最多的，是给报刊写文章，这种文章恐怕有数千篇。罗素与怀特海合著的划时代名著《数学原理》恐怕全世界至今只有几十个人看得懂，他的时论、政论、小品随笔却有无数读者。当然，大众传媒为知识分子提供了新的广阔舞台，这既是机会，又布满陷阱。在传媒上显头露脸，获取名利比辛辛苦苦做学问似乎要轻松，这会使一些人在自己的专业上半途而废。传媒千方百计的努力使文人学士获得听众、读者、崇拜者，而一旦借传媒当上名人，就容易迷失自我，导致虚妄的个人膨胀感①。一种理想的情境是罗素的方式，既保持知识分子的独立精神、人间情怀，又使媒体传播了经过他通俗化的文化表达。

像央视《百家讲坛》推出的《易中天品三国》、《于丹〈论语〉心得》等，其中的确有一些不遵守学术规范的地方，但也应该承认，《百家讲坛》不是一个电视大学，它不过是用有意味的形式起到某种文化普及的作用。据报道，在2007年4月26日举行的全国出版高层论坛上，全国人大常委会副委员长、语言学家许嘉璐称，于丹等明星学者的出现对当前国学热是一种促进、能带动年轻人对国学的兴趣。他还当场向昔日的学生于丹鞠躬，表示感谢。

从表达方式、媒介手段来看，电视有其自身的特征。中央电视台《新闻调查》制片人张洁便坦言，电视所传递的思想，跟我们真正的思想，特别是带有科学性的思想是有距离的。“电视的从业人员必须对电视的肤浅、通俗和直观

① 徐友渔：《学学罗素》，《南方周末》1997年1月24日。

有清醒的认识……看电视70%—80%是娱乐，10%—20%是教育和知识。”[①]当北京大学、清华大学、中山大学等高校的几位博士声称要“将反对于丹之流进行到底”时，于丹回应说：“我之所以选择心得的形式，就是我从不追求所谓精准性，从来不做字句的训诂，我只做意义的阐释。”“我在塔基座上所做的尝试，是文化普及的意义，博士们所做的研究，是文化内涵的研究。我们不能用一方来否定另外一方，这不是一个概念。文化选择是一个多选题，不是非此即彼，非对即错，我觉得文化越多越健康。”这说明于丹对自身的文化定位还是有着清醒的认识的。

是否介入传媒，这是个人的自由。一个学者是否有渊博学问、独立人格、人文意识、社会关怀，也不取决于他与传媒的关系。在媒体抛头露面，更不能简单地视为出风头，关键是学者应有自己的文化理念。如《百家讲坛》2007年重点推出的《王立群读〈史记〉》，王立群没有为了通俗而媚俗，为了流行而丧失《史记》本真。而王鲁湘参与凤凰卫视《纵横中国》、《世纪大讲堂》和《文化大观园》等节目，秉持“让思想界和电视界同行”的理想，显示了一种较自觉的电视文化意识。从当下的社会文化和电视文化状况来看，如何透视历史和现实，把握自身存在、寻找精神家园，提高电视节目的文化档次，即便是纯粹的娱乐节目也能蕴含一定的人文价值和审美取向，这需要大批智者作不倦的探索。

恩格斯在《反杜林论》中指出：“文化上的每一个进步，都是迈向自由的一步。”就电视媒体而言，应该挖掘我们时代的智力库、思想库，为推动文化进步鼓与呼，加入时代主流文化的合唱，并形成自己独特的文化识别标志。

二　个案分析：解读《建国大业》

作为一部唤醒集体记忆、塑造民族国家认同的献礼片，《建国大业》成功

① 张志安：《报道如何深入——关于深度报道的精英访谈及经典案例》，南方日报出版社2006年版，第12页。

地整合了商业运作和主流意识形态话语策略，在市场效益、社会效益上均获得了巨大成功。这部影片以重大的历史事件与历史人物为题材，在纪实性风格的基础上，构建纵横交错的宏大时空坐标，营造磅礴的气势和场面。与以往的同类主流大片比较，《建国大业》糅进了许多商业片的元素，明星、大腕云集，他们在大的历史跨度中轮番出场，意识形态与娱乐共舞，形成历史叙事中的影像娱乐。

从新的维度展开革命经典叙事

历史的灵魂在于纪实、求真，就是挖掘、记录确实发生过的情况，使人物、事件等具有无可更改的确实性。这种“真实性”的信念，贯穿于新中国成立以来的革命历史题材影片。历史与主流意识形态密不可分，革命历史题材的献礼片不断推出，受到持久的关注和探讨。人们习惯以历史的名义发言，运用特定的叙事策略来确证现实秩序的必然和合理。《建国大业》所截取的从抗日战争胜利到第一届人民政协会议召开这段历史，便与新政权的合法性息息相关。同类题材影片《重庆谈判》、《开国大典》、《大决战》等，曾全方位地反映了这段波澜壮阔的历史。主旋律电影通过叙述历史去揭示其本质规律，为大众提供一种观念性的集体认同方式。历史成为思想文化、意识形态的一个“主能指”。

电影的艺术创造必须纳入一定的叙事关系。叙事是历史题材电影展开故事情节的根本手段，历史人物和事件为其提供了叙事所依托的框架或基础。至于如何叙事，叙事的方式和叙事的重心则是千变万化。电影中的“历史”，实际上是一种话语建构的产物，它再现的“历史”也只是人们理解过去以及外部世界的叙事形式中的一种。如今占主导地位的历史叙事，已不再是以其描写的故事改变我们视野的印刷媒体，而是以其制造的画面改变我们视野的电影、电视和网络视频媒体了。在这方面，电影起到的作用不容忽视。现在有许多研究报告证明，美国的中小学生已不再从历史书中，而是从好莱坞电影中获取他们的历史图像了。较年轻的这代人在接受《阿甘正传》、《拯救大兵瑞恩》和《辛德勒的名单》这些电影时，不是把它们当作故事片，而是把它们视为文献证据。

这就是说，年轻人是把影片中的画面当作对历史本身的忠实模仿而加以感知的。我们的记忆已经不像在19世纪那样充满了故事和人物，而是充满了浮动的画面。[①] 电影从一个方面表征了大众想象，潜移默化地影响人们的历史认知和观念。

叙事性在《建国大业》中占有重要地位。其实，“叙述是人类理解自身的基本形式，人类思维的一切形式都是叙述的。”[②] 叙事“无所不在”，它是人类在时间中认识个人、社会乃至世界的基本解释方式。电影的出现，丰富了人们的叙事手段和技巧。而《建国大业》的叙事，不只是停留在事件的表面，而是力图展示人性化、生活化的历史人物，透视他们的情感和内心世界。人的心理活动，各种复杂的情感、思绪、心态和意识活动，都是电影叙事可以驰骋的领域。叙事，它通过叙述方式的奇妙组合，使凌乱、无序的原生态历史、现实转化为电影中的规定情景和有序的流程，使事件、史实转化为电影的故事情节，使人物复杂难言的情绪、心态转化为电影可以感知的心理现实图景。

《建国大业》虽然以历史事实为基础，但这并不妨碍其进行艺术创造的自由。这种自由，首先表现在叙事策略上的自我调控。即使是同一历史题材，不同的叙事角度、叙事方式，由于叙事的重心不同也会产生不同的艺术效果。叙事行为自身选择了讲故事的叙说角度、方式，也就选择了要说的事情。说什么，不说什么；凸显哪些，过滤哪些，这其中正可以见出叙事策略的差异。影片围绕毛泽东和他的战友们如何完成“建国大业”这个主题，紧扣人民政协会议的召开来铺设情节。经过人民政协会议民主选举产生的中央政府才是合法的政府，向世界昭告中华人民共和国的成立是符合中国人民的民主意志的。影片的方向就是要表现以毛泽东为代表的中共领袖如何开成、开好这个会，编导有意避开三大战役的详述，一切都紧紧揪住“开会”这个核心事件，着重表现毛泽东与周恩来在军事指挥之外的另一条战线的政治智慧。那就是我党的统一战线，实现多党合作、协商建国的政治目标，克服重重障碍，摆脱了反动派的大

① ［德］哈拉尔德·韦尔策编：《社会记忆：历史、回忆、传承》，季斌等译，北京大学出版社2007年版，第65—66页。

② ［美］詹明信：《法国批评的传统》，深圳大学比较文学研究所编：《比较文学讲演录》，陕西师范大学出版社1987年版，第82页。

破坏、大截杀，以共产党人的博大胸怀，团结和争取一切民主党派与各界爱国人士前来参加推翻蒋介石反动政府的群英盛会，完成第一届人民政协会议的胜利召开，选举了新国家的领导人，合法地接生了人民共和国。“召开一届政协会，接生一个新中国”。[①] 影片以其独特的切入口，将革命经典叙事从新的维度展开，塑造在错综复杂的政治格局中不同阵营代表人物的群体形象，再度构造一个内涵丰富的“民族寓言”。

《建国大业》在叙述大的历史事件的时候，采用概括性介绍、交代的方法，对于浩如烟海的史事进行熔裁与凝练，将它们作为一种宏阔的背景，而舍弃其具体的发生、发展过程。像重庆谈判、三大战役、攻占南京等大的历史事件的处理莫不如此。这样，电影就可以在人物性格、心态和历史细节上做文章。如锦州战役之前毛泽东紧张得爬到了屋顶上，冯玉祥神秘死亡后周恩来怒骂情报人员，淮海战役胜利当晚毛泽东醉酒、周恩来敞开衣衫高唱《国际歌》，蒋经国到上海后“只打老虎，不拍苍蝇”的声言，蒋介石退守台湾前一屁股坐在奉化溪口老家门前的石阶上……这些隶属于宏大叙事中的言行和小细节，增添了历史人物的具象性、可感知性。

影像奇观：众多娱乐化元素和符码

视觉影像和叙事话语是电影的两个构成要素，影像娱乐与历史叙事并不是完全对立的。《建国大业》突出的特点在于将历史叙事与影像娱乐融合，用娱乐性的奇观策略来包装历史风云人物、重大事件和场景，民族国家的声音以“欢乐总动员”的形式传达，从某种意义上实现“政治娱乐化”。在电影的生产、传播中，主导意识形态与商业运作，舆论工具与票房价值，娱乐和利润，多种因子交织成一个复杂的网络。

《建国大业》并未刻意渲染战争本身，我们可以在影片中看到历史叙事和影像娱乐的交错、衔接和共存。豪华的明星阵容、简约的叙事、后现代美学的杂糅，再加上精美的色彩画面、震撼的声效音响，这众多娱乐化元素和符码增

① 刘维涛：《〈建国大业〉编剧：再现历史　展望未来》，《人民日报》2009年9月21日。

添了主旋律影片的可观赏性。

首先，“全明星”阵容形成了一种“漂浮的能指”效应。20世纪三四十年代，好莱坞梦工厂成功地发掘出了明星制，使得众多的明星成为市场票房的有力保障，大腕明星始终是电影的一个“卖点”。《建国大业》将明星的文化资本开发到了极致，不遗余力向受众提供日常生活和过往电影经验中没有的或者难以感知到的视听经验和娱乐体验。媒体明星、名人符码，作为一个活生生的景观代表，本身便能搅动目眩神迷的效应。《建国大业》用一种反商业模式达到了最大的商业化，用一种娱乐形式传达了主旋律意图，用体制优势进行拍摄，用商业模式进行推广——“好莱坞都拍不出《建国大业》!”总导演韩三平自己也说：“《建国大业》聚集了近两百名明星大腕的演出阵容，放到中国外任何国家似乎都绝难实现。”[①] 众多明星次第出场所组成的连续影像之流，使得受众甚至难以将不同形象连缀为有意义的信息，如同“漂浮的能指”自我指涉。光彩照人的明星形象、偶像式符码，强化了影片的时尚感、现代感，类似于一种“嘉年华”模式，由于演员和受众的社会规模及其大众化程度，形成节日式的狂欢气氛。

其次，叙事的简约性和视角的立体化。《建国大业》没有用过多特技和技巧，跳跃式的线性叙事结构，类似于平铺直叙的“大事记”，浅显、简单的叙事方式和电影手法，简洁、精练的语言对白，蕴含着许多二元对立的戏剧性冲突，如革命与反动、协商与独裁、宽容与残酷、善与恶、环境与人、生与死、忠诚与背叛、有情与无情，等等，这些都适合普通受众的欣赏习惯。

在叙事视角上，《建国大业》采用立体化的呈现方式，对中国共产党、国民党、民主党派三方面都有精彩的展示，再现那个风云变幻的时代风貌，将包含着各种政治力量相互影响、制约的事件处理得脉络清楚，有条不紊。

再次，审美形态的杂糅。以往的主旋律片，其审美形态通常是单一的，政治文化的普泛化甚至是唯一性，制约着编导的观念，政治之外的娱乐性基本上被排除。《建国大业》有意将严肃的东西世俗化，寻求可视性、趣味性、戏剧性、煽情性等多种娱乐元素尽可能的结合。如类似“开黑会”、“地主大院”这

① 《〈建国大业〉就像一个超长的纪念品》，《成都商报》2009年9月18日。

样幽默搞笑的台词，辽沈战役、淮海战役、平津战役直接从《大决战》片段中截取的“互文性”镜头，毛泽东和女儿在野外玩耍这样唯美诗意的场景，老兵“代表活着的死去的红军战士向毛主席敬礼”这样煽情的场面，显示编导竭力寻找当代社会文化消费“热点”，搜索可以使观众心理、情感得以满足的编码手段，来做后现代美学式的穿插、拼贴和挪用。

《建国大业》总体框架强调的仍然是历史演变中的政治、军事等因素，这无疑是以宏大的政治叙事和精英叙事为主体的传统历史叙事观的影像体现，但由于众多娱乐性元素的融入，庄严肃穆与好奇消遣并行不悖，它为受众提供了一个现代历史转型中国的影像奇观，我们很难分清观影是对视听奇观的享受还是对银幕现实的认同。

民族国家叙事在传播中增值

在“娱乐至死”的时代，革命历史题材的主流大片向商业娱乐电影、奇观电影借鉴，寻找一种新的融合形态，这与当下整个文化生产语境有关。消费文化、日常生活意识形态的崛起，使得主流意识形态不得不寻找更行之有效的载体。而人们有关娱乐、消遣的观念，也在悄然发生改变。商业、文化工业与娱乐结合，娱乐成了一种文化精神。

对电影艺术而言，快乐原则渗透到了严肃的政治、历史、军事等题材领域。像国外的政治片《刺杀肯尼迪》、《小布什》，军事喜剧片《虎口脱险》，军事科幻片《星球大战》，军事惊险片《野鹅敢死队》，战争奇观片《拯救大兵瑞恩》，将电影的娱乐性、奇观性发挥到了极致。追求观赏性、强调图像主导的视觉效应，便形成了影像娱乐，其首要任务是通过非同一般的画面组接来传递具有视觉吸引力和快感的影像。在传递社会主流文化价值观念方面，突出观赏性的娱乐电影、奇观电影仍有其潜移默化的意识形态功能。如《拯救大兵瑞恩》真实地讲述了惊心动魄的二战故事，呈现了一场浸染着血与火、生与死、爱与恨的视听奇观，被称为“极度渲染战争暴力”，奇观和叙事交融并存。这部影片有许多血腥、残忍的感官刺激场面，这些残酷的景象与气势恢弘的战争画面、紧张的人物行动，复合成影片的历史叙事，从而深度拷问人性，重新审视生命的价值。

在中国，传统的政治领域和娱乐领域之间的关系不是那样直接，这两者之间的界限是明晰的。早前的《集结号》等影片穿梭于商业和意识形态之间，对个人命运与历史、政治的关系进行探索，积累了一定的经验。而作为“史上最牛献礼片”，《建国大业》奏响娱乐时代里的红色旋律，无疑给主流大片再度注入了新内涵，实现了教育、娱乐和经济的多重价值。“大众文化的意义仅仅存在于它们的传播过程中，而不是存在于其文本中”。[①]《建国大业》的传播过程，本身也构成了一个奇观，影片在宣传上对“全明星”卖点的强调和与大众传媒密切结合的宣传方式，出现了各大媒体争说《建国大业》的现象，持续时间之长、各界反响之热烈，近年来实属罕见。在新中国60周年大庆这样特定的时刻，社会意识需要某些可以让回忆固着于它们的结晶点，《建国大业》吸引了众多受众的注意力，调动他们的好奇心，成为记录当代社会的集体意识、文化趣味和历史想象的象征性文本，民族国家命运的大故事在传播中增值。

① ［美］约翰·菲斯克：《解读大众文化》，杨全强译，南京大学出版社2001年版，第4页。

第六章　广告与文学的同构共生

一　广告与文学的话语越界

广告是传媒时代引人注目的文化奇观之一，报纸、广播、电视、互联网等大众传媒在刊播新闻的同时，也将传递商业广告信息作为重要功能。离开大众传媒，广告就无法大显身手。同样，大众传媒生存空间的拓展，又得倚仗广告客户。传媒事业的长足发展，商业和广告的作用不容低估。而新型媒介“为大众化度身定做”技术、互动技术的发展，更适应了企业进行个性化、专业化市场营销和广告宣传的需求，以精确地瞄准目标受众。广告与大众传媒相互依赖、相互推动，渗透到大众日常生活的各个角落。打上了消费主义烙印的商业广告，不仅是市场商战的制胜法宝，也是文化领域的新潮制造者，它推动商业与艺术联姻，促使传统的审美判断和批评范畴必须作出回应和更新。

现代传媒在悄悄地改变着世界。传播技术的进步和媒介手段的更迭，也在促成一种深刻的思维模式和文化身份的转型。新的广告文化实践，不仅是一个有关媒介和商业的技术问题，还涉及当代文化的根本性质和重新编码问题，它要求我们提出新的概念框架、解释原则和评价尺度。

商业和大众媒介催生新的艺术类型

将广告文本纳入文学艺术的领域来考察，人们可能会有不同看法。首先，广告（advertising）是属于社会实用（socially applied）的一种工具。根据雷蒙·威廉斯的追索，advertising 在 15 世纪之普遍意涵为 notification（通知），其词义后来（尤其在 19 世纪末后）演变为影响消费者（Consumer）行为的一套体系。[①] 广告的商业宣传功能，与文学艺术的人文诉求、超功利性似乎是背道而驰的。植条则夫写道："广告文稿曾经常常被人们与文学对照起来相提并论。但是，这两者是完全不同的。也就是说，广告文稿说到底是达成广告目标的手段；更进一步说，广告目标是用来实现企业销售目的的。因此，今天的广告撰稿人如果只是文章写得很优美是不能称其为一个称职的撰稿人的，广告撰稿人在广告活动中必定是一个策略家。"[②] 由于其与生俱来的天性，商业广告的最终目的是推销商品、塑造品牌形象、获取商业利润。这也就是法兰克福学派所批判的，广告等大众文化将康德的美学原则"无目的的目的性"颠倒为"为市场需要之目的的无目的性"。麦克卢汉更是直截了当地说："广告商总是竭力进入并控制公众的无意识头脑，目的不是理解或表现这些头脑，而是为了利用公众的头脑以榨取利润。"[③] 广告商营造出似真似幻的时空场景，强加给公众的心灵，甚至抹掉了现实与幻境之间的界限。

其次，广告文本长短不一、良莠不齐，其价值优劣的标准取决于能否推销商品，而不是做出审美判断和区分。"能销售商品的广告才是好广告。只把人们的注意力引向广告本身的广告，并不是好广告"。[④] 这也意味着，审美并非是广告要达到的最终目标。如备受人们诟病的广告语："今年过节不收礼，收

---

① ［英］雷蒙·威廉斯：《关键词：文化与社会的词汇》，刘建基译，生活·读书·新知三联书店 2005 年版，第 23 页。

② ［日］植条则夫：《广告文稿策略——策划、创意与表现》，俞纯麟、俞振伟译，复旦大学出版社 1999 年版，第 1 页。

③ ［加拿大］马歇尔·麦克卢汉：《机器新娘——工业人的民俗》，何道宽译，中国人民大学出版社 2004 年版，第 185 页。

④ ［法］贝纳德·格塞雷、罗伯·埃伯格：《广告创意解码》，沈吕百、黄振家编译，中国物价出版社 2003 年版，第 10 页。

礼就收脑白金。”“送爷爷，送奶奶，送叔叔，送阿姨，送同事，送朋友……有多少亲朋好友，送多少黄金搭档。”这些广告言辞粗俗不堪，毫无美感可言，但它们却妇孺皆知、广为流行，为企业创造了销售奇迹，使人们不得不对其刮目相看，它们拙劣的方式迎合了某种世俗心理和需求。

再次，对受众来说，广告的作者隐藏在文本之后很难被发现，“缺席”的作者也给研究者造成了尴尬，因为“作者—文本—读者”这样的研究范式无法适应广告。广告业之父利奥·伯内特（Leo Burnet）创造了“快乐的绿巨人”、“皮尔斯伯里面团宝宝”、“老虎托尼”，以及在世界上得到广泛认可的人物——“万宝路人”，他对自己的默默无闻感到自豪。他说：“在我们这一行，我们对作者的身份一点也不感到自豪。没有人确切知道是谁制作了我们的广告。”[①]

尽管人们对广告不乏成见，但广告的花样翻新事实上向传统的文艺美学提出了挑战。提厄瑞·德杜佛深刻地指出，现代美学的问题并不是“什么是美的”，而是“什么东西可以被说成是艺术（和文学）?”[②] 沃尔夫冈·韦尔施也认为：“美学必须超越艺术问题，涵盖日常生活、感知态度、传媒文化，以及审美和反审美体验的矛盾。”[③] 文艺美学移动边界，观念进行碰撞、更新就不可避免。“在媒介研究领域当中，几乎没有一成不变的观点，几乎没有什么规则在任何情况下是永远正确或永远错误的。”[④] 在某种意义上说，“媒介体制的作用是根本性的”。[⑤] 现代社会各种符号形式的生产和流通，包括文学艺术、商业广告的生产、传布，与媒介工业活动不可割裂开来，商业和大众媒介推动新的艺术类型出现，不断改变着人们的文学观念和接受心理。经典的艺术类型诸如小说、诗歌、散文、戏剧等，不再处于社会文化的中心位置。广告作为一种新的文本样式受到文学研究者关注，便不足为奇。

---

① ［美］詹姆斯·特威切尔：《美国的广告》，屈晓丽译，江苏人民出版社 2006 年版，第 24 页。

② 王岳川、尚水编：《后现代主义文化与美学》，北京大学出版社 1992 年版，第 45 页。

③ ［德］沃尔夫冈·韦尔施：《重构美学》，陆扬、张岩冰译，上海文艺出版社 2002 年版，第 2 页。

④ ［美］埃弗利特·E. 丹尼斯、约翰·C. 梅里尔：《媒介论争——19 个重大问题的正反方辩论》，北京广播学院出版社 2004 年版，第 3 页。

⑤ Thompson J. B., *Ideology and Modern Culture: Critical Social Theory in the Era of Mass Communication*, Stanford: Stanford University Press, 1999, p. 163.

如美国学者理查德·凯勒·西蒙在他任教的加州大学圣地亚哥分校、德怀特·麦克唐纳德分校和厄苏拉·勒昆分校开设通俗文化课程，美国国家广播公司（NBC）转播了他讲授广告与文学的授课过程。他的论文《广告作为文学：美国市场的乌托邦故事》，发表在《得克萨斯语言与文学研究》1980年夏季刊上。

大众媒介的爆炸性发展，广告的超常规扩张，深刻地影响着社会生活，改写着大众的文化想象。然而，目前对广告的研究仍不够全面，尽管人们从商业道德、市场营销、民主政治、社会文化批判等语域作了一些有针对性的探讨，但“没有一种方法能揭示广告中已经变化了的语言结构，更为重要的是，没有一种方法注意到主体新立场的构成中语言与文化的关系，所谓主体新立场的构成也就是社会交往中主体的新位置。”① 新的媒介逻辑和广告策略，催生新的主体立场、文化现实，期待新的理论阐释。尤其是互联网、手机等新媒体的发展，将带动新的广告创作模式出现，广告的创意也更加重要。法国阳狮集团Publicis Group总裁兼首席执行官莫利斯·利维认为，“传媒新渠道的开拓意味着，不管是从创新性思维还是创新性行为来说，未来都将是一段很好的时光。借用艺术的腔调来说，‘我们已经告别了黑暗时代，迎来了文艺复兴的晨曦’”。正如文艺复兴打破了宗教艺术和世俗艺术在形式上的界限，网络广告投放打破了个人和群体之间的界限。② 更具创意的广告方案将应运而生，它们注重与受众灵活互动，并力图吸引受众激情参与。

广告与艺术交融，商品与审美合流，是摧毁高雅与通俗、艺术与非艺术界限的一种强大力量。商业、娱乐、时装、设计等消费社会的宠儿，激励不同行业的人去打破其“专业的边界”，“在混合媒介的生产和表演基础上合作创作，创造出更加丰富和更多样化的艺术。”③ 可以说，广告吸纳文学、艺术的特质，成为一种泛文学、泛艺术的样式，而富有创意的广告文案可以视为一种新型的广告文学，它们包含艺术构思的新颖性、原创性，巧妙地表达广告的目标诉

① ［美］马克·波斯特：《第二媒介时代》，范静哗译，南京大学出版社2001年版，第88页。

② 晓雪编译：《新媒体巨头预测未来》，《中国图书商报》2007年12月7日。

③ Marshall Berman, *All That is Solid Melts into Air: The Experience of Modernity*, New York: Penguin Books, 1988, pp. 41—42.

求，适合商品促销目标所给予的限制。因此，对广告的认识，不能单纯停留在市场营销研究或意识形态批判的层面，必须透过其商业动机审视广告的内在逻辑、编码方式和表意手段。

艺术等级制崩溃和广告的创新美学

众多研究者不将广告与文学放在一起讨论，大部分归因于广告的商业性质。不仅如此，人们还对那些肤浅、低俗的广告极为不屑，媒体上充斥着大量模式化、平淡无味甚至是俗不可耐的广告令人生厌，就审美价值而言，广告与文学似乎不可同日而语。浅薄广告在媒体上究竟占多大比例，这很难准确统计。德国广告商塞巴斯蒂安·特纳在《有创意更好卖》一文中指出："据估计，在当今播出的电视广告中，有50%—75%的广告缺乏震撼力。而新的研究报告对这个数字提出了质疑，在调查范围内的电视广告中，有87%已经达到或者超出预期目标。"[①] 创意和震撼力，是广告人梦寐以求的。现代广告之父克劳德·霍普金斯（Claude Hopkins）便断言：肤浅在广告中无容身之地。[②] 我们应该看到，今天的许多商业广告很难说完全是同质化的、标准化的，广告不是简单、直接地售卖商品，而是对产品进行审美包装，用诗意的表达方式触及受众的心灵。西方的一位广告写作员曾说："写好一条有影响的广告比写十首有影响的十四行诗都要难。"[③] 这一感叹道出了广告制作的难度，其要求之高不亚于文学。"广告的创作过程是一种'化学变化'（Chimie et Alchimie）；它们必须在广告策略的严格规范下，加入创意人员的才情，彼此相辅相成、淬炼结晶。广告也是'理性与感性'（raison et intuition），'科学方法与灵感直觉'（strategie et improvisation）掺和在一起的杰作，更是由创意才能与创作技巧结合而成的伟大产物。"广告将金钱与艺术紧密地结合在一起，"种种不协调的发展，让毫无价值的商品陪衬着高明的广告术，平淡无奇的商品具有光彩炫目

① 胡川妮：《广告创意表现》，中国人民大学出版社2003年版，第189页。

② ［美］杰拉德·J. 泰利斯：《广告效果评估——广告何时、如何和为什么有效》，李洋、张奕、晓卉译，中国劳动社会保障出版社2005年版，第15页。

③ ［英］埃里克·克拉克：《欲望制造家——揭开世界广告制作的奥秘》，刘国明、孔维凤译，河南人民出版社1991年版，第40页。

的形象，低俗的生意目的有着高贵的宗教情操。”[①] 广告的内容、表现形式和风格，也蕴涵了多样性和差异。广告的营销过程，不只是一种商业或经济行为，它还包含了丰富的审美因素和文化内涵，纯粹的商业广告文本，具有了文学、文化意味。

把商业与艺术完全对立起来，这无疑不符合当代文艺美学发展的新态势。随着文化工业的扩张，审美性广泛进入商品世界，不再是文学艺术的“专利”，艺术与非艺术的界限难以截然分开。戴维·M. 波特评论说，不懂广告术就别指望理解现代通俗作家，这就好比不懂骑士崇拜就无法理解中世纪吟游诗人，或者像不懂基督教就无法理解19世纪的宗教复兴一样。[②] 安迪·沃霍尔则声称：“对我来说，商业是艺术的最高形式。”[③] 安迪·沃霍尔是美国一位引人注目的流行艺术家，他从传播媒介和大众文化中获取灵感，新闻、广告及报道图片都可以成为他再创作的素材。1962年8月，女明星玛丽莲·梦露逝世后，安迪·沃霍尔购买了一张1950年印制的梦露广告肖像，不加任何修饰和改动，翻印成绢网画，然后再将绢网印出的相片影印成肖像系列。在安迪·沃霍尔那里，广告、商业、艺术三者难分彼此。正如杰姆逊所指出的，“在后现代主义中，由于广告，由于形象文化，无意识以及美学领域完全渗透了资本和资本的逻辑。商品化的形式在文化、艺术、无意识等等领域无处不在”。[④] 商品化的逻辑具有极强的穿透力，文学、艺术如同广告一样，都可能染上商业的气息。一个多世纪以来，商业艺术深入地渗透到绘画、摄影、电影、音乐等艺术类型之中。美国文学评论家马尔科姆·考利大声疾呼，文学必须从美国商业界借用一点活力和信心。[⑤] 其实，走出纯文学的幻象，从新的美学视阈、媒介视阈观照文学，并不是用文化研究取代文学研究，而是文学理论本身重构的需要。

从历时态来看，高雅艺术和大众艺术之间的界线并非一成不变的，“艺术”

---

① ［法］贝纳德·格塞雷、罗伯·埃伯格：《广告创意解码》，沈吕百、黄振家编译，中国物价出版社2003年版，第12、16页。

② ［美］丹尼尔·贝尔：《资本主义文化矛盾》，赵一凡等译，生活·读书·新知三联书店1989年版，第115页。

③ ［美］詹姆斯·特威切尔：《美国的广告》，屈晓丽译，江苏人民出版社2006年版，第270页。

④ ［美］杰姆逊：《后现代主义与文化理论》，唐小兵译，北京大学出版社1997年版，第162页。

⑤ ［美］米切尔·舒德森：《广告，艰难的说服》，陈安全译，华夏出版社2003年版，第133页。

本身一直都在向世俗生活“妥协”，它伴随着社会文化的变化而扩容。据说，F. R. 利维斯就不把电影当作一种严肃的文化形式来考虑。然而，即便像麦克唐纳那样的一些大众文化批评家，都准备把一些典型的电影，如爱森斯坦的影片，算作是艺术。爵士乐的各种类型现在被抬高为和评价为艺术，但在20世纪早期，大众文化理论和法兰克福学派却把爵士乐称为大众文化。[①] 毋庸讳言，今天的文学受商业化的冲击，其自身的雅俗界限、艺术界限也不甚分明。商业的力量瓦解了传统的艺术等级观念，高雅文化与大众文化呈现出合流混杂的现象。詹姆斯·特威切尔论述道：“在相当的程度上，等级制的崩溃是广告崇拜的核心所在，它造成广告努力成为艺术或艺术努力成为广告，以及博物馆冒充百货商店或百货商店冒充博物馆这种令人困惑的处境。媒体本身过去以纵向排列时的次序为：位居最顶端的是印刷业，依次向下是电影、电视、广播和连环漫画。这个次序已经被打乱，以至于普利策奖竟然可以颁发给一个关于老鼠的故事的连环漫画，虽然这是一些极具人性的老鼠，那些名列《纽约时报》畅销排行榜之首的大多数作品或许被用做给老鼠睡觉用的铺垫更好。”[②] 艺术臣服于流行、时尚的法则，改变着自身的样式和形态。“人们可以想象这样一种爆炸性的混合：它摧毁了思想的整齐的范畴，推倒了语言的体系，破坏了正常的语法和词与词和词与物之间的传统联系，赋予省略号和不用连接词的排比以力量，并随之提出了一个任务——用艾略特的话说——创造新的并列，新的整体；或者用霍夫曼斯塔尔的话说，就是‘从人、兽、梦和物中’创造出无限的新的联系。”[③] 发展经济、开拓市场、获取利润的强烈愿望，有力地推动美学生产与商品生产普遍结合，商品美学和广告创新的地位日益提高。广告艺术突破传统成规的限制，获得种种新的可能。

广告闯入文学的边界，是社会历史变迁、艺术类型杂糅的结果。奥尔德斯·赫胥黎说：“现在我发现了一种最刺激、最艰巨的文学形式，它是最难掌

① ［英］多米尼克·斯特里纳蒂：《通俗文化理论导论》，阎嘉译，商务印书馆2001年版，第54—55页。

② ［美］詹姆斯·特威切尔：《美国的广告》，屈晓丽译，江苏人民出版社2006年版，第288—289页。

③ ［英］麦·布鲁特勃莱、詹·麦克法兰：《现代主义的称谓和性质》，见《现代主义文学研究》（上），中国社会科学出版社1989年版，第243页。

握、最具各种离奇古怪的可能的形式。我指的是广告……广告作者也许并不抒情，并不晦涩，或者一点也不深奥。它们一定是人人都能读懂的。一个好的广告必须具有戏剧和演说的共同特征，即它必须能即刻被理解，能直接打动人。但同时它又必须具有警句所具有的一切简洁……广告是最有趣也是最难的现代文学形式之一，其潜力尚未被开发到一半。美国期刊中最有趣——在有些情况下也是唯一可读——的部分就是广告。”[①] 广告艺术的多样化发展及其潜力，令人刮目相看，杰姆逊不无揶揄色彩地说，在表现人类的欲望和激情方面，广告制作者是一些“了不起的艺术家”，广告艺术“完全可以和文艺复兴时期的艺术、19 世纪的小说相媲美”[②]。杰姆逊还指出，广告制作者天赋极高，但他们的才能最终要被商业性的目的所制约，而广告所表现的任何欲望也都最终要被扭曲。应该承认，杰姆逊的评述是较为中肯的，他既认可了广告的艺术特质，也揭示了广告的功利追求所导致的负面效应。广告如何在商业与艺术之间寻找一个平衡点，在遵循商业伦理的同时突破原有的艺术陈规，这才是值得深入探究的。

开放性文本：广告的文学性

如果将全部的广告样式都视为“文本”（text）的话，那么文学研究者就不能对这种无所不在的世俗化“文本”熟视无睹。所谓“文本”，它是一个开放性的概念，包罗的范围极其广泛，可以拥有语言、声音、图像等多种载体。“（狭义的）文本的界限不会持续不变；根据意指的逻辑，它必然溢出它的边缘，以致‘内在’和‘外在’之间的传统区分不再存在。”[③] 对文本的研究，必须超出传统的视阈，不拘泥于原有的话语和模式。广告文本作为创意作品，它的形式构成包括文字、声画等多种因素，而其效果的实现，往往依赖于文学艺术的手段，以达到震撼受众心灵、刺激商业流通的目的，这样的文本是“有

① 转引自［美］詹姆斯·特威切尔《美国的广告》，屈晓丽译，江苏人民出版社 2006 年版，第 19—20 页。

② ［美］杰姆逊：《后现代主义与文化理论》，唐小兵译，北京大学出版社 1997 年版，第 223 页。

③ ［美］理查德·沃林：《文化批评的观念》，张国清译，商务印书馆 2000 年版，第 292 页。

意味”的，虽然它追求的不是艺术的永久价值。广告文本在特定的社会文化语境中被阅读、观看、接受的过程，也就是意义产生的过程。

尽管广告的作者不署名，隐匿在文本之后，但这并不妨碍广告文本有其独立价值。罗兰·巴特的文章《作者之死》便对传统的“作者”概念提出了挑战，他解构了作者的权威，将读者放在首要位置，认为文本的意义并非作者意图的产物，而是读者解释的结果。米歇尔·福柯在《什么是作者?》一文中，也对“作者”重新作了界定。福柯以历史、文化的眼光审视作者身份，他认为作者不是单独的个体，作家的社会角色是由特定的文化、意识形态和历史环境所塑造的。从这样的视角来看，广告文本的艺术价值，正是在作者“退隐”的文化氛围中，由特定时代语境所赋予的。

与传统的文学接受方式不同，阅读、观看广告文本不需凝神投入，贯穿其中的是印象式的“速览”、频繁的跳跃。在浮躁喧嚣的传媒时代，人们对阅读高雅文学作品没有太大的兴趣，广告见缝插针，以“边角料”的形式强行挤入日常生活的每个缝隙之中，充当了人们阅听的对象，在特定的层面上提供了一种替代的文学作品阅读方式。在西方发达国家，广告经常成为人们消遣娱乐的“艺术调味品”，人们从审美的视野欣赏广告光盘和世界广告作品获奖集。以法国为例，65%的民众说他们爱看广告：法国广告不只推销品牌，也推销广告的表现。[①] 在中国，人们对待富有创意的广告文本并非一概排斥，广告的艺术价值也开始受到关注。如世界影视广告的时尚狂欢盛典“饕餮之夜”1996年进入中国内地，每年均在广告圈乃至文化界掀起一阵欣赏广告艺术的高潮。“饕餮之夜”展映长达4个小时的世界影视广告精品，这一被视为“最不令人厌倦的超长电影”的娱乐品牌备受青睐，人们纷纷买票观看。“饕餮之夜”被誉为开创了欣赏经典创意、享受精彩广告的另类时尚，实现了广告艺术与大众文化的完美融合。再如，台湾的广告创意人李欣频将其广告文案结集为《诚品副作用》和《继续字恋》出版，这两本书均极为畅销，显示了广告文学的魅力，作者超凡的想象力和不羁的文学才华，蕴涵在其诗意文案之中。广告文本总体是具有审美价值的，它依据商品诉求的目标，站在美学

① ［法］让-马贺·杜瑞：《颠覆广告》，陈文玲、田若雯译，中国财政经济出版社2002年版，第9页。

的最前沿，创造美感与快感，影响受众的审美情趣和艺术品位，引领消费时尚。

与文学艺术文本一样，广告文本也有着深刻的社会历史内涵和文化意蕴。不同国家特定时期的广告文本，可视为某种特定社会历史关系和文化追求的无意识表述。“所有的广告都是社会的文本，是对所处时期所显现的重要发展作出的回应。”[①] 广告的制作过程和具体内容，其实是利用各种编码手段，对商品进行文化符号学意义上的“包装”，从而赋予商品新的社会和文化意义，以达到赢利的目的。“广告比什么都能反映出国家和时代的特色。比方说，广告可以再现某个特定年代的价值观，广告多少也透露了一个国家的群体文化。正因为此，广告创意人可以小到从日常生活、大至国族认同里，觅得广告创作的灵感。诚如 20 世纪初某个知名广告人所言，‘你可以从广告里看出一个国家的模样’，通过广告，国家的面貌不断展现出来。”[②] 广告折射出社会历史的变迁、生活方式的变化以及消费观念的革新，它是时代发展、社会进步、科技发达的表征，体现了一个社会的经济文化发展水平，反映出社会群体的心态、道德状况和生存状态。

广告的意义结构不能单纯以“实用性”、“功利性”来概括，它同时也是一种审美意识形态的结晶。美国的广告大师威廉·伯恩巴克反对把广告当做科学的说法，认为广告创意是一种建立在情感基础上的艺术。伯恩巴克提出了著名的 ROI 理论，即把“关联性”（Relevance）、“原创性”（Originality）和“冲击力”（Impact）视为广告艺术创作的原则。“也许广告灵感最古老的源泉就是文学”，[③] 文学想象为广告注入了艺术生命力。广告创意注重内容和艺术性的结合，这与文学艺术创作规律是相通的。“广告商完成创意的最主要的任务是抓住消费者的注意力，量身定做地包装信息并用其说服消费者。今天的广告商似乎更侧重于去抓住消费者的注意力。在广告创意艺术界有一种很流行的看

① ［美］道格拉斯·凯尔纳：《媒体文化——介于现代与后现代之间的文化研究、认同性与政治》，丁宁译，商务印书馆 2004 年版，第 423 页。

② ［法］让-马贺·杜瑞：《颠覆广告》，陈文玲、田若雯译，中国财政经济出版社 2002 年版，第 2 页。

③ ［英］奈杰尔·摩根、安妮特·普里查德：《旅游休闲业的广告创意与设计》，陈怡宁等译，电子工业出版社 2003 年版，第 165 页。

法，即要想吸引住消费者的眼球，广告必须是绝对的独出心裁，完全不同于其他广告。广告创意的黄金法则是独特。这种观点是基于一种假设，即创意绝不可能是程式化的，被条条框框所束缚，或是因循某种模式的一种假设。相反，创意应该是反逻辑的、'剑走偏锋'式的思维，或'灵魂出窍'式的思维。"[①] 广告必须揣摩受众的心理反应，讲究文本的独创性，使商业因素与艺术因素实现完美融合。

由此看来，广告不仅是一种有效的商业工具，同时也是一种新的审美样式。"审美氛围是消费者的首要所获，商品本身倒在其次。这在烟草行业是公认的，在审美方面，烟草工业久被认为是先行了一步。"[②] 当20世纪80年代直接的烟草广告在英国被禁之时，它发明的广告形式既不提及产品的名称，也不提及公司的名称，唯一的诱惑力就是审美上的装点。如今，这种策略在烟草广告中已屡见不鲜。而广告本身，与审美创造活动结下了不解之缘。如长沙卷烟厂"白沙"香烟的广告语"鹤舞白沙，我心飞翔"，J. 雷诺德烟草公司"骆驼牌"香烟的广告语"时光是最好的导师"，便是用审美意象、诗性语言来"包装"商品。发挥形象化修辞的效应，依据艺术生产的规律来调动大众的审美体验，成为广告惯用的手段，因此广告文本就不同程度地具有了"文学性"。

广告的"文学性"首先体现在它对有文采的语言性符号的倚重上。尽管现今的广告越来越注重视觉影像因素，但语言性符号在广告中始终是不可或缺的。许多经典的广告语风行一时、令人回味，便离不开语言自身的魅力。如"一股浓香，一缕温馨"（南方黑芝麻糊），"爱你等于爱自己"（娃哈哈纯净水），"钻石恒久远，一颗永流传"（戴比尔斯钻石），这些广告语极具韵味，它们作用于受众的心灵敏感区，使之产生审美共振。

从创作原则来看，广告形成了自己的一整套美学准则。欧文·戈夫曼注意到广告的某些相同特征，并称之为"商业现实主义"。[③] 戈夫曼认为，商业现

① ［美］杰拉德·J. 泰利斯：《广告效果评估——广告何时、如何和为什么有效》，李洋、张奕、晓卉译，中国劳动社会保障出版社2005年版，第16页。

② ［德］沃尔夫冈·韦尔施：《重构美学》，陆扬、张岩冰译，上海文艺出版社2002年版，第7页。

③ Erving Goffman, *Gender Advertisements*, New York: Harper and Row, 1976, p. 15.

实主义是“当代广告使用的标准转换手法”，是广告使用的特殊的公众描绘手段。戈夫曼指出，商业现实主义在两个方面与人们在实际生活中表现自己的方式不同。戈夫曼认为，在现实生活中，人的活动是高度模式化的。人们表现社会理想，生活在社会理想之中，向世界呈现自己模式化的形象。广告更是如此，广告是“高度的模式化”。同时，广告是经过编选的。无论在现实生活还是在广告中，人们都表现社会理想。但是在生活中，人们“受到各种因素的约束”。人们不可能编选自己的行为，制定出纯模式化的社会理想。在商业现实主义中，可以进行彻底的编选，因此可以把社会理想描绘到尽善尽美的地步。[①] 广告塑造的现实是经过简化的社会场景，是一种理想化的现实。它以日常生活为基础，力图实现生活的艺术化和艺术的生活化。美国学者米切尔·舒德森进一步指出：“广告往往追求现实主义，但有时候审美方式却是超现实主义，尤其是像香水一类的产品广告中，它在文化上与梦想、幻想和欲望有着紧密的联系。广告有时以喜剧或闹剧的方式出现。”[②] 广告是极其乐观主义的，任何问题都可以用一种特定的产品或生活方式加以解决。商业广告同文学艺术联姻，服务于言说商品的主题，它追求的不是美学的沉思或纵向的深度体验，而是表层的、享乐式的即时感受。这种通俗美学原则，为广告文本的大众接受起到了良好的普及作用。

广告所作的承诺，很难用真实与否进行判断，形象化的修辞手段悬置了真假命题之辩。广告商说的话是真是假并不重要，“广告通过对产品模糊的、无法检验的声明（‘使牙齿更白’）或者通过与某些可靠的意象的联想——幸福的家庭、青年人、成功的性生活等等——来出售产品。”[③] 广告作用于受众的主要是一种感性体验和感性愉悦，这是艺术因子渗入广告文本后所导致的复杂性。广告对受众进行诱导激发的表达方式当然有很多，如产品示范式、告知式、比较式、新闻式、消费者证言式、名人演出式、婴儿表现式、动物表现式、情感式、怀旧式、幻想式等。常见的诱导是形象感性的，但也有相当一部

① ［美］米切尔·舒德森：《广告，艰难的说服》，陈安全译，华夏出版社 2003 年版，第 128 页。

② 同上书，第 129—130 页。

③ 理查德·奥曼：《广告的双重言说和意识形态：教师手记》，见罗钢、刘象愚主编《文化研究读本》，中国社会科学出版社 2000 年版，第 406 页。

分是理性抽象的。[1] 不管是哪种方式，广告如果能将商品跟生活美学联系起来，商品的价值和意义就会更加突出。

尽管广告有一些程式化的表达方式，受众所熟悉的一些元素，如相近的主题、氛围和语言编码手段等，会在广告中重复出现，但广告的美学标准、艺术风格并非一成不变，流行时尚原本就是变化无穷的。豪放/含蓄，直白/蕴藉，雄浑/冲淡，绮丽/自然，等等，各种美学风格并存于不同的广告文本中。广告的创意，便是要打破各种标准、陈规的限制，随时随地根据商品诉求的特点而不断变化。消费时尚与审美趣味求变的内驱力，促使广告制作者求索新奇的创意、独特的构思，超越各种美的标准范式。

广告反映出大众审美观的变化，其创作技巧也是灵活多样。古典诗文中的推敲字句、锤炼意象、营造意境，后现代文学中常见的文字游戏，如互文性、挪用、改写、复制和拼贴式模仿等手法，在广告文本中是很常见的。各种异质因素的叠加、嫁接，文本的种类混杂或者体裁的变异模仿，使一些广告文本呈现出复调式的结构。广告从高雅文化和通俗文化中吸取相关参照物，文本的生成方式就是利用各种艺术资源进行转换的组合游戏，这与后现代文学颇有相通之处。

总体而言，广告基本上是以微型叙事的面目出现的，其短小的叙事着眼于事物的表面，在似真似幻的言说中播撒着“真实的谎言”。虽然广告的思想文化、审美价值涵容量难以与传统的小说、诗歌、戏剧、散文匹敌，但广告高密度的刊播频率、超强的渗透力弥补了文本容量上的不足。广告顺应传媒时代文化生产的规律，成为一种巧加包装的艺术产品。

二　广告与日常生活的文化诗学

作为大众文化和商品美学的重要载体，广告与日常思维、社会认知密切相

① 祁聿民、苏扬、李青：《广告美学：原理与案例》，中国人民大学出版社2003年版，第15—16页。

联，它在为有经济价值的商品及服务提供资讯的同时，也反映出特定时代、社会的文化状况和价值取向。广告将消费资讯内容高度形式化，它通过具象化手段表达物质性的实用诉求和抽象的消费理念，将商品文化的逻辑和日常生活的理想、欲求融为一个整体。广告呈现出一个"仿真"的世界，改变着人们的心理感知、价值判断，使受众在真实与虚拟之间难以辨析，从而重构了人们的日常生活经验，影响着人们日常行为和生活方式的选择。

广告对日常生活意义生产的介入

在传媒时代，商品是现实的重要组成部分，广告对日常生活的渗透几乎是不可抗拒的。广告商制造的神话般的话语，按不同的生活方式分众化，在不同层面、不同程度上影响着受众。我们探讨广告的社会、文化和美学功能，不仅要关注它对商品资讯的传播，更重要的是考察它对人们日常经验和生活观念的塑造方式。

日常生活的范畴包罗甚广，但要对这一概念作界定却非常困难。"日常生活存在于哪里？在工作中还是在闲暇里？在家庭生活中还是活跃在文化之外？乍一看来，答案似乎简单。日常生活包含了所有上述三种因素及三个方面。日常生活是它们的每一个又是它们的总和，也决定着每一种具体因素。虽然这样，答案却并非尽如人意。"[①] 法国社会学家亨利·列斐弗尔对日常生活进行了深入研究，他将日常生活放到了前所未有的重要位置。列斐弗尔提出了"日常性"的基本概念，强调日常生活的协调、重复和琐碎：一样的动作、一样的进程。列斐弗尔还揭示了日常生活的矛盾存在，与现代性的复杂扭结。日常生活包括三个领域：工作、休闲、家庭生活，它同时又具有"多面性、流动性、含糊性、易变性"。日常生活的结构及其意义不是一成不变的，它受社会发展阶段的制约。社会阶段及经济发展水平不同，日常生活的结构和意义也有差别。在现代社会中，日常生活是由"日常"与"现代"之间的互动而构成的一个关键场所："日常生活和现代性是两类连接在一起、互相关联的现象，它

---

① Henri Lefebvre, *Critique of Everyday Life*, London: Verso, 1991, p. 31.

们不是完全独立的实体，而是互相笼罩，互相隐藏，既揭示又遮蔽”。[①] 进入现代性晚期，日常生活具有极其丰富的内涵，生活交往发生了明显变化，行为方式具有更强的社会意味。列斐弗尔指出：“日常生活恒常存在并充满价值、礼仪习俗和传说。‘日常’一词指的是日常生活开始具有现代特色；‘日常’作为计划的现象，它的进程受市场、等价制、营销学和广告的控制。”列斐弗尔发现，高度组织化、商品化的社会给日常生活带来了巨大压力，人们为了摆脱压抑、寻求解脱而不得不求助于旅游、健身、娱乐等各种闲暇活动。尽管闲暇活动可以让人暂时放松、愉悦，但这并不能体现人们的自主意识，因为商业的操控力量贯穿其中。“现今我们进入了一个幻觉性的颠倒形象的领域。我们所发现的是一个虚假世界，这首先缘于它并非一个世界，因为它把自己展示为真实的，因为它亦步亦趋地模仿真实生活以便通过相反的事物来取代真实生活；通过快乐的虚构来替代真实的不快，比如通过提供一个对快乐的真实需要相对应的虚构事物等。这就是大多数电影、印刷物、剧院、音乐厅的‘世界’，就是闲暇活动广大领域的‘世界’。”[②] 各种休闲载体、传播媒介对时空结构进行重组，呈现出一个非本真的、重构人们日常经验的世界。各种影像、符号、代码在广告和媒体中不断繁殖、扩散，摧毁了幻想与现实的坚固防线，这导致了“超现实”对原初生活的取代。“超现实”的东西就成了现实本身，最平庸的现实经过广告和传媒的渲染也可能会变成“超现实”的，“平凡普通的整体性现实——政治的、社会的、历史和经济的——从现在起，已经结合进了超现实主义的仿真维度。我们生活的各处，都已为现实的审美光晕所笼罩。”[③] 媒介运作、商业力量和大众文化法则使日常生活变成了审美对象，当代的日常世界因而具有了全新的维度，对现实的认知具有了不同于传统思维模式的多种可能。

在塑造日常生活的诸种文化力量中，广告依靠商业的逻辑在与日俱增地膨胀、壮大。生活的极度商业化使得广告的符号意义不断增值，商品市场和文化生产相得益彰、相互促进。精良制作的广告文本不仅具有高技术含量，它还冲

① Henri Lefebvre, *Everyday Life In the Modern World*, trans. Sacha Rabinovich, New York, Harper and Row, 1971, p. 24.

② Henri Lefebvre, *Critique of Everyday Life*, London: Verso, 1991, p. 35.

③ Jean Baudrillard, *Simulations*, New York: Semiotext (e), 1983, p. 148.

击着旧的艺术价值观念，艺术本身成为商品生产的一个分支。德国广告专家迈克尔·舍纳说："广告在今天已经取代了昔日艺术的功能：它将审美内容传播进了日常生活。"[①] 广告商与作家、艺术家一样，也要研究日常生活，研究人，透视人的心理、精神乃至潜意识层面。广告文本采用其独特的表意符号，将人的经验世界理想化、诗意化，把原生态的生活升华为一个充满梦幻的时空，远离了喧嚣嘈杂、庸俗平淡，重复单调的生活变得富有人性、人情味。"广告选取人们珍视的一些东西，把它们当做人们珍视的一切形象地加以表现，让人们相信广告主是共同理想的资助者。"[②] 在广告文字或画面中，商业竞争和牟利动机隐藏了起来，呈现在受众面前的是浪漫迷人的生活场景，赏心悦目的意趣、情调，优雅美丽的姿态、容貌，体贴周到的关怀、服务，善意诚恳的建议、问候，温馨感人的家庭、社区氛围。这一切，真正体现了人与自然、人与社会的和谐共处，个体得到全方位的眷顾，就像祛痘美容品"迪豆"的广告语所说的："我终于看到所有梦想都开花"。商品的魔力充分展现，它提醒人们，原来生活可以如此美好。

广告对日常生活的书写，彰显了当代社会中价值观念的生产和传播蕴涵的复杂的张力。一方面，过度理性化、技术化的社会使日常生活失去了意义性，信仰失落、价值失范是传媒时代突出的问题，"我们正处在一个信息越来越多、而意义越来越少的世界之中"，[③] "异化"和"危机"让人无所适从、充满焦虑；另一方面，广告又将消费意义植入日常生活中，用感性满足来填补人们精神空虚的领地，通过乌托邦式的叙述培养人们新的认同感，在文本与日常生活之间的相关性中创造出快感和价值，使人们保持对社会进步与世俗幸福生活的信心。"美的"电器的广告语"原来生活可以更美的"，便简洁地表达了这一诉求。传统和现代的价值观分裂，在广告文本中得到了某种解决。"在缺乏传统权威的情况下，广告变成了社会的一个行为指南。它为我们勾勒出无数个能实现自由选择生活的情景，它为时尚、道德、行为提供新的思想、观念。"[④] 从

---

① ［德］沃尔夫冈·韦尔施：《重构美学》，陆扬、张岩冰译，上海文艺出版社 2002 年版，第 166 页。

② ［美］米切尔·舒德森：《广告，艰难的说服》，陈安全译，华夏出版社 2003 年版，第 141 页。

③ Jean Baudrillard, In the Shadow of the Silent Majorities and Other Essays. New York: Semiotext. 1983, p. 86.

④ Ronald Berman, Advertising and Social Change, Beverly Hill, CA: sage, 1981, p. 13.

价值建构的角度来看，广告也可以提供某种类似神话的功能。“神话”是书写理想、信念、梦幻和希冀的一种有效形式，它超越日常生活的烦恼、平庸和庞杂，打破经验的惯例，构造出一种象征性的、甚至是诗意的时空和维度。与神话类似，广告将商品和表意进行象征式的对接，圆满地解决生活矛盾，提供认同性的参照，意义和商品合而为一。从广告发展史来看，其中的神话因素不断被强化。“广告的第一阶段相当于生活必需品的传播，以信息传播为主，注重的是信息的重复。第二阶段注重进步，不仅强调要把产品的革新告诉公众，而且以神话的方式把革新作为刺激消费的一个决定性因素来对待。第三阶段是前边两个阶段的继续，着重发展其中一半是想象的广告，让广告中充满心理情感的因素，也就是说充满神话的因素。”① 广告“面对的是”个体，是让他们和某些产品、形象与行为产生认同，通过消费来实现“日常生活中的奇迹”，获取当下直接满足的幻想。“广告提供的是一种乌托邦式的画面：通过购买某些物品，‘你’就成了一个崭新的、更有吸引力、更成功和更有威望的人。广告魔术般地提供了自我的转型和新的认同性，把个人消费行为、时尚和外观等的变化和那种脱胎换骨做个新人联系在一起。所以，个人是通过广告的指点而与价值观、角色榜样以及社交行为等进行认同的，可见，广告既是消费需求的驾驭者，也是一种重要的社会化的工具。”② 广告和文学艺术一起参与塑造社会人生模式，成为现实的价值源泉之一，人们的日常经验被重新建构。只不过广告缺少传统文学艺术的批判性维度，它是现存社会文化秩序的赞美者。

广告创造了一个世界并极力维护这个世界，它以个体标准为中心，刺激人们不断地响应广告的诉求，努力追求“完美”。为了彰显快感和享乐，广告无所不用其极。“皇上吃了都说好”这样的广告语，鲜明地显示了日常生活中价值体系的转移，它为日常价值观的流动与变异，提供了具体可感的形式。广告等大众文化及其价值体系在日常生活中的生产和传播，改变了传统的艺术与受众之间的联系方式。广告无须借助话语推理、理论论证，它用片段式的语言和不连续的逻辑，将实用的日常价值观疏散到受众中去。世俗社会审美化的创作原则，大众媒介平民化的价值播撒，使“理想从日常生活中脱离，进入文化领

① ［法］艾德加·莫兰：《社会学思考》，阎素伟译，上海人民出版社 2001 年版，第 429 页。

② ［美］道格拉斯·凯尔纳：《媒体文化》，丁宁译，商务印书馆 2004 年版，第 426 页。

域，在我们这里，它就进入到由广告创造并在商品中表现出来的文化系统中。”[①] 由于商品生产和文化生产结合了起来，广告等大众文化赋予日常生活以文化意味，让生活呈现出虚幻的诗意情趣和格调。

文化的核心问题跟意义和价值观紧密相关。文化的覆盖面甚广，但不管它是指涉艺术还是指涉生活方式或其他方面，都离不开意义的生产和传播，任何社会体系都需要一种关于意义的文化体系。英国社会学家汤姆·伯恩斯（Tom Burns）发现艺术的使命在于发现生活的意义，由此他得到了文化与社会之关系的启迪，社会科学的使命是理解我们从生活中发现的意义。根据这一推理，社会科学工作者就得走近他的素材（material），这种素材指文化形态，如宗教、意识形态、新闻业、日常言谈，就像文学批评家应该走近小说、戏剧、诗歌一样，他必须理解这些作品的意义和这些作品对其所代表的生活的阐释，以及这些作品与历史上人们对生活的理解有着什么样的关联。[②] 不仅文学艺术构筑意义系统，广告和消费本身也是一个生产意义的过程。生活图景经过广告的演绎，在任意组合中呈现出五彩斑斓的色调，真实和谎言、平白和奇想、神圣和世俗形成了一个交互汇合、不可思议的整体。

探讨广告与“日常生活的文化诗学”，主要是研究“广告”在日常生活中的文化定位、意义生产及其诗学表现策略。虽然广告艺术不具备文化价值的广度和深度，广告日常性的重复“轰炸”，也会引起一些受众的反感甚至厌恶。但不可否认，广告将文化意义附加到任意一种商业产品上，“通过重新评估使用价值将所谓‘漂浮的能指’的效应发挥得淋漓尽致”，它既是“文化化”的，也是“诗性”的。“广告向人们提供一种日常生活的诗学体系”。[③] 广告参与建构的日常生活的诗学体系，是一种广义的诗学，它拓展了日常生活的“诗性”、审美性，同时又包蕴着价值和意义追寻的文化内涵。诗美质素与文化意蕴在文本中融为一体，就合成为一种文化诗学。

诗学阐释的对象不应该拘泥于文学艺术领域作僵化的设定，传媒时代的文

① ［英］罗杰·西尔弗斯通：《电视与日常生活》，陶庆梅译，江苏人民出版社 2004 年版，第 186 页。

② ［美］詹姆斯·W. 凯瑞：《作为文化的传播——“媒介与社会”论文集》，丁未译，华夏出版社 2005 年版，第 28—29 页。

③ ［英］迈克·费瑟斯通：《消费文化中的身体》，汪民安、陈永国编：《后身体：文化、权力与生命政治学》，吉林人民出版社 2003 年版，第 327 页。

学艺术领域本身便在不断扩容，广告等大众化文本也融入了诗学和文化的动态建构过程中。在这个层面上说，“文化和诗这两个概念的含义被扩大了。文化不限于艺术领域或传统所理解的文化。文化的‘诗学’不仅包括其文学文本，而是通过实践、仪式、事件和结构的意义创造。”[①]“文化诗学”着眼于意义生产如何与诗学创造相结合，它研究的文本，打破了文学艺术的疆界，吸纳了商业广告等大众叙述。

日常生活的文化诗学具有极强的包容性、开放性，它可以将大众叙述方式的文本整合进来，为我们认识日常生活与媒介故事提供新的理论框架，避免文艺理论界面对广告等商业艺术出现“失语”症状。

触发消费欲望的诗意言说

在传媒时代，商品经过工业设计和广告的“包装”之后呈现出艺术品化的趋势，日常生活的观念也在悄然改变。广告与日常生活的互动，催生受众新的自我意识、“社会知识”和“社会影像”。广告的片段式、拼盘式文本，与文化工业的拼贴、复制汇流，个体被商业广告和大众媒介的“大量符号”所淹没，现实生活日渐分裂而成为支离破碎、互不相干的片段，大量符号取代了行为者，并提供了日常生活中欲望实现的替代物。[②]为了激发、引导欲望，广告和传媒演绎出形式多样的大众叙述，使日渐分裂而成为支离破碎、互不相干的现实生活有了鲜明的价值取向和感性的追寻目标。

广告对日常生活的深度介入，其核心是用或直接或间接、或浅白或诗意的叙述方式，触发人们的种种欲望，引导消费行为，服务商业流通。虽然广告是一种营销手段，但它与文学、艺术、宗教、道德、哲学、政治等一样，必须直面人的欲望，人是欲望的复合物。叔本华是“全力论述欲望本身这一抽象范畴的第一位现代大思想家”，按照他的说法，欲望与“意志”，是一种先天的“自在之物”，它是世界的本体，表征为一种永不疲倦的盲目的冲动。对此，精神分析学派也有深入的分析，他们对社会文化与个体欲望之间的关系的研究，对

① Claire Colebrook，New Literary Histories，Manchester University Press，1997，pp. 67—68.

② Michael Gardiner，*Critique of Everyday Life*，London：Routledge，2000，pp. 91—92.

人类深层心理的认识，取得了众所周知的巨大进展。在精神分析学和尼采权力意志哲学的基础上，法国哲学家德勒兹创立了欲望一元论，倡导激进的欲望哲学。同弗洛伊德不一样的是，在德勒兹那里，欲望既没有受到压制，也不是因为没有获得满足而产生的一种心理缺失状态，相反，欲望是积极性的并且始终如一地精神饱满，它生产现实，“社会生产在确定的条件下纯粹是而且仅仅是欲望生产本身”。① 欲望被置于绝对主宰地位，它在社会文化生产中起着核心作用。

广告发展的文化动力，正是源于人的欲望。人的最基本欲望（性欲、健康、幸福、温情、成功，等等），制约着广告这一“欲望制造工厂”基本的生产模式。欲望的空前膨胀，为广告大行其道提供了动力之源或人性基础。罗兰·巴尔特在他的《神话学》一书中，运用布莱希特的陌生化效果来分析当代社会，特别是分析传播媒介和广告。他表明广告的实际效果，是说服我们相信消费者社会的某些特定商品是绝对自然的，而不是人为的，也不是历史性的，这些商品来自一个永恒的消费欲望，而这个欲望植根于“人性”之中。② 广告依据“人性”的欲望法则来表征自身，这与文学艺术的“人学”追求并无二致，只不过文学是多角度、立体、纵深地揭示人的心理结构、欲望结构，表达对生活的审美沉思。

在物质化、世俗化的商业社会中，欲望突破了传统的律令，得到了前所未有的解放。“以普遍的个体占有为形式的贪欲正在变成时代的秩序、统治的意识形态和主导的社会实践……在这个社会制度里，积累的目的是为了进行新的积累，让人感到欲望的无限性”。欲望四处游走，“成了一个晦暗不明、深不见底的物自体，开始恶魔般地横冲直撞，毫无目的和理性地自我推进，像一个狰狞的神祇”。③ 而广告和媒介投合了现代人欲望扩张的心理，其话语指向与人类的欲望相对应。广告、传媒与市场合谋，努力将社会成员改造为消费个体，让其渴望占有更多的商品。

---

① ［法］德勒兹、伽塔里：《反俄狄浦斯：资本主义与精神分裂症》，见汪民安等主编《后现代性的哲学话语》，浙江人民出版社 2000 年版，第 50 页。

② ［美］杰姆逊：《后现代主义与文化理论》，唐小兵译，北京大学出版社 1997 年版，第 267 页。

③ ［英］特里·伊格尔顿：《历史中的政治、哲学、爱欲》，马海良译，中国社会科学出版社 1999 年版，第 273 页。

传统社会中个人是为了满足日常需求而消费，商业社会中的消费纯粹是“为欲望而欲望”。欲望在满足与冲动之间的停歇期愈来愈短，“人们似乎是为商品而生活。小轿车、高清晰度的传真装置、错层式家庭住宅以及厨房设备成了人们生活的灵魂。把个人束缚于社会的机制已经改变，而社会控制就是在它所产生的新的需要中得以稳定的。”[①] 欲望重新定义了传统意义上的消费，它绝不仅仅是为满足特定需要的商品使用价值。相反，通过广告、大众传媒和商品展陈技巧，消费文化动摇了原来商品的使用或产品意义的观念，并赋予其新的影像与符号，全面激发人们广泛的感觉联想和欲望。[②] 个体着眼的是商品的符号价值，空虚的日常生活因为有了过量的商品而显得充实，社会整合由此也有了新的框架。

广告的欲望逻辑具有顽强的穿透力，对于霍克海默和阿多尔诺来说，广告是试金石，是文化工业大获全胜的象征。广告以不变的样貌流水线式地重复出现，如果没有它，商品和实物也就没有了意义：“因为在体系的强制下，每一种产品都使用了特用的广告技术，所以广告都用了文化工业特用的语言和‘风格’。”“广告成了唯一的艺术品，戈培尔曾狡黠地把广告算作纯粹的艺术，实际上广告本身纯粹是社会权力的展示。”“广告与文化工业在技术上和经济上都融为一体了。到处是同样的广告，到处机械地重复宣传同样的文化工业产品，甚至是采用同样的宣传用语。到处介绍和推广人们使用文化工业产品的技术、心理状态和经验。到处都宣传奇特的但又是令人信任的，轻松的但又是印象深刻的，富丽堂皇的但又是朴素的范例，以便吸引分散的具有各种各样意见要求的顾客。”[③] 霍克海默和阿多尔诺认为，广告用重复、同一的结构和含义，对受众实施心理控制，致使人的反应自动化和精神平庸化。两位西方学者对广告的这种文化批判无疑是深刻的，但也要看到，审美经验很难用一个模式来规范，它原本就应该是丰富多样的。广告和商业文化制造出适应当代社会心理的审美形式，其自身呈现出一种新的驳杂性和创造

① ［美］赫伯特·马尔库塞：《单向度的人》，刘继译，上海译文出版社2006年版，第10页。

② ［英］迈克·费瑟斯通：《消费文化与后现代主义》，刘精明译，译林出版社2000年版，第166页。

③ ［德］霍克海默、阿多尔诺：《启蒙辩证法》，洪佩郁、蔺月峰译，重庆出版社1990年版，第153—154页。

性。在传媒时代审美标准缺失的情况下，我们或许可以根据文本产生的效果来估价广告的价值。

众多广告制作者娴熟地掌握了诗意的言说方式，用一系列艺术的手段触动消费者的心理，诱导人们无意识的购物动机。广告打开了通向欲望的各种途径，个体受其浸染，自己的兴趣和欲望便可能会潜移默化地受到影响。不仅如此，广告在刺激欲望、推销消费品的时候，也在推销着一种价值观念，它通过对日常生活意义的宣扬，实质上也在建构一种文化，欲望本身是由文化决定的。威廉森认为，广告从其他文化领域中获得意义系统，并利用它们赋予产品以意义。广告商打算使这些特点成为观众心目中的产品形象的一部分。在观众心目中产生了两种联想。首先，人或物与产品联系起来，从而赋予这件产品以意义。某些联想，尤其暗示某物至尊神圣或某人威武有力的那些伎俩，由于使用过于频繁，以至于落入俗套，令人观之生厌。此外还可利用另一种联想方式，使产品本身表现出一种特定信息或起到一种通货的作用，用于其他交易，如获取成功、爱情或幸福等。[①] 广告极力抓住受众的感官感受性和情感协同性，运用艺术手段将商品市场的物质属性转化为受众内心世界的语言。“商品自由地承担了广泛的文化联系与幻觉的功能。独具匠心的广告就能够利用这一点，把罗曼蒂克、珍奇异宝、欲望、美、成功、共同体、科学进步与舒适生活等等各种意象附着于肥皂、洗衣机、摩托车及酒精饮品等平庸的消费品之上。”[②] 广告、日常生活、欲望、文化、生产、消费、利润……交织成一个异常复杂的网络。“广告的窍门和战略性价值就在于此：通过他人来激起每个人对物化社会的神话产生欲望。它从不与单个人说话，而是在区分性的关系中瞄准他，好似要捕获其‘深层的’动机。它的行为方式总是富有戏剧性的，也就是说，它总是在阅读和解释过程中，在创建过程中，把亲近的人、团体以及整个等级社会召唤到一起。”[③] 适应受众流行的审美趣味，广告刻意营造戏剧性的浪漫氛围，让人们获得自由、快乐、幸福、时髦的精神

① ［美］戴安娜·克兰：《文化生产：媒体与都市艺术》，赵国新译，译林出版社 2001 年版，第 16—17 页。

② ［英］迈克·费瑟斯通：《消费文化与后现代主义》，刘精明译，译林出版社 2000 年版，第 21 页。

③ ［法］让·波德里亚：《消费社会》，刘成富、全志钢译，南京大学出版社 2006 年版，第 37 页。

假象。

在广告文本中，欲望扩张表征为对日常生活的主题化呈现。“电视广告可以被读解为时代的标志。可以把它们采集起来汇编成册，作为一本书的文字或一本图册照片。每页文字或每幅照片都可以对照其社会语境进行阅读。在此话语方式下，广告有多种主题，反映着不同历史时期不同社会群体的需要和幻想，因此它们便描绘出日常生活的轮廓。”[①] 大众日常生活的理想，在很大程度上并非是自发、自主的，而是被诱导、被制造出来的。转瞬即逝的新潮、时尚，便受到广告和传媒的操纵。在“新奇”的背后，是一种直线型的时间意识、进步观念。“新”对“旧”的淘汰，商业生产不断转向，为欲望扩张提供了社会性的合法化证明。对新事物的欲求以及自我完善、提高的冲动，使得一些主题反复出现，成为广告表现中的关键词，诸如自由、幸福、青春、靓丽、活力、安康、运动、快乐、趣味、浪漫、异域风情、奢华、丰足、成功，等等。美国学者约翰·费斯克指出，一幅典型的20世纪广告所表现的幸福家庭，就是全家在农场的小溪旁野餐，背景处停着他们的小车。妈妈在准备食物，爸爸与儿子在踢球，女儿在摘花。这幅广告作为一个引子，激活我们有关乡村、家庭、性别角色、工作与休闲的神话。[②] 通过大力宣扬商品的符号价值，广告将庸常单调的日常生活改造成了诗意、完满的存在。

欲望化的主题，实质上是社会文化建构、生产、传播的结果。碎片化的日常生活被重新编码整理，具有了多种价值向度，文化结构和享乐空间相应地大大拓宽了。广告展开生活的浪漫想象，放逐人生的痛苦，营造出乐观主义的文化氛围，为日常生活进行辩护，为大众沉迷于快乐世界提供理由。广告就像是一面映照乌托邦式生活的魔镜，它不需要人们作理性的沉思，而是驻足于表面的幻象。在价值观的转换中，全身心的享乐放松、舒适延年成为生活的重要尺度。例如，“饮食的目的以前是用来控制精神和灵魂生活，现在的目的则是为了变得更性感和更长寿。为了对身体进行控制而设置的饮食管理，其最初的宗

① ［美］马克·波斯特：《信息方式》，范静哗译，商务印书馆2000年版，第70页。

② ［美］约翰·费斯克等编撰：《关键概念：传播与文化研究辞典》，李彬译注，新华出版社2004年版，第261页。

教表白通过医学化的作用转变成了世俗的健康和卫生道德。”[①] 广告对个体生活和社会现实的介入，体现出一种世俗化的价值倾向。麦当劳的广告和宣传噱头宣扬的是美国价值观、家庭亲情和享乐主义，把消费者带入了一个神话般的超现实世界，其中体现出的符号价值的增值和扩散显然是包含了后现代性的元素。迪斯尼乐园已成为美国价值的典范，比美国社会更能体现出美国人（主要是白人中产阶级）的价值观。同样道理，麦当劳的广告中所表现的也是一个超现实的美国，使它成为世界各地的消费者认识现代性的范本之一。麦当劳的建筑风格也体现了超现实的特征。“金色拱门”的标识意在营造出一个世外桃源，人们可以在这里躲开世间纷扰。[②] 广告适应了大众世俗化的心理，发挥“轻松艺术”的效应，用一套形象化的符码来弥补现实的价值裂缝，显现日常生活的韵律。

广告避开沉重的形而上话题，通过实用性的审美经验凝聚某种类型的希望，将平淡无奇的现实升华为感性化、情意化的现实，抹平了生活本身与艺术虚构之间的界线，使得广告的欲望化诉求与日常生活同源、同构，商业活动与艺术虚构难分彼此，广告的生活化和生活的广告化无缝对接。现实在由商业广告传递意义的世界中，意味着一种欲望的幻觉满足，这种意义建构，与文学艺术的精神取向有着相似之处，广告文本堪称是演绎日常生活意义的世俗化文学文本。

三 广告文本的编码方式和表意策略

商业广告作为一种符号语言，形成了一整套新的规则、模式和表意策略。“它不仅是关于需要消费的物品的语言，也是关于物品消费者的语言。它是一

① 布莱恩·特纳：《身体问题：社会理论的新近发展》，汪民安、陈永国编：《后身体：文化、权力与生命政治学》，吉林人民出版社 2003 年版，第 19 页。

② ［美］道格拉斯·凯尔纳：《媒体奇观——当代美国社会文化透视》，史安斌译，清华大学出版社 2003 年版，第 50 页。

张网上的线，把人与物、人与人连接在一起。”[①] 广告语言从文化的层面展开有关消费者的身份、品位及生活风格的陈述，“使人们面对无数梦幻般的、向人们叙说着欲望的、使现实审美幻觉化和非现实化的影像”。[②] 广告语言不仅仅停留在叙述商品的功能、属性和用途等方面，它还具有艺术虚拟的性质，使人们在心理上与广告本身的言说相契合。“广告通过图像、修辞、标语以及这些因素在广告中的并置来销售自己的产品和世界观，在其中投入了惊人的艺术资源、心理学的研究和市场策划。”[③] 广告语言的诗学追求，从一个方面印证了文学艺术语言的多样化、泛化。文学艺术经验被大规模移植，在大众文化领域萌生新的形态。目前的任务是借鉴诗学和文化学的研究成果，用来观照传媒时代特有的文化产品，揭示广告等大众文化是如何导致语言性质、文本形态的转变，以及日常观念和价值体系的变化。因此，有必要探讨商业广告欲望话语的陈述方式，或者说广告制造欲望符号的具体表现手段，即广告是如何将欲望的修辞与受众的需求联系起来的。

符号体系运作与品牌价值建构

参考传统的文艺美学形式，并融会达达主义、超现实主义及先锋派等创作方式的许多策略与艺术技巧，当代广告语言铸造了自身独特的符号体系，它运用各种表意策略重新组织一个世界。美国学者马克·波斯特将电视广告视为一种行事性的（performative）符号学现象：它利用词语与图像来改变音训接受者的行为。其美学效果并不崇高，它所传输的信息几乎没有真理价值。而各种有关商品和服务的符码，正是欲望的象征形式。广告占据一个能指，亦即占据一个词，这个词与广告所促销的物体并不具有传统意义上的关系，但却被附加到那个物体上。广告构建了一个新的语言及传播现实。在广告中，这些流动能指的语境被重建，而它们的作用正是源自这种语境重建。波德里亚从语言学角度进行立论：广告塑造了一种新语言，一种新的意义组

① ［美］詹姆斯·特威切尔：《美国的广告》，屈晓丽译，江苏人民出版社2006年版，第18页。
② ［英］迈克·费瑟斯通：《消费文化与后现代主义》，刘精明译，译林出版社2000年版，第98页。
③ ［美］道格拉斯·凯尔纳：《媒体文化》，丁宁译，商务印书馆2004年版，第426—427页。

合（地板蜡/浪漫），每个人都言说着这种语言，或者更确切点说，这种语言言说着每个人。波德里亚把商品广告的这一集体语言称为“代码”（the code)。[①] 广告的代码体系不断改进、完善，形成一套与社会互动的文化符号学标记。

从符号学的视阈来看，语词本身的意义倒在其次，更重要的问题是意义的产生方式。广告和商品的符号运作，体现了能指符号对日常生活的美化和对社会关系的差异化诉求。如名牌西服的符号形式背后，是一种有关消费者身份、地位和品位的象征。商品符号价值的差异，显示的是文化和社会关系的差异。消费商品的符号价值是先行的，广告竭力编织的语言、影像和意义网络，预先限定了商品符号的全部认知结构。广告正是要突出现实中不同商品隐含的符号意义，将符号的差异等同于现实的差异，而人的身份、地位乃至心态往往由他对物品符号价值的体认来决定。消费者不过是为了与众不同而消费，波德里亚称之为“象征性交换”。[②] 在能指的游戏中，广告极力宣扬的不是满足人的物质需要，它更着重的是商品的文化功能或符号意义上的满足功能。由广告刺激的消费是一种积极的与集体和世界保持关系的方式，追求时尚是为了界定社会地位、模仿一种特定范式，以满足与社会相符的欲望，而不仅仅为了生存需要。“时尚具有这样的特殊功能，它能够诱导每个人都效仿他人所走的路，并可以把多数人的行为归结于单一的典范模式；同时，时尚又是求得分化需要的反映，即要求与他人不同，要富于变化和体现差别性。”[③] 制造时尚，是广告的重要功能。“如同它在提到某一物品时却潜在地赞扬了所有同类物品一样，如同它透过某一物品和某一商品却实际上谈的是那些物品的总体和一个由物品和商标相加而构成的宇宙一样——同样，它就这样伪造了一种消费总体性。按麦克卢汉的说法就是使消费者们重新部落化，就是说通过一种同谋关系、一种与信息但更主要是与媒介自身及其编码规则相适应的内在、即

① ［美］马克·波斯特：《信息方式——后结构主义与社会语境》，范静哗译，商务印书馆 2000 年版，第 66、81—82 页。

② Jean Baudrillard，*Selected Writings*，ed.，Mark Poster，Cambridge：Polity Press，1988，p. 119.

③ Donald N. Levine ed.，*Georg Simmel*：*On Individuality and Social Forms*，Chicago：The University of Chicago Press，1971，p. 296.

时的勾结关系，透过每一个消费者而瞄准了所有其他消费者，又透过所有其他消费者瞄准了每一个消费者。每一幅画面、每一则广告都强加给人一种一致性，即所有个体都可能被要求对它进行解码，就是说，通过对信息的解码而自动依附于那种它在其中被编码的编码规则。”① 消费者被引入广告话语铺设的轨道，以获得某种社会化的归属感。对特殊类型“生活方式”的诉求，越来越成为广告编码的中心。

广告通过其符号体系的运作，彰显商品的品牌价值。某些商品的品牌价值较高，与其内在质量固然有一定的关系，但也离不开广告符号对它进行“包装”后所发出的诱惑力。例如国内众多的汽车广告常常伴以美女、富绅或幸福家庭形象，渲染拥有汽车的自足以及成功神话等。“这意味着在消费中某些象征性的符号形成了买卖和交易的基础。消费者不是在购买生活用品的品牌，而是通过品牌，购买某种生活方式、风格及某一团体和社会阶层的身份。坎贝尔（Campbell）说，这是幻觉消费和现代享乐主义。他认为，在传统的享乐主义中，快感是直接通过消费行为本身传达的（如食品、音乐、一件温暖的衣服等），而现代享乐主义的快感却是经由想像和基于幻觉的期望实现的。”② 非物质的因素开始决定物质的价值，广告将为品牌增添无形的附加价值。法国社会学家李欧·谢尔（Leo Scher）曾经提出符号与物品的倒转关系，他说：“符号变得越来越真实，而物品变得越来越虚幻。”我们已经进入了一个“全文化”（all - cultural）的时代。具体的世界变得没有价值，缺少趣味，而附加的文化与知识创造了产品的价值，赋予了品牌意义。不管是香水或酸奶，意义的价值会超过产品本身的价值，因为非物质的价值可以保存得更长久。③ 广告符号的这种功能，极大地改变了语言性质和人们的意识结构。文本符号自身获得了在艺术世界和现实世界中的独立性，经过广告编码的语言符号自由浮动，既迷人又令人眩晕，“它们侵入新的经验领域，如同娱乐、高级服饰和广告等模型进入政治、经济、文化的领

---

① ［法］让·波德里亚：《消费社会》，刘成富、全志钢译，南京大学出版社 2006 年版，第 95 页。

② ［芬］汉娜尔·考维恩：《从默认的知识到文化产业》，林拓、李惠斌、薛晓源主编：《世界文化产业发展前沿报告（2003—2004）》，社会科学文献出版社 2004 年版，第 110 页。

③ ［法］让-马贺·杜瑞：《颠覆广告》，陈文玲、田若雯译，中国财政经济出版社 2002 年版，第 228—229 页。

地一样。"[①] 广告符号的灵活变动和转换，使欲望代码无所顾忌地进行社会化播撒。

商品形象、欲望故事和叙事主题

充斥于广告中的符号与影像之流，制造出一种"对现实的审美幻觉"，商品形象被凸显出来。"广告最能说明内容的呈现影响意义以及感染受众的方式。将产品置于一种特殊的象征语境之下，构成许多广告基础的基本技巧，这种特殊象征语境赋予自身没有意义的产品以意义。尤其需要指出的是，对广告商希望影响的那些公众具有暗示意义的人或物的呈现，仅次于对产品的呈现。"[②] 创造出能够操纵非常复杂的具有象征意义的广告形象和信息，需要花费大量艺术才能和技巧。塑造与众不同的商品形象，是成功广告不可或缺的。"形象意味着个性。产品像人一样是有个性的，个性可以在市场上塑造或打破。产品个性综合了许多因素——名称、包装、价格、广告风格，以及最首要的，产品的性质。"[③] 例如，独特的外观包装符号是商品形象的构成要素之一，某些化妆品容器便具有一种"高级感，梦境"，可口可乐的瓶子给人以"青春活力与力量"的感觉。同时，商品形象又不是单纯的外观，它还包括广告和传媒所营造的关于商品的新奇幻象等。感性、直观的整体氛围，想象、修辞等手段的参与，使得广告如同文学艺术一样，具有了某种诗性结构，商品个性形象和品牌概念被凸显出来，其整体形象构成了现代人想象生活的方式。接受、认同和投入这种想象，就是在接受一种生活方式。

广告提供了一个形象的世界，商品和服务的知名度、美誉度都离不开其社会形象的建构。商品形象可以是多种多样的，例如智威汤森公司赋予旁氏润肤霜以典雅高贵的感觉，麦克麦纽斯·约翰·亚当斯公司使卡迪拉克车成为判断人收入的象征。商品形象不仅是一种意念、感觉、欲望的外化，它还可能依托

---

① Douglas Kellner, *Jean Baudrillard*: *From Marxism to Postmodernism and Beyond*, Stanford University Press, 1989, p. 97.

② ［美］戴安娜·克兰：《文化生产：媒体与都市艺术》，赵国新译，译林出版社2001年版，第16页。

③ ［美］大卫·奥格威：《奥格威谈广告》，曾晶译，机械工业出版社2003年版，第14页。

各种类型的动物和人物形象。“江中”牌痔康片平面广告的主角是一只嘴巴被锁住的鹦鹉，暗喻“生了痔疮，即使如鹦鹉般巧言善辩的人，也是有苦说不出”；而“易服芬”药品在电视广告中将螃蟹作为主角，发烧的红色螃蟹使用“易服芬”药立刻变成黑色，快速退烧止痛；“白沙”香烟则以仙鹤作为广告主角经营其品牌的“飞翔文化”。更多情况是，不少商业广告采用的是将受欢迎的影视明星、体育明星形象同品牌形象相重叠的手法，人物角色成为产品的符号。当然，也有的广告引入了富有个性特征的普通人形象来作为商品代言人。如法国一家广告公司曾请一位80岁的农妇担任洗衣机电视广告的女主角。3/4的法国人认识了这位身材矮小，满脸皱纹的老妇，产品销量也从第四位跃居第二位。[①]“几十年前，从强力食品（Force Food）广告中的阳光吉姆、荷兰清洁济广告中的弯腰洗衣的女洗衣工到金宝汤料（Campbell）广告中的小孩子，创作虚构的人物形象并把这些人物和商品并列的行为，表明我们没有失去用意义之物给我们周围的世界以生命的深层欲望。正如我们创造上帝是为了让上帝创造我们，在广告崇拜中，为了给由包装商品构成的根本不具有魔法的世界以意义，我们使魔法外表化。这个过程强大无比，以至它甚至延伸到图像的形式，例如金色的拱形图案、棋盘式的方形图案、可口可乐的识别标志以及亨氏（Heinz）的拱顶石图案等。”[②] 广告极大地突出了商品的形象因素，形象的自主识别特征使它具有了自己的生命。文化符号的力量发挥出一种幻觉效应，使受众沉浸在感性认同之中。

广告文本用大众化的叙述方式组织语言、影像，将商品纳入多样化的文本系统，物的形象便交织在表意的网络之中。人们消费各种形象和符号，恰恰因为它们是形象和符号，而不管实用和价值的问题，这便是“形象支配着叙事”。[③] 商品形象成为消费社会的核心，“弥散的景观与商品的丰裕相联系”，“消费者充满了宗教般的激情。对特定产品的热爱通过全部大众传播媒体的宣传，迅速以闪电般的速度播撒开来。”[④] 商品形象取得了独立的地位，成为商

① ［美］大卫·奥格威：《奥格威谈广告》，曾晶译，机械工业出版社2003年版，第105页。
② ［美］詹姆斯·特威切尔：《美国的广告》，屈晓丽译，江苏人民出版社2006年版，第52页。
③ ［英］多米尼克·斯特里纳蒂：《通俗文化理论导论》，阎嘉译，商务印书馆2001年版，第247页。
④ ［法］居伊·德波：《景观社会》，王昭风译，南京大学出版社2006年版，第25页。

业文化的主角，它不被觉察地进入到艺术文本和美学语言本身之中。广告对商品“形象”的塑造，最著名的例子是“万宝路”的宣传，它自诩为“真正的男子汉”香烟。“万宝路”香烟总是和西部的风光、马背上的好汉、辽阔的空间乃至纯净的自然等联系在一起。“广告中的这种符号化的形象试图在提供的产品和社会所欲求的、含义丰富的特征之间建立某种联系，以造就这样的印象，即如果人们想成为某一类的人——比如，成为‘真正的男人’——那么，他就应该买万宝路香烟。所以，几十年以来，万宝路将牛仔的形象当做男子汉的符号以及他们的广告的中心。”[①] 广告符号将商品及其相关意象巧妙联系在一起，商品形象不是产品特点或功能的直接陈述，能指与所指的对应其实并没有必然关系，其中经过了广告文本的话语转换。话语转换是广告的重要技巧，其中商品的元素和相关的广告形象进行一系列的语言转义。“广告介于物体与意图这两极之间，瓦解了符号差异关系的正常倾向。广告并没有把语言预设为对一种‘实在之物’（a‘real’）的指涉，而是将它预设为能指的任意关联。广告径自重新排列那些能指，悖逆它们的‘正常’指涉。广告的目的便是在叙述称心如意的生活方式时令人联想到一个能指链：例如，百事可乐＝年轻＝性感＝受欢迎＝好玩。”[②] 商品与广告能指得到隐喻式的话语转换，一系列的艺术技巧将普适性的意指嫁接到商品之中，与公众的心态和趣味相吻合。

广告通过对符号的编码、重组和重复排列组合，融合物品的商业价值和审美价值，将消费者的欲望形象化、感性化，商品形象跟人们的深层欲望具有了某种同构关系，符号的象征结构对应着人们的欲望化诉求。商品视觉形象的建构，常常离不开各式各样的美女，正如一位西方学者所言：“因为女性意味着欲望，她成为后者的标尺。她在可行的范围内表现并调节了快乐……和性特征，使欲望被人理解。”[③] 美女为广告的欲望化话语生产提供了灵感源泉，她们是消费文化中不可或缺的超级代码。

---

① ［美］道格拉斯·凯尔纳：《媒体文化》，丁宁译，商务印书馆2004年版，第422页。

② ［美］马克·波斯特：《第二媒介时代》，范静哗译，南京大学出版社2001年版，第91页。

③ 珍妮弗·克雷克：《时装的面貌：时装的文化研究》，舒允中译，中央编译出版社2000年版，第98页。

将欲望变成情节、场景和故事出售，这是广告另一种惯用的方法。按照杰姆逊的说法，“文化从来就不是哲学性的，文化其实是讲故事。观念性的东西能取得的效果是很弱的，而文化中的叙事却具有很重要的作用和影响。小说是叙事，电影是叙事，甚至广告也是叙事，也含有小故事。”[①] 另一位美国学者西蒙更进一步地指出，“发生在我们日常生活周围的故事与以往伟大的文学非常相似。当你看电视，看电影，读通俗杂志或看广告时，展现在你眼前的，将是西方文明史上各种巨著研究者所读到的同样的故事，你要做的只不过是以不同的方式看待这些故事而已。”[②] 在西蒙看来，“垃圾文化”叙述的故事适应了经济、社会和政治条件的变迁，更合乎新的历史现实。

广告叙事的主题在文学作品中的确是常见的。如重庆奥妮“百年润发”洗发液广告讲述了一个爱情故事，男主人公由周润发主演，他几经磨难与女主人公重逢，“百年润发”洗发液则是他们爱情的“见证人”。“娃哈哈”广告则描述了生活在同一个公寓里有着不同兴趣、爱好的一对年轻男女的生活场景：“他，喜欢娃哈哈纯净水；她，喜欢娃哈哈果汁。他，习惯向右走；她，习惯向左走。”他们原本不认识，由于娃哈哈饮品使他们有了一次浪漫的邂逅：“感觉对味，成双成对”。该广告构思巧妙自然，语意双关，它表明奇迹就在享用商品的过程中出现。文学叙述模式在广告中被缩微借用，广告编写的一个个可供消费的欲望故事，成为日常生活中传统文学或高雅文化的替代符码。广告在制造欲望故事的过程中，将低俗艺术和高雅艺术融为一体。

广告和日常生活中的欲望生产，体现出传媒时代文化工业的力量，新时代催生新的文化代言人。社会历史将传统的文学放逐到边缘，广告等大众文化崛起，消费欲望与创造力、活力联系在一起，人类永不满足现状的冲动使得广告与现实同源，欲望是历史发展的杠杆。但是，从另一方面来看，广告和文化工业所刺激的欲望大释放将带来一系列的社会文化问题，人类的情感和精神价值都会成为消费对象。就像阿多尔诺所指出的，在大众传媒和日益精巧的技术效

① ［美］杰姆逊：《后现代主义与文化理论》，唐小兵译，北京大学出版社 1997 年版，第 66 页。

② ［美］理查德·凯勒·西蒙：《垃圾文化——通俗文化与伟大传统》，关山译，社会科学文献出版社 2001 年版，第 1 页。

应的协同下，个体淹没在平面化的生活方式、时尚化的消费行为，以及肤浅化的审美趣味之中。更重要的是，“审美自主权的解体不一定带来解放效果。在这里，主要危险是艺术和生活之间的批判张力的松懈，那种张力是现代主义美学的关键所在。结果将产生这样一种危险：一旦艺术和生活之间的界限被模糊了起来，那么艺术的批判潜力就要走向衰微，并且艺术本身将蜕变成某种证明工具，即，晚期资本主义‘幸福意识’的无批判的镜像。”[①] 因此，对广告的文化诗学解读，并不是弱化研究的批判性，鼓吹欲望，而是利用话语的有限功能，透视广告修辞的内在机理，修正其偏差，更深入地认识传媒时代文学和文化的存在方式。

① ［美］理查德·沃林：《文化批评的观念》，张国清译，商务印书馆2000年版，第132页。

第七章　现代性的媒介化面孔

一　晚清报刊评论的现代性追寻

现代性问题是国内外人文社会科学界关注的热点，但新闻与传播学领域对此尚未有足够的重视。之所以出现这种情况，主要原因可能是学界觉得现代性理论未必适合新闻与传播学研究。“现代性”是一个从西方拿来的概念，一般认为，“现代性”是西方自近代以来启蒙思潮的文化主线，它通过启蒙理性而实施着自己的价值要求。“现代性”的问题，其实质内容即是启蒙理性、主体性等。在中国特殊的语境里，现代性的内涵包括了民族主义和启蒙理性两个维度。表面上，现代性这种具有浓厚思辨性、注重人文独立解放的思考模式，似乎跟新闻与传播学研究有较大的距离，它超出了原有学科知识的边界。其实，19 世纪末以来，物质层面的“现代化”诉求与精神层面的“现代性”追寻结伴而行，体现着中国和东方其他民族国家被西方强行拖入“全球化”时代的共同追求。从媒介的特点和运行历史来看，“传媒不仅是现代性历史发展的本性，还是现代性构成的标准化判断”①，大众传媒是创造现代性的一个重要因素②，

---

① ［英］尼古拉斯·加汉姆：《解放·传媒·现代性——关于传媒和社会理论的讨论》，李岚译，新华出版社 2005 年版，第 55 页。

② Anthony Giddens. *Modernity and Self - Identity: Self and Society in the Late Modern Age*. Cambridge, Polity Press, 1991, pp. 23—27.

推动着现代性的进程。而报刊评论与现代性的关系，是研究新闻评论的一个新角度，它有助于我们深入把握报章文体的话语特征、人文内涵，以及它与时代和“人”的复杂关联。如果研究者的学术思路进行更新，寻求思维方式的范式转换，可以使研究对象在不同的视阈中获得重新认识的价值。

民族危机唤起报刊评论追寻现代性

晚清大众传媒开始参与现代性的追寻，从根本上说源于近代中国深重的民族危机。在前所未有的社会变局中，媒体传递的经验和声音，便不可避免地会对列强的入侵和影响作出回应。尤其是1894—1895年中日甲午一役，“以庞大之中国，败于蕞尔之日本”，对关心中国命运的士人来说，甲午之战的耻辱比起鸦片战争来有过之而无不及。正如梁启超在《戊戌政变记》里所说：“唤起吾国四千年之大梦，实则甲午一役也”[①]。甲午战争造成的空前震撼是全方位的，如何超出洋务派“器物”层面革新的局限，探求制度变革和精神文化的出路，构建自我认同和民族认同，也是中国舆论界面对的异常紧迫的问题。

中日甲午战争时期，各地报刊均有针对时局的议论。“迨光绪二十一年，时适中日战后，国人敌忾之心颇盛，强学会之《中外纪闻》与《强学报》，先后刊行于京沪，执笔者皆魁儒硕士，声光炳然。我国人民之发表政论，盖自此始。后此《时务报》与《时务日报》等接踵而起，一时报纸，兴也勃焉。”[②]散见于当时报章杂志上的政论还被搜罗起来结集出版，进一步扩大了舆论影响力。在1895年以后，追求富强的思路便合乎情理地向着西方式的“现代”转化。新的传媒、新式学堂、新的学会和新的报刊的出现，“西方文化在转型时代有着空前的扩散”[③]。应该说，现代性话语是典型的西方叙事的产物。现代性，就是摆脱古典，使“现代”成为时代一切价值的本原[④]。“现代”主要指的是“新”，它主要表征为一种“求新意志”。在重构现代性历史的过程中，

---

① 丁文江、赵丰田：《梁启超年谱长编》，上海人民出版社1983年版，第38页。

② 戈公振：《中国报学史》，上海古籍出版社2003年版，第143页。

③ 张灏：《再论戊戌维新的历史意义》，《二十一世纪》（香港）1998年2月号。

④ Gianni Vattimo：*The End of Modernity*. Polity Press，1998.

新/旧，模仿/创造，连续/断裂，保守/革命，这些平行的对应关系，构成了一种连续不断的对立和冲突[1]。一种类似于进化论的价值指归，"新"是19世纪末以来中国思想文化领域最为突出的主题词之一。就像梁启超在《清议报》上所说："今日之世界，新世界也，思想新，学问新，政体新，法律新，工艺新，军备新，社会新，人物新，凡全世界有形无形之事物，一一皆辟前古所未有，而别立一新天地。"

在"追新逐异"的潮流中，改良派的报刊如《时务报》、《国闻报》、《湘学报》等，十分注意西学的宣传、评论，其中包括西方的政治经济学、社会学等等。"晚清之得称现代，毕竟由于作者读者对'新'及'变'的追求与了解，不再能于单一的、本土的文化传承中解决。相对的，现代性的效应及意义，必得见诸19世纪西方扩张主义后所形成的知识、技术及权力交流的网络中。"[2]面对空前的社会、文化危机，中国人不得不对环球世界作出反应，他们开始关注西方文明的示范效应。列强运用坚船利炮摧毁了原有的世界秩序，迫使落后国家作出回应，要摆脱被殖民的命运，只有选择现代化的道路，向西方求索现代性。反抗列强的霸权，同时又不得不向西方学习。近代以来中国的文化选择，陷入了一种命定的怪圈。

表征在文化心态上，报刊评论传达出了晚清启蒙者的现代性焦虑，而这与一种新的时间和历史的直线演进意识紧密相关。在专制政治体制趋向解体的时候，一个公众舆论的时代和空间呼之欲出。梁启超等舆论界的骄子，为了民族国家的前途摇旗呐喊。报刊评论的议题空前地广泛，政治、经济、军事、外交、文教等各个方面，都需要重新观照、探讨。在众声喧哗的杂语中，思想、学说不再定于一尊。梁启超指出："使一学说独握人人良心之权，而他学说不为社会所容，若是者谓之学说之专制"。"儒学统一者，非中国学界之幸，而实中国学界之大不幸也。"[3] 从一种开放性的世界意识出发，中国的思想文化界对儒学衰微的现实作出回应，革新传统观念，开始了艰难的现代性之旅。在报

---

① ［美］马泰·卡林内斯库：《现代性的五副面孔》，顾爱彬、李瑞华译，商务印书馆2002年版，第2页。

② 王德威：《被压抑的现代性——没有晚清，何来"五四"?》，见《想像中国的方法：历史·小说·叙事》，生活·读书·新知三联书店1998年版，第7页。

③ 中国之新民：《论中国学术思想变迁之大势》，《新民丛报》第9号，1902年6月6日。

刊评论中，便凝聚着传统与现代、中国与西方、自我与他者、中心与边缘等多种文化冲突。

报刊评论现代性追寻的表征之一："民族国家"观念

晚清以来，报业出现了根本的转折，"它不再是朝廷法令或官场消息的传达工具，而逐渐演变成一种官场以外的'社会'的声音"，报纸对于现代民族国家的建构产生了巨大作用[①]。而"民族国家"的观念，正是现代性的核心表征之一。

1896年，《强学报》上刊登了一篇谈论伊斯兰民族为何衰落的文章，有学者指出这是中国人第一次在近代意义上使用了"民族"这一词汇[②]。梁启超则是民族主义这个新名词的引进者和权威阐释者，也是民族主义理论的集大成者。他在《国家思想变迁异同论》中说："民族主义者，世界最光明、正大、公平之主义也，不使他族侵我之自由，我亦毋侵他族之自由。其在于本国也，人之独立；其在于世界也，国之独立。"[③] 在《新民说》中他进一步提出："故今日欲抵挡列强之民族帝国主义，以挽浩劫而拯生灵，惟有我行我民族主义之一策；而欲行民族主义于中国，舍新民末由。"中国的民族主义，是"合国内本部属部之诸族以对于国外诸族"，"合汉合满合蒙合回合苗合藏，组成一大民族。"梁启超试图建构一个新的共同体的蓝图，这个共同体的"大民族"是重建社会文化秩序的基础，它起着整合社会、凝聚人心和意识形态再生产等重要功能。民族主义作为一种真正现代意义上的救国的意识形态方略，它是在外部公众舆论和内部自我认同的基础上逐步构建起来的，它借助媒体经年累月地营造声势，唤醒集体记忆，保持集体认同的凝聚性。华夏之邦、强国之梦，使民族主义的现代性心理在民众中弥散开来。民族主义思潮的崛起，成为推动中国社会变革、前进的主导性精神力量之一。

---

① 李欧梵：《"批评空间"的开创——从〈申报·自由谈〉谈起》，《二十一世纪》（香港）1993年10月号。

② 参见韩锦春、李毅夫《汉文"民族"一词的出现及初期使用情况》，《民族研究》1984年2月号。

③ 任公：《国家思想变迁异同论》，《清议报》第95册，1901年10月22日。

与民族主义思潮的高涨相适应，“民权”、“国民”的意识开始觉醒。现代化的民族国家，需要高素质的国民。因此，民族国家的再造过程，也是国民意识和生命价值系统的再造过程，晚清的民族主义思潮与民权吁求互相推动。“所谓民权，人人皆可自主，不必人之授我、督我、责我者”[①]。“人人皆承天地之气以立命，即人人皆有自主之权以立命。权也者，我与王侯卿相共之者也；国之者，非独王侯卿相之国，即我群士群民共有之国也。”[②] 西方“天赋人权”学说为晚清国民话语和价值系统的改造、更新提供了参照，“民权”的价值观正是一种意识形态手段的折射，是社会动员、政治变革的语境中挖掘人的潜力的一种话语建构。

由于参照系的更新，晚清“国民”话语的内涵不断地丰富、扩充。中国近现代史上，最早使用“国民”这一概念的，是康有为。据学者考证，康有为1898年呈光绪皇帝的《请开学校折》中，首先使用了“国民”这个概念[③]。“国民”明显不同于“庶民”，前者是西方视野、国家意识中对人的一种审视。在康有为之前，王韬的政论已经赋予了“民”一定的现代内涵，只不过是他未用“国民”这一概念而已。王韬指出：“天下之治，以民为先，所谓‘民为邦本，本固邦宁也’。”[④]“天下何以治？得民心而已；天下何以乱？失民心而已。”[⑤]“惟君民共治，上下相通，民隐得以上达，君惠亦得以下逮”。[⑥] 王韬是在推崇君主立宪制度的层面上谈论“民”的，他主张实行君民共治，其中也包含了“民权”的强调。到严复那里，国民意识得到了更深入的表达。在《论世变之亟》、《原强》、《救亡决论》等文章中，严复将国民的精神素质视为救亡兴邦的根本。

梁启超比严复前进了一步，他发现了独立的个体——国民。他视“新民为今日中国第一急务”，而“新民”的关键在于“独立”精神。他认为中国的腐败源于国人缺乏独立之德而沦于依赖的奴性，“故今日救治之策，惟有提倡独

① 何来保：《说私》，《湘报》第33号。
② 毕永年：《存华篇》，《湘报》第34号。
③ 参见梁景和《清末国民意识与参政意识研究》，湖南教育出版社1999年版，第9页。
④ 王韬：《重民上》，《弢园文录外编》，上海书店出版社2002年版，第15页。
⑤ 王韬：《重民中》，《弢园文录外编》，上海书店出版社2002年版，第17页。
⑥ 王韬：《重民下》，《弢园文录外编》，上海书店出版社2002年版，第19页。

立”。个人的独立是国家独立的基础。梁启超“新民说”的要旨，在于培养具有现代主体意识的“独立的国民”。既往的经验表明，“夫吾国言新法数十年，而效不睹者何？则于新民之道未有留意焉者也。”[①] 梁启超指出：“国民者，以国为人民公产之称也。国者，积民而成，舍民之外，则无有国。以一国之民，治一国之事，定一国之法，谋一国之利，捍一国之患，其民不可得而侮，其国不可得而亡，是之谓国民。”[②] 他从启蒙主义的视阈出发，对“国民”、“民权”等概念作出了新的阐释。“国政者何？民自治其事也。爱国者何？民自爱其身也。故民权兴则国权立，民权灭则国权亡。为君相者，而务压民之权，是之谓自弃其国。为民者，而不务各伸其权，是之谓自弃其身。故言爱国必自兴民权始。”[③] 在“君”与“民”之间，梁启超对“民”的重视，具备了更多的现代内涵，“法”、“权”、“自治”等语词的标举，明显不同于中国古代的思想家。

在梁启超心目中，“国民”必须享有自己的权利与自由，而这种自由又是以不妨碍群体的“公益”为前提。梁启超从民族主义的立场出发，力求在个体与群体之间找到一个平衡点。他论“新民”，以“‘利群’二字为纲”，强调“国家思想”。他虽然举起了“自由”的旗帜，发现了“国民”，却没有发现“人”，这离“五四”新文化运动显然有某种距离。他曾以“国家思想”贬抑“利己主义”，在“团体之自由”与“个体之自由”之间，他主张“群大身小，诎身伸群”。正如他在《新民说》中所强调的，“自由云者，团体之自由，非个人之自由也。野蛮时代，个人之自由胜而团体之自由亡；文明时代，团体之自由强，而个人之自由减。”在梁启超的思想深处，民族主义具有绝对的支配力量，现代性的个人主义思想也有所萌发，但它是从属于富国强兵的总主题。

报刊评论现代性追寻的表征之二：启蒙理性

在引进西方现代性话语、推动近代中国文化转型的过程中，除梁启超等人

① 中国之新民：《新民说·论新民为今日中国第一急务》，《新民丛报》第1号，1902年2月8日。
② 哀时客：《论近世国民竞争之大势及中国之前途》，《清议报》第30册，1899年10月15日。
③ 哀时客：《爱国论》，《清议报》第22册，1899年7月28日。

外，严复无疑也作出了卓越贡献。他大力宣扬西方的格致、名学以及天演哲学，并以此为基础，重新讲述个人与民族国家的故事，旨在激发个体参与历史变革的欲望。

1895年2—6月，严复在天津《直报》上接连发表了四篇政论文：《论世变之亟》、《原强》、《辟韩》和《救亡决论》。在这组论文中，他认为"今日之世变，盖自秦以来，未有若斯之亟也!"[①] 社会的动荡变化使人警醒，"即彼西洋之克有今日者，其变动之速，远之亦不过二百年，近之亦不过五十年已耳，则我何为而不奋发也耶!"[②] 而西方之所以能富强的根本原因，就在于有近代科学作为强有力的支柱，以科学方法作为指导，用理性来解决社会文化问题。严复指出，"而有用之效，征之富强，富强之基，本诸格致。不本格致，将所无往而不荒虚"[③]。因此，必须在思维方式上彻底更新，将求真务实作为思想和行动的目标。"鼓民力，开民智，新民德"，"此三者，自强之本也"[④]。

作为现代性的另一个重要维度，理性为晚清知识分子提供了一个迥异于传统的思维模式和框架，它奠定了晚清启蒙主义的基调。理性话语进入中国之后，它在民族国家和个人主体重建的过程中发挥了巨大威力。一方面，科学、理性是物质生产领域的强效催化剂，是富国强民的根本；另一方面，科学、理性也是精神文化领域的有力武器，是"开民智"、解放欲望的工具。尤其是严复从现代性视阈出发对"欲望"的言说，对近现代中国产生了深远的影响。由于传统社会趋向瓦解，个体的生存方式发生深刻变化，欲望与文化、历史的关系问题，也逐渐凸显出来。直面"人"的欲望，将其纳入某种话语体系铺设的轨道，也是文化建构的重要内容。而西方的理性话语经由报刊评论和学术书籍的介绍等途径进入中国之后，它以自身巨大的摧枯拉朽的功用，改变着中国人原有的思维方式，给传统文化秩序以致命的一击，将个体的权利从封建主义的精神枷锁中解救出来，并引导人们超越自身的私欲，积极投身民族国家新生的时代进程。

---

① 严复：《论世变之亟》，《直报》1895年2月4—5日。

② 严复：《原强》，《直报》1895年3月4—9日。

③ 严复：《救亡决论》，《直报》1895年5月1日—6月16日。

④ 同上。

服膺于理性的权威，严复从西方引进了“天赋人权”和“自由”的观念，将个体欲望放在社会历史发展的过程中来进行审视。他认为，“生民有欲”，“皆天之所为”[①]。而中国古代圣人对待欲望的态度是主张“不争”、“平争”，“盖生民之道，期于相安相养而已”。按照古圣贤的思想，启发、开导人们释放自己的私欲将会带来严重的后果。“夫天地之物产有限，而生民之嗜欲无穷，孳乳寝多，镌镵日广，此终不足之势也。物不足则必争，而争者人道之大患也。故宁以止足为教，使各安于朴鄙颛蒙，耕凿焉以事其长上。是故《春秋》大一统，一统者，平争之大局也。”[②] 圣人牢笼天下、平争泯乱之术，导致自秦朝以来，民智日渐低劣，“至不能与外国争一旦之命”[③]。与中国的情形不同，西方社会充分尊重个体的生命欲望，人们在“自由”的旗帜下享有自己的合法权利。“夫自由一言，真中国历古圣贤之所深畏，而从未尝立以为教者也。彼西人之言曰：惟天生民，各具赋畀，得自由者乃为全受。故人人各得自由，国国各得自由，第务令毋相侵损而已。侵人自由者，斯为逆天理，贼人道。其杀人伤人及盗蚀人财物，皆侵人自由之极致也。”[④]

面对中国的语境谈论西方的自由之道，严复深切地感受到，不改变国民的生存方式，调动他们争强争胜的斗志，中国无法与列强抗衡。“夫所谓富强云者，质而言之，不外利民云尔。然政欲利民，必自民各能自利始。民各能自利，又必自皆得自由始。欲听其皆得自由，尤必自其各能自治始。反是且乱。”[⑤] 在这种寻求富强的思路中，国民的“自利”是最初的起点，只有民众的私利能得到满足，所谓“自由”、“自治”和“富强”才有了依托。否则，一切都无从谈起。

但是，严复对个人欲望的肯定，并没有停留在纯粹的私利、私欲的层面。在他看来，个人欲望的勃发，与“自强保种”是紧密联系在一起的。他引用顾炎武的话说，“民不能无私也。圣人之制治也，在合天下之私以为公。”在民族国家处于危急存亡之际，严复深切地感到，“欲进吾民之德，于以同力合志，

---

① 严复：《天演论按语》，见《天演论》，商务印书馆 1981 年版，第 37、85 页。

② 严复：《论世变之亟》，《直报》1895 年 2 月 4—5 日。

③ 同上。

④ 同上。

⑤ 严复：《原强》，《直报》1895 年 3 月 4—9 日。

联一气而御外仇，则非有道焉，使各私中国不可也。”[1] 这也是他翻译和介绍《天演论》的一个重要原因。《天演论》正式出版于1898年4月，此前曾在《国闻汇编》上连载。严复力图用“物竞天择，适者生存”的进化论，来激励国人的生存意志，努力奋发图强。“物竞者，物争自存也。天择者，存其宜种也。意谓民物于世，樊然并生，同食天地自然之利矣，然与接为构，民民物物，各争有以自存。其始也种与种争，群与群争，弱者常为强肉，愚者常为智役。”[2] “争”是生物界的普遍现象，欲望是一种客观的存在，正视“弱肉强食”的社会环境，就是为了摆脱被奴役的命运。

一个有趣的现象经常被学界提起，严复翻译的《天演论》，书名只用了原名的一半，赫胥黎的原著书名为《进化论与伦理学》。更重要的是，赫胥黎在书中对社会达尔文主义进行了抨击。而严复并非没有意识到这一点，他在《天演论》的按语中，对赫胥黎的观点予以反驳，认为生存竞争、自然选择的进化规律，同样适应于人类社会。在严复的心中，有一个巨大的功利目的，他引入进化论的自然科学成果，并将其升华为一种人生哲学和历史哲学，力图改变中国人传统的思维模式。“人欲图存，必用其才力心思，以与是妨生者为斗。负者日退，而胜者日昌”[3]。这样，欲望就转化为一种生存意志，“私欲”和“公心”在更高意义上达成一致，“争”、“斗”实际上也就有了哲学基础。

严复译介《天演论》之后，“物竞天择，适者生存”，确立了一种全新的世界观，它是建立在西方自然科学的基础上，事实上是对科学和理性的高扬。对当时的中国人来说，这种新的世界观、人生观具有发聋振聩的作用。胡适曾说，“《天演论》出版之后，不上几年，便风行全国，竟做了中学生的读物了……在中国累次战败之后，在庚子辛丑大耻辱之后，这个‘优胜劣败，适者生存’的公式确是一种当头棒喝，给了无数人一种绝大的刺激。几年之中，这种思想像野火一样，燃烧着许多少年人的心和血。”[4] 译介《天演论》是严复

① 严复：《原强》，《直报》1895年3月4—9日。

② 同上。

③ 严复：《天演论按语》，见《天演论》，商务印书馆1981年版，第37、85页。

④ 胡适：《四十自述》，见《胡适文集》第三卷，北京燕山出版社1995年版，第179页。

一生中值得大书特书的一笔，它对近代中国报刊评论乃至思想文化的影响是难以估量的。自此，报刊评论有关欲望叙述的方式也为之一变，欲望的话语转换获得了新理论依据，个人的生存发展和民族国家的危机存亡被提升到社会进化的客观规律的高度。同时，现代性的时间观念，即线性的、发展的和不可重复的时间观念，逐步取代了中国传统的历史循环论，现代与传统、进步与落后等二元对立的结构模式日益凸显。

现代性追寻与报章文体变革

现代性的内驱力，使晚清报刊评论的面目焕然一新，这不仅体现在话语内涵上，也显示在文体形式上。现代性昭示着一种打破成规的冲动、一种创造的精神。在晚清的大众媒介上，一场以“新”为核心范畴的报章文体变革蓬勃兴起。

关于政论文体的出现，阿英指出：“由于新闻事业的发达，在清末产生了一种新型文学，就是谭嗣同所说的‘报章文体’，也就是‘政论’。这种文字，在当时影响很大。敢于说话，无所畏忌，对于当前发生的事件，时有极中肯的论断。这种政论，在中、日战争年代，已显出了它的力量。到戊戌政变以后，更成为一种无上权威。”[①]“政论”的出现，顺应了当时社会意识和社会心理的重大变化。晚清的思想启蒙者不断向着陈旧的思想文化规范发起冲击，用反常规的言说方式挑战僵化的传统观念，用汪洋恣睢的文字表达破旧立新的意愿。新的观念、新的题材、新的现实，拓宽了报章文体评论的疆域。就连一向以折中公允姿态出现的上海《时报》，也在栏目设置上把言论放在十分重要的地位。该报首先将梁启超的《新民丛报》上创造的“时评”这种新的报章文体移植于日报，开辟了“时评一”、“时评二”、“时评三”三个栏目，聘请陈景韩、包天笑、雷奋分别主持评论国内大事、外埠新闻和本埠新闻。胡适《十七年的回顾》一文中说：“《时报》的短评，在当日是一种创体”，“这种短评，在现在已成了日报的常套了，在当时却是一种文体的革新。用简短的词句，用冷隽明利

① 阿英：《关于甲午中日战争的文学》，见《阿英全集》第五卷，安徽教育出版社2003年版，第563页。

的口吻，几乎逐句分段，使读者一目了然，不消费功夫去点句分段，不消费功夫去寻思考索。当日看报人的程度，还在幼稚时代，这种明快冷刻的短评，正合当时的需要。”报刊上众多令人眼花缭乱的言论栏目，既使版面活跃，也为评论作者提供施展才华的舞台。

晚清启蒙者在标新立异的现代性趋向中，也创造出了多种多样的报章评论文体风格。王韬说：“文章所贵在乎纪事述情，自抒胸臆，俾人人知其命意之所在而一如我怀之所欲吐，斯即佳文。至其工拙，抑末也。”[①] 王韬、郑观应、梁启超、麦孟华、徐勤、唐才常、谭嗣同等，在政论的撰述方面，都体现出不拘一格、吐故纳新的文体特征。诚然，“时新学初兴，为政论者辄以算术、物理与政事并为一谈……而好援其术语以附政论”[②]。这种政论文章是从八股文、桐城派古文、骈文里解放出来的，中间夹杂着作者信手拿来的域外新名词、新概念，在文体混杂中表达新的思想和观念。报刊评论的“体裁之博硕，纲领之汇萃”[③]，丰富了表现的领域和功能，打破了传统的文体偏见，虽然其写作技巧还存在粗糙之处，但它营造了全新的言说空间。

从瓦解旧体裁中生发出来的报章“新文体”，象征了个体从规范之中的突围，传统写作上的所谓“宗派”、“义法”、“戒律”都彻底被打破了。从本质上说，报刊评论应该拒绝文体形式的压迫，自由地表达个人的思想和情怀。梁启超的政论文体便以其超越经验的理性思考，将报刊评论升华到一个新的高度和境界。梁启超说：“吾辈之为文，岂其欲藏之名山，俟诸百世之后也！应于时势，发其胸中所欲言。”[④] 他提出“报章之良”的标准有四：“一曰宗旨定而高，二曰思想新而正，三曰材料富而当，四曰报事确而速”[⑤]。他认为评论应该“公、要、周、适”，报道则当“博、速、确、直、正”[⑥]。他将“开文章之

① 王韬：《弢园文录外编·自序》，上海书店出版社 2002 年版，第 1 页。

② 章太炎：《太炎先生自定年谱》，香港龙门书店 1965 年版。

③ 谭嗣同：《报章文体说》，《时务报》第三十册，1897 年 6 月 21 日。

④ 梁启超：《〈饮冰室文集〉原序》，见《饮冰室文集点校》第一集，云南教育出版社 2001 年版，第 1 页。

⑤ 梁启超：《本馆第一百册祝词并论报馆之责任及本馆之经历》，《清议报》第 100 期，1901 年 12 月 21 日。

⑥ 《时报发刊例》，《时报》1904 年 6 月 12 日第 1 号。

新体，激民气之暗潮"[①]，进行文体创造、体式立异视为自己一时的使命。梁启超等人的报刊评论，对当时的读者而言，既是陌生而新奇的，也是一种现代社会意识的启蒙，有力地促进人的意识的现代化。严复称梁启超"自甲午以后，于报章文字，成绩为多，一纸风行，海内观听为之一耸。"[②] 率性而为的报刊文字，能形成如此大的舆论力量，固然与特定时代的社会心理有关，同时也是文体革新、现代性观念冲击等多种因素复合的结果。

必须指出，现代性不是一个时间概念，也不能作僵化的、一成不变的理解，它是在动态中展开的精神文化之旅。晚清启蒙者的报刊评论便在时间的动态延伸中表征出现代性的面孔，它们数量繁多而极其庞杂，从其精神指向和表现形式来看，都充满了弹性和张力，并以其多样的色调，显示出时代内涵的丰富性，在一定程度上为轰轰烈烈的"五四"新文化运动做了必要的铺垫和舆论准备。到李大钊、陈独秀、胡适、鲁迅等人那里，他们的报刊评论达到了一个新的精神文化高度，从一个侧面折射出"五四"狂飙突进的时代精神，中国的现代性追求在"德先生"、"赛先生"大旗的引导下被推向了高峰。

二　文学杂志、小说理论和现代性

现代性视阈中小说"新民"、救国的神话

1902年，中国第一份真正的文学杂志《新小说》创刊。梁启超在《新小说》创刊号上，发表了《论小说与群治之关系》一文。这篇文章以梁启超惯有的热情、雄辩的气势，一反传统文学观念，提出"小说界革命"的口号，并对"小说"重新命名："欲新一国之民，不可不先新一国之小说"，"小说为文学之

① 梁启超：《本馆第一百册祝词并论报馆之责任及本馆之经历》，《清议报》第100期，1901年12月21日。

② 严复：《致熊纯如书》，《学衡》1922年第12期。

最上乘”。梁启超不仅将小说抬到各类文体的中心位置，而且把它和“改良群治”、“新民”联系起来，认定“小说有不可思议之力支配人道”。

“新”小说和“新”民之间建立起了必然关系，这是近代以来才确立的一种有关社会和文化的宏大假设。为了支持这种假设，梁启超提出了一个关于近代社会特性及文学在社会中地位的完整规划或典型看法。戊戌变法失败以后，梁启超痛心于“吾国言新法数十年而效不睹”的事实，深刻地反省政变失败的原因。他在1902年的《新民丛报》上，提出“新民为今日中国第一急务”，并于同年10月创办了《新小说》，将文学杂志和小说叙事纳入民族救亡的主旋律，使之成为现代性启蒙话语的一部分。

梁启超的小说革新观念，在清末民初有着巨大的反响。天僇生声称“今日诚欲救国，不可不自小说始，不可不自改良小说始”[①]。陶佑曾也把小说看成是“二十世纪的中心点”，“列强进化，多赖稗官；大陆竞争，亦由说部”[②]。毫无疑问，《新小说》的创刊，“小说界革命”口号的提出，揭开了20世纪中国小说史的真正序幕，小说被推到社会文化活动表演的前台。中国小说长期作为边缘文类存在，被视为“出于稗官，街头巷语，道听途说之所造”[③]，或者贬作“猥鄙荒诞，徒乱耳目者”[④]，不被主流文化所认可，亦不能名正言顺地分享社会文化领域内的叙述话语权。在这样的传统文化背景下，梁启超将文学杂志作为现代性传播的重要阵地，寻找新的启蒙载体，提出“小说为文字之最上乘”，要让它占领文学话语的中心位置，使之成为合法的主导叙述，这不可不谓惊世骇俗。梁启超开风气之先，堪称近代小说理论重要的奠基者。

不过，从文学思潮本身的传承以及流变的角度来看，“小说界革命”实则酝酿已久。早在1872年，蠡勺居士在《昕夕闲谈·小叙》中，即指出小说艺术“其感人也必易，而其入人也必深”。1897年，严复、夏曾佑在《〈国闻报〉附印说部缘起》中，阐述了小说的文体特征及社会功用，认为小说写“人心所构之史”，区别于“人身所作之史”，小说的力量可以达于“贩夫市贾、田夫野

① 天僇生：《论小说与改良社会之关系》，《月月小说》（1907）第1年第9号。

② 陶佑曾：《论小说之势力及其影响》，《游戏世界》1907年第10期。

③ 班固：《汉书·艺文志》。

④ 纪昀：《四库全书总目》卷一四三·子部·小说家类存目一。

老、妇人孺子之类”。这些见解触及小说艺术的一些重要的文本特点，揭示出小说文体独有的类型价值及不可低估的社会功用，无疑为梁启超的“小说界革命”作了理论的准备。

“小说界革命”的功绩，在于它客观上帮助白话小说提高了文化地位，促成了近代资产阶级启蒙思潮与文学话语的联姻，也带来了近代小说创作的繁盛。从梁启超1902年创办《新小说》，到徐枕亚1918年创办《小说季报》，先后发行的小说期刊在50种以上；成册的小说著译印行达一千数百种，开历史上前所未有的局面。撇开这些，我们所要着重探讨的是梁启超为实现传统小说向近代小说过渡所采取的变革策略。

先看梁启超等人对中国古典小说的态度。非常奇怪的是，在对待中国古典小说的态度上，梁启超等几乎和传统目录学家的观点并无二致。梁启超在《译印政治小说序》中写道：“中土小说，虽列之于九流，然自《虞初》以来，佳制盖鲜，述英雄则规画《水浒》，道男女则步武《红楼》，综其大较，不出诲盗诲淫两端。陈陈相因，涂涂递附，故大方之家，每不屑道焉。”梁氏的这种评判，代表了晚清新小说提倡者的普遍观点，后来的批评话语中便不断重申这种价值判断。1903年《绣像小说》第一期上就有这样的文字：“支那建国最古，作者如林，然非怪谬荒诞之言，即记污秽邪淫之事；求其稍裨于国、稍利于民者，几几乎百不获一。”[①] 那么，我们不禁要问，导致古今众口一词对中国古典小说贬损的原因究竟是什么？其实，班固所说的小说“盖出于稗官”、“是以君子弗为”之类的经典表述，一语中的，道出了古典小说的民间取向。从深层来看，作为民间意识形态的载体，古典小说传达的是民间的趣味、欲望、价值和理想。杨义在对中国小说进行本体认定时指出：古典小说“由于它的界限模糊，较少清规戒律，也容纳了许多不受规范束缚、不拘传统格套的，因而是新鲜的或充满野性的才华。加上它的故事性、通俗性和娱乐性等基本特征，又联系着人类好奇、乐生的天性，联系着人类宣泄苦闷、表现自我的内在欲望，它那种为正统文学观所排斥的文体价值，却在人类本性和智慧上获得了更带本质意义的肯定和说明。”[②] 因此可以说，古代小说名义上试图以神圣说教构建一

① 商务印书馆主人：《本馆编印〈绣像小说〉缘起》，《绣像小说》1903年第1期。

② 杨义：《中国古典小说史论》，中国社会科学出版社1995年版，第4页。

个礼乐乌托邦世界，实则通过对个体生命感性欲望的张扬消解着主流意识形态的合法性，显示了对权威中心话语系统的离心力。

从某种意义上说，小说的本性是砸毁偶像，追求新的感受，寻求新的艺术探索和人性归依。中国小说从文体的孕育到《吴越春秋》等杂史杂传，然后发展为魏晋志怪、志人小说，以及唐传奇和宋元话本，最后演化成体式庞大的章回小说，这里不仅体现了小说形式的未完成性，而且就它所描写的世界而言，它持续地在人的意识深处发动着潜在的革命，反叛官方文化的规范。在中国小说流变史上，主流话语系统始终对小说叙事采取歧视、排挤、压迫的态度，但根本无法规范它，不能使之成为正史或主流话语的参数和补充。一方面是主流话语系统"中心化"的力量，另一方面则是小说叙事的"离心力"。虽然"中心化"的力量统治着中国的社会文化，但小说始终是民间野性的精灵，一旦官方意识形态失控，小说就喷发出巨大的反叛能量，甚至以描写悖于常规叙事内容的方式出现。

这样，我们就可以充分理解何以梁启超等人在提倡新小说的同时对传统小说是如此反感，以致将《水浒传》、《红楼梦》等全部都戴上"诲盗诲淫"的帽子。事实上，在梁启超那里，真正能够成为"文学之最上乘"的小说，不是传统意义上的那种，而是被规范过的、重新命名的"新小说"，即能够"改良群治"且"新民"的"政治小说"，这种"新小说"是和传统小说的"诲盗诲淫"、"陷溺人群"、"含有秽质"、"含有毒性"相对立的。显然，梁启超在现代性的视阈中营构了一个小说"新民"、救国的神话，这个神话谱系的中心是"政治"。"小说界革命"的终极目标是重建社会政治秩序、开启民智，而小说自身的文体价值、文本地位实际上并没有多大的变化。这就解释了为什么在改良运动的政治目的完全消失以后，梁启超反过来又指责"新小说"："近十年来，社会风习，一落千丈，何一非所谓新小说者阶之厉？循此横流，更阅数年，中国殆不陆沉焉不止也。"[①] 而后他在《国学入门书要目及其读法》中，完全排斥小说，"苟非欲作文学专家，则无专读小说之必要"。小说的地位在他心目中依然不入中国文化主流（"国学"）。这种前后矛盾现象，说明梁启超的

① 梁启超：《告小说家》，《中华小说界》二卷一期。

小说观念乍新还旧，貌似激进实际保守。而这又正是那个过渡时代所独有的典型特征。

文学杂志的规范化操作

戊戌变法把康有为、梁启超推上了政治舞台，维新之梦驱动着他们去寻找救国救民之道。在社会文化领域内，梁启超的注意力由先前的“诗界革命”转向了“小说界革命”。早在1898年，梁启超即认为：“彼美、英、德、法、奥、意、日本各国政界之日进，则政治小说，为功最高焉。”[①] 梁启超是以政治家的身份和眼光来观照文学领域的，文学杂志实质上也成了他进行舆论宣传的工具和载体。很明显，梁启超命名的“新小说”之所以被抬到文学殿堂占据至高无上的地位，是因为它分享了政治话语的光荣，或者说小说叙事本身即是政治话语、启蒙话语的一部分。为了强化自己对“小说”命名的效力，梁启超引进了西方小说话语这样的“他者”参照系，重新审视本国的叙事传统，进而提出“维新”后的小说理想邦的“建国方案”。

很可能出自《新小说》主编梁启超之手的《中国唯一之文学报〈新小说〉》一文，较完整地体现了“小说界革命”的某种“施政”策略，以及对小说叙事规范化操作的企图。此文详细列出了《新小说》杂志准备刊登的各类小说：历史小说、政治小说、哲理科学小说、军事小说、冒险小说、探侦小说、写情小说、语怪小说、札记体小说、传奇体小说等十种。这其中最令人感兴趣的，莫过于梁启超他们对待“写情小说”的态度了。试看梁启超在《论小说与群治之关系》中对言情小说的批判：“今我国民轻薄无行，沉溺声色，绻恋床第，缠绵歌泣于春花秋月，销磨其少壮活泼之气，青年子弟，自十五岁至三十岁，惟以多情多感多愁多病为一大事业，儿女情多，风云气少，甚者为伤风败俗之行，毒遍社会，曰惟小说之故。”这些激烈的言辞仿佛宣判了言情小说的死刑。但在另外的文章中，梁启超他们的态度有些缓和。前面提到的《中国唯一之文学报〈新小说〉》一文，署名“新小说报社”的作者承认：“人类有公性情二：

① 任公（梁启超）：《译印政治小说序》，《清议报》（1898年）第一册。

一曰英雄，二曰男女。情之为物，固天地间一要素矣”；同时声称：“本报窃附《国风》之义，不废《关雎》之乱，但意必蕴藉，言必雅驯”，并声明“本报宗旨，专在借小说家言，以发起国民政治思想，激励其爱国精神。一切淫猥鄙野之言，有伤德育者，在所必摈”。从这里可以看出，“新小说”倡导者们对言情小说的态度十分矛盾，正是这种矛盾，彰显了时代文化语境的巨大张力。

首先，在近代资产阶级启蒙主义思潮的影响下，“社会事件并非晚清小说所专注的唯一主题，因为爱情与感情主题的重要意义也日益增长。这两类主题经常交织在一起……表现出敏感的个人命运与无情的社会压迫力量之间的冲突。”① 情感从“礼教大防”中获得了一定程度的解放，“新小说”倡导者也承认“男女”为人类的“公性情”。

其二，自《西厢记》、《金瓶梅》、《红楼梦》以来，传统的“言情”势力本来就很强大，甚至与普通民众的生命欲望息息相通，因此，“新小说”倡导者就不可能简单地以“诲淫”的道德裁决来扼杀它的生命。

另外，“小说界革命”的目的，也并非就是要实现“政治小说”单一话语的独白，因而《新小说》杂志社列出了准备刊载的诸多小说类型，甚至包括了一些旧体制（写情、语怪、札记体、传奇传）。不过，值得注意的是，旧体制特别是言情小说要进入小说理想邦，首先不能“淫猥鄙野”、“有伤德育”，必须经过伦理化、道德化的处理，消除传统体制的“毒性”，使之纳入到主流话语体系的规范和控制之下，成为构建社会道德秩序的一种工具。举例说，在新小说批评家眼里，“小说之叙家庭不难，而叙尚德育之家庭则甚难。叙尚德育之家庭，而又兼写艳情则更难。写艳情而不妨于德育，反能有裨益于德育，则难之又难”②。这里的“德育”实际上还是那一套封建伦理道德：“盖写情小说，非欲诏人以男女相恋爱之事也，以欲作人温柔敦厚之性，而使之日进于慈良，则不可不有以牖启其仁爱笃厚之性。”③ 实际上，梁启超等人是要以堂皇

① ［加拿大］米列娜编：《从传统到现代——19 至 20 世纪转折时期的中国小说》，北京大学出版社 1991 年版，第 9 页。

② 蓢庵：《〈闺中剑〉评语》，《闺中剑》由小说林社 1906 年出版。

③ 成之：《小说丛话》，《中华小说界》1914 年。

话语消泯传统小说的民间性特质，将政治、伦理的动机取代个体生命欲望叙述的动机。换言之，梁氏等人设置了一个凌驾于个体之上的民众、社会、政治或国家“神本”，来置换表达个体生命欲望的“文本”，这就是晚清新小说倡导者的“施政”策略。其措施具体表现为，将小说类型划归不同的等级，对“政治小说”大力提倡，“社会小说”多有赞赏，“写情小说”则严格控制。阿英在《晚清小说史》中回顾晚清小说的特色时曾指出：“两性私生活描写的小说，在此时期不为社会所重，甚至出版商人，也不肯印行。杂志《新小说》、《绣像小说》，所刊载作品，几乎无不与社会有关”①。这种局面不能不归功于“小说界革命”所推行的话语实践。

应该说，“小说界革命”的动机是极其高尚的，它寄托了维新志士“改良群治”、“新民”的政治理想，表达了近代变革先驱者试图将小说创作与启蒙主义思潮相结合的文化要求。但是，在这种崇高动机的背后，小说却成了实现政治目标的工具，这也就严重偏离了小说艺术自身的文体价值和发展规律。因此，晚清“新小说”倡导者的“施政”策略根本无法解决创作实践中“神本”政治和“文本”叙事之间的矛盾，“神本”精神没有也不可能统辖一切。这与其说是梁启超他们理论上的疏忽，不如说是小说话语自身的运作规律使然。尤其是进入民国之后，新小说理论上的弊病日益显露出来，一些作家表示出了对梁启超等人所创立的小说“新民”、救国观念的极端失望：“时彦之论小说也……其推崇小说家也，曰大豪杰，曰大圣贤，曰大教育家，其位置之高将升诸九天以上。今竟何如乎？则曰：群治腐败之病根将藉小说以药之，是盖有起死回生之功也。而孰知憔悴萎病，惨死堕落，乃益加甚焉……呜呼，向之期望过高者，以为小说之力至伟，莫可伦比，乃其结果至于如此，宁不可悲也耶？”② 而近代本是一个权威意识形态失落的时代，文化亦相应失范。“小说界革命”的口号尽管提得轰轰烈烈，但梁启超等人所极力鼓吹的“政治小说”成绩平平，而言情小说虽经严格限制却早已蜂拥而上，在辛亥革命后竟至高潮迭起，鸳鸯蝴蝶派小说拥有庞大的势力。言情小说不只是“儿女情多”、“风云气少”、“英雄血”为“美人泪”所点缀，甚至是一时间侠情、痴情、怨情、艳

① 阿英：《晚清小说史》，东方出版社 1996 年版，第 5 页。

② 包天笑：《小说大观宣言短引》，《小说大观》1915 年第 1 期。

情、哀情、惨情、妒情、奇情、苦情等等蔚为大观，以至新小说批评家大声疾呼严辩“淫词惑世与艳情感人之界线”①。

被误读的情爱和欲望

“小说之足以动人者，无若男女之情”②，“男女之爱，人性自然”③，但清末民初的“男女之情”被严格地限制在“发乎情止乎礼义”的范围内。说来令人不可思议，甚至就是“专写妓院的说部”——狭邪小说，以所谓的“兽欲鬼窟”、“醇酒妇人”④ 为题材，其中却很少色情场面的描写。早期的《海上花列传》不用说，连鲁迅所指出的狭邪小说中溢恶的代表作《九尾龟》，号称“嫖学教科书”，可是在性描写上却写得非常抽象和概念化。相对于“五四”小说家在两性题材处理上的大胆直露与惊世骇俗，清末民初的小说家可说是自愧弗如。

值得研究的是，鸳鸯蝴蝶派小说的“言情之正”不仅不被新小说批评家所理解，而且到了“五四”时代仍被视为“诲淫”。文学史家陈平原这样评论道：“五四作家批评鸳蝴作家‘诲淫’，可以说是一种不必要的误解。几个主要的鸳蝴作家，其言情小说的毛病不但不是太淫荡，而是太圣洁了——不但没有性挑逗的场面，连稍为肉欲一点的镜头都没有，至多只是男女主人公的一点‘非分之想’。”⑤ 言情小说在文学史上的地位及其实际演进，的确是一个值得深入探讨的问题。早在 20 世纪 40 年代，朱自清先生就指出：“鸳鸯蝴蝶派的小说意在供人们茶余饭后消遣，倒是中国小说的正宗。”⑥ 可以说，言情小说乃至中国小说不被晚清批评家重视，关键就在于其作为消遣性的民间趣味，或者作为个体生命欲望的叙述对整个主流话语系统的离心力。这倒不是说清末民初的言情小说取得了多大的成就。事实上，言情小说家过分拘囿于传统，缺少应有的

① 光翟：《淫词惑世与艳情感人之界线》，《中外小说林》1908 年第 17 期。
② 林纾：《〈不如〉序》(1908 年)。
③ 成之：《小说丛话》，《中华小说界》1914 年。
④ 李大钊：《〈晨钟〉之使命》，《晨钟报》1916 年 8 月 15 日创刊号。
⑤ 陈平原：《二十世纪中国小说史》(第 1 卷)，北京大学出版社 1989 年版，第 214 页。
⑥ 朱自清：《论严肃》，《中国作家》1947 年 10 月创刊号。

艺术探索的真诚，加上缺乏深刻的理论导引，他们只能将民间趣味、个体生命欲望恶性演绎为奇情、艳情、哀情等滥情和煽情倾向，并且在“才子佳人”模式里填塞着伦理、道德的说教，有的沾上了洋场、租界低级庸俗的恶趣，这些都妨碍了他们探索情爱、欲望和人性的深度。清末民初的言情小说并没有真正呈现出民间文化、市民文化的精髓，更缺乏精英文化的向度，因此，它被长时间的误解也就理所当然。

但我们无法漠视的事实是，言情小说在当时拥有无数为之倾倒的读者，而这又是梁启超他们提倡的“政治小说”所不能比拟的。仅以鸳鸯蝴蝶派的开派小说《玉梨魂》为例，这部小说于民国初年的《民权报》连载，风行一时，单行本再版几十次，先后印销数十万册，其影响及至香港、新加坡等处，书商纷纷翻刻此书。在一个贫乏的时代里，言情小说暗合了普通民众朦胧觉醒的人性渴求，一定程度上激发了市民阶层的生命向往。诚如日本学者中野美代子所说：“无论‘鸳鸯蝴蝶派’小说有无存在的意义，也不论社会时局如何变化，它确实一直存在于大众之中，受到人们的喜爱。这是身处黑暗时代的民众的梦，虽然是不可能实现的幻影，然而却是美好的。”[①] 的确，言情小说的空前繁盛，也只会出现在那个时代——作为历史转型期独特的文学、文化现象。“小说界革命”打开了文学史上前所未有的局面，政治意识形态话语和小说叙事紧密结合起来，客观上提高了小说的地位，刺激了小说创作的繁荣。又因为政治小说缺乏“小说中之神采趣味”[②]，实际上使得大多数读者的阅读兴趣转向了言情小说，这也就同时宣告了梁启超等人所企盼的小说救国理想的破灭。

不管怎样，传统小说向近代小说的实质性转换，是从梁启超那一代人开始的。在一定程度上，“五四”精英继承了梁启超创办文学报刊的思路，只不过后来者的理念更清晰、姿态更激进、影响更深远。与梁启超一样，“《新青年》同人所以提倡文学革命，本来就不是出于对文学的虔敬，他们不过想从这里打开缺口，为新思想凿通一条传播的渠道。”[③] 这便是启蒙者共同的文学理念和

① ［日］中野美代子：《中国人的思维模式》，中国广播电视出版社1992年版，第56页。

② 黄遵宪：《致梁启超》（1902年11月），参见《梁启超年谱长编》第3册（1902—1905年）。

③ 王晓明：《一份杂志和一个“社团”》，《上海文学》1993年第4期。

传播策略。

清末民初，小说革新的旗帜高高举起，至“五四”时代真正完成小说现代性的转化。历史地看，“小说界革命”是“五四”现代小说变革的前奏，从此，文学报刊、小说叙述便与以启蒙理性、民族主义话语为特征的“宏大叙事”（grand - narrative）结下了不解之缘。

第八章　欲望叙述及其文化观照

一　欲望的理性化叙述

近代以来，在中国传统文化日渐衰微的大背景下，为了拯救世道人心，激发个体参与历史变革的欲望，先进的知识分子从西方借来了民主、科学和理性，以大众传媒为载体进行广泛启蒙。思想文化变革的蓬勃展开，在很大程度上依赖传播策略、方式和手段的更新。

在传播现代性的启蒙者那里，“人”被叙述为理性的存在，用理性解决社会和文化危机，确证自身的价值，获得欲望的满足。理性将个体的权利从封建主义的精神枷锁中解救出来，并引导人们超越自身的私欲，积极投身民族国家新生的时代进程。民族国家的再造过程，同时也是文化和传媒对“人”的重塑过程。面对欲望，理性表现出了双重功能：一方面，它确立了“人”的价值和尊严，在一定程度上唤醒了感性欲望；另一方面，它又将个体需求统摄在时代的最高律令之下，为“人”制定了新的生存规范。这其中正体现出了现代性对欲望的话语转移，用个性主义、民族主义的价值系统为个体人生创造意义，引导欲望的发展方向。

理性话语在中国的传入

19世纪、20世纪之交，古老的中国大地正处在文化巨变的前夜。山雨欲来风满楼，封建专制社会解体的声音越来越清晰，传统文化构筑的欲望“故事”也渐失魅力。中日甲午海战之后，一些知识分子痛定思痛，开始反省中国在军事和外交上溃败的文化根源，向西方求索新知识、新思想，激发人们救亡图存的意愿，改造传统的社会结构和人生模式，寻找新的欲望叙述范型和思想表达空间。理性话语在这种背景下进入了中国，经由各种传播中介，辐射到不同层面的受众。

梁启超曾言，今日之中国欲自强，当以译书为第一事。这也代表了晚清先进知识分子的思想认识，表达了精神文化重建的宏大抱负。在引进西方理性话语的过程中，严复无疑作出了卓越贡献，他主要通过创办报刊、翻译域外著作来传播现代性。1895—1909年，严复翻译出版了赫胥黎的《天演论》、亚当·斯密的《原富》、斯宾塞的《群学肄言》、约翰·穆勒的《群己权界论》、甄克斯的《社会通诠》、孟德斯鸠的《法意》、穆勒的《名学》、耶芳斯的《名学浅说》等多种域外名著。1897年，严复与王修植、夏曾佑等在天津创办《国闻报》，著文立说，介绍西学，批评时政，成为近代中国的启蒙先驱。据学者考订，严复在该报发表的社论和其他文字共27篇。这些报刊政论文，对严译名著精义作了深入阐述。《国闻报》跟当时梁启超在上海创办的《时务报》同声相应，引领时代思潮。正如梁启超所说，“西洋留学生与本国思想界发生关系者，复其首也。”① 蔡元培在《五十年来中国之哲学》中也指出：“五十年来，介绍西洋哲学的，要推侯官严复为第一……他译的最早，而且在社会上最具影响的，是赫胥黎的《天演论》。此书出后，‘物竞’、‘争存’、‘优胜劣败’等词，成为人人的口头禅。”数年之间，许多进化名词在当时的报章杂志上极为流行。刘再复认为这种思想维新也是现代文化的一部分，“中国现代新文化运动从1898年严复发表《天演论》和康梁

① 梁启超：《清代学术概论》，上海古籍出版社1998年版，第98页。

维新运动前后发表一系列论著，就拉开了新文化运动的序幕了。所谓新文化，乃是与中国固有文化相区别的带有异质的文化，即以西方理念为参照系的文化。”[①] 刘再复把晚清维新思想运动视为“五四”新文化运动的前奏与序曲，是颇有见地的。

严复曾留学英国两年，对西方文化有较为深入的了解。正因为有跨文化的眼光，严复对中华民族危机处境的理解才会更痛切。他在世界观上力倡进化论，并对西方以逻辑学为代表的方法论给予了足够重视。蔡元培曾指出：“严氏于天演论外，最注意的是名学……严氏觉得名学是革新中国学术最要的关键”。[②] 天演哲学和逻辑学之所以深受严复推崇，这与他主张“鼓民力，开民智，新民德”的寻求富强的思路是一致的。在他那里，进化论展示了一部自然界、人类社会发展的竞争史，而逻辑学有助于规范人们的思维方法，最终使国民具备健全的人格，走上“自存”、“自立”、“自由”的道路。严复的这些思想，很大程度上是受到了斯宾塞、穆勒等人的影响。他在《〈群学肄言〉译余赘言》中便认为，斯宾塞的著作揭示了西方国家富强的经验，“以格致诚正为治平根本”。富强之道本于科技，科技本于方法，而方法本于人的思维方式的更新。出于这一认识，严复在 1905 年翻译出版了穆勒《名学》上半部，1908 年译讲《名学浅说》，该书于次年出版。于是，名学风行一时。

对西方名学的介绍，严复注意到了中西方文化的差异。“及观西人名学，则见其于格物致知之事，有内籀之术焉，有外籀之术焉。内籀云者，察其曲而知其全者也，执其微以会其通者也；外籀云者，据公理以断众事者也，设定数以逆未然者也……二者即物穷理之最要涂术也。”[③] 所谓“内籀”也即归纳法，“外籀”即演绎法。针对“中学”、“旧学”只重“师心自用”，严复大力提倡逻辑归纳法：“吾国向来为学，偏于外籀，而内籀能事极微……故曰：生今为学，内籀之术，乃更重也”。[④]

① 姜异新：《看得见与看不见的中国：刘再复访谈录》，《鲁迅研究月刊》2009 年第 3 期。
② 蔡元培：《五十年来中国之哲学》，《蔡元培全集》第四卷，中华书局 1984 年版，第 352 页。
③ 严复：《译〈天演论〉自序》，《天演论》，商务印书馆 1981 年版，第 8—9 页。
④ 严复译：《名学浅说》，商务印书馆 1981 年版，第 64 页。

严复之所以极力称赞归纳法，是因为他主张从实际经验出发，总结出普适的“公例”，而这种“公例”对人是“有用”的，它的普遍运用，能为欲望的满足提供理论依据。他说，“穆勒言成学程途虽由实测而趋外籀，然不得以既成外籀，遂与内籀无涉；特例之所苞者广，可执一以御其余。此言可谓见极。西学之所以翔实，天函日启，民智滋开，而一切皆归于有用者，正以此耳。旧学之所以多无补者，其外籀非不为也，为之又未尝不如法也，第其所本者大抵心成之说，持之似有故，言之似成理，媛姝者以古训而严之，初何尝取其公例而一考其所推概者之诚妄乎？此学术之所以多诬，而国计民生之所以病也。”[①]

在严复的视野中，“有用”是学术的最高归宿；而西学以其重实际运用的功利性，为人的发展开辟了新空间。晚近西学“言学则先物理而后文词，重达用而薄藻饰。且其教子弟也，尤必使自竭其耳目，自致其心思，贵自得而贱因人，喜善疑而慎信古，其名数诸学，则借以教致思穷理之术，其力质诸学，则假以导观物察变之方，而其本事，则筌蹄之于鱼兔而已矣。”[②] 西学教给人们以探求真理的方法，不迷信古人，因时而变。而中国的学术脱离实践，用一种高调的道德理想来回避人们的现实欲望。“盖学术末流之大患，在于徇高论而远事情，尚气矜而忘实祸。”[③] 他认为，古代文人所搞的各种五花八门的文艺、学术活动，如乾嘉时期的训诂考据等等，“一言以蔽之，曰：无用。非真无用也，凡此皆富强而后物阜民康，以为怡情遣日之用，而非今日救弱救贫之切用也。”至于那些“修己治人”的学说，如程朱理学，“侈陈礼乐，广说性理”，“一言以蔽之，曰：无实。非果无实也，救死不赡，宏愿长赊，所托愈高，去实滋远。徒多伪道，何裨民生也哉！”[④] 程朱理学要人们从礼法认“天理”，以读书穷理来解释格物致知，把人们引入歧途。“夫朱子以即物穷理释格物致知，是也，至以读书穷理言之，风斯在下矣。”[⑤] 至于陆王之学，“质而言之，则直师心自用而已。自以为不出户可以知天下，而天下事与其所谓知者，果相合

① 严复：《穆勒名学》按语，《穆勒名学》，商务印书馆 1981 年版，第 199 页。
② 严复：《原强》，《直报》1895 年 3 月 4—9 日。
③ 严复：《救亡决论》，《直报》1895 年 5 月 1 日—6 月 16 日。
④ 同上。
⑤ 严复：《原强》，《直报》1895 年 3 月 4—9 日。

否？不径庭否？不复问也。”[①] 他对“旧学”因循古训，拘泥于心造的陈规，提出了严厉批评。历代腐儒根据“心成之说”，扼杀人的欲望，禁锢民智，给国家和民族带来灾难。

就严复而言，无论是对天演论还是对名学的推崇，都可以归结为对西方科学的推崇、对理性的推崇。因为比较透彻地洞悉西方近代文明的特征，严复总结列强的经验，将科学、理性奉为圭臬是不难理解的。理性至上的观念在西方文化中有着根深蒂固的传统，“理性判断一直被认为是思维的高级形式”[②]，“让理性当家是高度文明社会的一个典型特征”[③]。

当然，严复对个人欲望的肯定也是有限度的，“自由”并不意味着欲望的“放诞、恣睢、无忌惮”。他特别指出，“自繇者凡所欲为，理无不可，此如有人独居世外，其自繇界域，岂有限制？为善为恶，一切皆自本身起义，谁复禁之。但自入群而后，我自繇者人亦自繇，使无限制约束，便入强权世界，而相冲突。故曰人得自繇，而必以他人之自繇为界。”[④] 也就是说，个人欲望的满足，不能以一种强盗逻辑出现，无端地侵害他人利益，这是一个公平、公正的理性社会所不可或缺的道德准则。只有处理好了群己关系，个体与群体才能和谐共处。严复认为，“利己”与“利群”并不矛盾，“利群”未必“害己”，“利己”也未必“害群”。但是，一旦群己利益发生冲突时，他是把“利群”放在首位的。“天演之事，将使能群者存，不群者灭；善群者存，不善群者灭。”[⑤] 深切的社会忧患意识，促使严复十分重视“合群”的现实意义。他在为《法意》所写的按语中强调，“特观吾国今处之形……而所以祛异族之侵横，求有立于天地之间，斯真刻不容缓之事”，“小己自由非今日之所急，而以合力图强……为自存之至计”。在严复的思想深处，民族国家具有绝对的支配力量，个人欲望即使有所萌发，也是从属于富国强兵的总主题。

① 严复：《救亡决论》，《直报》1895年5月1日—6月16日。

② ［美］丹尼尔·贝尔：《资本主义文化矛盾》，赵一凡等译，生活·读书·新知三联书店1989年版，第97页。

③ ［英］克莱夫·贝尔：《文明》，张静清、姚晓玲译，商务印书馆1990年版，第80页。

④ 严复：《〈群己权界论〉译凡例》，《群己权界论》，商务印书馆1981年版。

⑤ 严复：《天演论》按语，《天演论》，商务印书馆1981年版，第32页。

继严复之后大力宣传西方近现代理念的章士钊，1914 年 5 月在日本主编出版了《甲寅》月刊，成为西方启蒙理性、文化思想在中国传播的一个主要阵地。《甲寅》月刊在东京编印，上海发行，陈独秀、李大钊、胡适、高一涵、易白沙、杨昌济、吴虞、陶孟和、刘叔雅、谢无量等，均是该刊的作者。中国知识分子在日本开创新的言论空间，展开现代性方案设计，“输入政治之常识，阐明正确之原理”，《甲寅》月刊堪称《新青年》的先声。

启蒙报刊开创新的舆论空间

严复等人思想的传播，理性话语从域外引进，无疑为“五四”新文化运动的孕育作了准备。严复那一代人阐明了“民权”的内涵，区分了民与君、己与群、私与公等相对应的概念，在不否认“君权”、强调“合群”的前提下，给“民权”、私欲留下了一定的地盘。正是站在晚清以来先进知识分子所铺就的地基上，“五四”启蒙者拓展学习西方的视阈，进一步确立了民主、科学的地位，高举起“德先生”、“赛先生”的旗帜，全面颠覆“君权”、“父权”，真诚地信奉“人权”至上的思想，将“人”的解放和民族救亡作为一体二面的追寻目标，致力于人生模式的现代性转换和社会历史文化的变革。新文化运动催生了中国思想界百家争鸣的生动局面，各种学会、报刊如雨后春笋般涌现。借助理性这一工具，“五四”先驱在《新青年》、《新潮》、《每周评论》等传媒阵地上猛烈地批判传统的伦理道德。尤其是《新青年》的问世，标志着新文化运动的兴起。《新青年》引领着当时的文化潮流，启蒙精英则成了一段时期的精神导师，用新思想、新语言体式哺育青年一代。毛泽东在斯诺的《西行漫记》中回忆说：“《新青年》是有名的新文化运动的杂志，由陈独秀主编。我在师范学校学习的时候，就开始读这个杂志了。我非常钦佩胡适和陈独秀的文章，他们代替了已经被我抛弃的梁启超和康有为，一时成了我的楷模。”

《新青年》创刊伊始，前几期发行量并不大，读者反响也不强烈。后来，《新青年》连续发表言辞激烈的文章，并借助五四运动的风潮，用启蒙理性炮轰儒家三纲五常的陈规陋习，激发个人主义、个性解放的观念，浓墨重彩地书写一个顶天立地同时又是欲望复合物的“人”字，各界人士特别是青年学者和学生感觉这本杂志思想新颖、尖锐，文风泼辣、生动，刊物销量大大增加。思想观念的变革，推动传播内容和传播方式的创新。“五四”时期的启蒙报刊，打开了激进的思想解放的舆论空间。北京的《晨报》、《京报》、《国民公报》，上海的《民国日报》、《时事新报》等，相互呼应，建构起新文化传播的阵营。到五四运动后的第一年，中国涌现的新思潮报刊达 400 余种。

“五四”启蒙者对欲望的叙述，正是从对“人”的肯定开始的。陈独秀在《新青年》上撰文指出，西方的“人权”居于新文明价值的首要地位，“自千七百八十九年，法兰西拉飞耶特（Lafayette，美国独立宣言书亦其所作）之‘人权宣言’刊布中外，欧罗巴之人心，若梦之觉，若醉之醒，晓然于人权之可贵，群起而抗其君主，仆其贵族，列国宪章，赖以成立。”[①] 而他对人权的理解，又是以个人主义为基础的，所谓权利，“皆非个人以外之物”，“个人之自由权利，载诸宪章，国法不得而剥夺之，所谓人权是也。人权者，成人以往，自非奴隶，悉享此权，无有差别。此纯粹个人主义之大精神是也。”[②] 陈独秀认为，国家利益，社会利益，表面上与个人主义相冲突，实际是以巩固个人利益为本因。

从个人主义的立场出发，“五四”启蒙者提出了自己的人文理想，将欲望的满足寄托在现世，并相信自我改造世界的力量：“信任天不如信任人，靠上帝不如靠自己。我们现在不妄想什么天堂天国了，我们要在这个世界上建造‘人的乐园’。我们不妄想做不死的神仙了，我们要在这个世界上做个活泼健全的人。我们不妄想什么四禅定六神通了，我们要在这个世界上做个有聪明智慧可以戡天缩地的人……我们也许不信灵魂的不灭了，我们却信人格是神圣的，人权是神圣的。”[③]

标举人权，打倒神权，建立人化的宗教，为“个人利益”开路，“五四”先驱竭力冲破传统的罗网，呼唤“精神解放”。“现在是解放时代了！解放的声

① 陈独秀：《法兰西人与近世文明》，《新青年》第1卷第1号。

② 陈独秀：《东西民族根本思想之差异》，《新青年》第1卷第4号。

③ 胡适：《我们对于西洋近代文明的态度》，《胡适文集》第一卷，燕山出版社 1995 年版。

音，天天传入我们的耳鼓……一切解放的基础，都在精神解放。我们觉得人间一切生活上的不安、不快，都是因为用了许多制度、习惯，把人间相互的好意隔绝，使社会成了一个精神孤立的社会……什么国，什么家，什么礼防，什么制度，都是束缚各个人精神上自由活动的东西”。[①] 把“人”从各种束缚中解放出来，使个体生命获得存在的意义和价值，具备不依附于外在权威、秩序的神圣尊严感，这是“五四”先驱的强烈愿望。胡适后来回顾说，“民国六七年北京大学所提倡的新文化运动，无论形式上如何五花八门，意义上只是思想的解放与个人的解放。”[②]

在“精神解放”的过程中，最大的阻力来自于中国传统文化。古代社会以宗法家族制度为基础，形成了牢固的等级化的人伦秩序，束缚着人的个性和自由，个体的感性生命更是处于被遮蔽状态。陈独秀认定传统社会是一种宗法社会：“自游牧社会，进而为宗法社会，至今无以异焉；自酋长政治，进而为封建政治，至今无以异焉……宗法制度之恶果，盖有四焉：一曰损坏个人独立自尊之人格；一曰窒碍个人意思之自由；一曰剥夺个人法律上平等之权利；一曰养成依赖性，戕贼个人之生产力。”[③] 宗法社会以父权为中心，以血缘关系为纽带，建构起一整套依附性家庭伦理。“人”要解放自己，首先便须摧毁几千年的传统伦理道德。《新青年》同人对儒家礼教的伦理规范进行猛烈攻击，由此也缔造了启蒙报刊的社会影响力。

为了彻底批判宗法文化的“吃人”本质，确立“人”的生存意义与价值，“五四”精英力倡“伦理革命”。按照陈独秀的说法，中国人的“最后的觉悟”是伦理的觉悟。作为这种“最后的觉悟”的表现，新文化运动首先着力批判的是传统的礼治秩序，启蒙报刊传递着“五四”先驱反叛的声音。陈独秀发表《宪法与孔教》、《孔子之道与现代生活》，胡适发表《贞操问题》、《易卜生主义》，鲁迅发表《灯下漫笔》、《我们现在怎样做父亲》，吴虞发表《吃人与礼教》、《家族制度为专制主义之根据论》，李大钊发表《物质变动与道德变动》、《自然的伦理观与孔子》，颠覆传统的纲常伦理，为“人”的解放扫除文化上的

① 李大钊：《精神解放》，1920年2月8日《新生活》第25期。

② 胡适：《个人自由与社会进步——再谈五四运动》，《现代评论》1935年第150号。

③ 陈独秀：《东西民族根本思想之差异》，《新青年》第1卷第4号。

障碍，为欲望的扩张提供空间。

“重新估定一切价值”，成为“五四”时代一个响亮的口号，也是启蒙报刊传达的一个重要主题。胡适在谈及新思潮的意义时说，“现在所谓‘新思潮’，无论怎样不一致，根本上同有这公共的一点：评判的态度。孔教的讨论只是要重新估定孔教的价值……礼教的讨论只是要重新估定古代的纲常礼教在今日还有什么价值”。[①] 而价值重估的结果，是主张用一种新道德来取代“孔教”的陈规。李大钊对此作出了全新阐释，将道德变动与社会变动、物质变动联系在一起。他说，“道德是有动物的基础之社会的本能，与自己保存、种族繁殖、性欲母爱种种本能是一样的东西。这种本能是随着那种动物的生活的状态、生活的要求有所差异，断断不是什么神明的赏赐物。人类正不必以万物之灵自高，亦不必以有道德心自夸。”他在承认人的种种本能欲望的同时，将道德视为社会的本能，它随着社会生活的需要，因时因地而有变动，一代圣贤的经训格言，断非万世不变的法则。“什么圣道，什么王法，什么纲常，什么名教，都可以随着生活的变动、社会的要求，而有所变革，且是必然的变革。因为生活状态，社会要求既经变动，人类社会的本能自然也要变动。拿陈死人的经训抗拒人类社会之本能，是绝对不可能的事。”那么，新生活、新社会要求一种什么样的新道德呢？李大钊指出，“我们今日所需要的道德，不是神的道德、宗教的道德、古典的道德、阶级的道德、私营的道德、占据的道德；乃是人的道德、美化的道德、实用的道德、大同的道德、互助的道德、创造的道德!”[②] 在对新道德的礼赞中，“人的道德”被放在首位，这也代表了“五四”启蒙者的共识。

以“人”为中心的道德，它在为欲望立法的同时，也尊重人的情感、意志乃至本能。在“五四”启蒙者那里，新道德在冲破禁欲中复兴。他们力图唤起人的尊严感，肯定欲望的合理性，包括个体的感性生命。陈独秀明确指出，“执行意志，满足欲望（自食色以至道德的名誉，都是欲望），是个人生存的根本理由，始终不变的”。[③] 他认为，一切道德、法律等，不过是维持社会不得

① 胡适：《新思潮的意义》，《胡适文集》第一卷，燕山出版社 1995 年版，第 48 页。

② 李大钊：《物质变动与道德变动》，《新潮》1919 年第 2 卷第 2 号。

③ 陈独秀：《人生真义》，《新青年》第 4 卷第 2 号。

已的方法，为了个人乐生的意愿，应该建构起因时势而变更的新准则。快意生命，享受幸福，这才是人生的真义。

新旧道德更迭的背后，是“人”的深层观念的嬗变。周作人在提出“人的文学”时，便对“人”作出了“欲望化”的界定：“我们所说的人……乃是说，‘从动物进化的人类’。其中有两个要点，（一）‘从动物’进化的，（二）从动物‘进化’的。”[①] 在他看来，人是一种生物，人的一切生活本能，都是美的善的，应该得到完全的满足。人的“灵肉本是一物的两面，并非对抗的二元。兽性与神性，合起来便只是人性。”[②] 与周作人一样，陈独秀也断言人有“兽性”的一面。他用进化论者的话说，“吾人之心，乃动物的感觉之继续。人间道德之活动，乃无道德的冲动之继续。良以人类为他种动物之进化，其本能与他动物初无异致。所不同者，吾人独有自动的发展力耳。强大之族，人性，兽性，同时发展。其他或仅保兽性，或独尊人性，而兽性全失，是皆堕落衰弱之民也。”所谓“兽性”，就包含了“意志顽狠”、“信赖本能”、“顺性率真”等等意思在内。[③]

无论是周作人，还是陈独秀，他们在谈人性时，都选用了“兽性”、“进化”这样的词语，这里有着鲜明的针对性、强烈的时代感。当然，他们并非要把人还原为动物。事实上，他们论述的是神性、人性与兽性这一整体。而在这样的整体里，一直被迫“缺席”的“兽性”堂皇出场，本身意味着一种强调。“在不偏不倚姿态表面，话外音里的偏重是显而易见的。”[④]

基于灵肉一致的新人性观，周作人在为郁达夫的《沉沦》辩护时，援引“精神分析”的学说，认为《沉沦》“虽然有猥亵的分子却并无不道德的性质”，它写出了“一个病的青年的心理，也可以说是青年忧郁病的解剖，里边也带叙着现代人的苦闷，——便是性的要求与灵肉的冲突”。周作人在解释“灵肉的冲突”时，将肉欲、情欲视为“生的意志”的表现，它是一种天然的、合理的人性欲求，“所谓灵肉的冲突原只是说情欲与迫压的对抗，并不含有批判的意

① 周作人：《人的文学》，《新青年》第5卷第6号。

② 同上。

③ 陈独秀：《今日之教育方针》，《新青年》第1卷第2号。

④ 程文超：《意义的诱惑》，时代文艺出版社1993年版，第30页。

思，以为灵优而肉劣”。[①] 在周作人那里，情感、欲望、本能是构成个体感性生命的重要内容，“兽性”、“肉欲”无损人的形象。

对“五四”启蒙者来说，批判禁欲主义，释放人的欲望，但这并非要导向完全的纵欲。理性解放了个体私欲，它同时又建构起了新的社会规范，表征为新的抑制/激活机制。周作人在论述“人”的理想生活时说，必须营造一种利己又利他，利他即是利己的生活，“各尽人力所及，取人事所需”。“应该以爱智信勇四事为基本道德，革除一切人道以下或人力以上的因袭的礼法，使人人能享自由真实的幸福生活。这种‘人的’理想生活，实行起来，实于世上的人无一不利。”[②] 个人爱人类，自我的欲望释放不妨碍他人利益的获得，这样，社会才能和谐运转。

在自我与他者、个人与社会的双向互动中，“五四”先驱确信，每一个个体自身的欲望都实现了，社会也就处于一种完美的状态。他们强调人道主义“乃是一种个人主义的人间本位主义”，“要讲人道，爱人类，便须先使自己有人的资格，占得人的位置”。[③] 在此基础上，个体迸发出生命创造的活力。“人类最高的欲求，是在时时创造新生活”，“人类的生活，必须时时刻刻，拿最大的努力，向最高的理想，扩张传衍，流转无穷，把那陈旧的组织，腐滞的机能一一的扫荡摧清，别开一种新局面。”[④]

张扬生命活力，将个体欲望导向开创新纪元的历史实践，也就成了“五四”新文化运动最终的话语指向，个人利益与民族国家意志在社会发展方向的层面实现了统一。知识分子的思维方式和传媒文化的价值内涵，具有了新的维度。就像胡适宣称的，“现在有人对你们说：‘牺牲你们个人的自由，去救国家的自由！’我对你们说：‘争取你们个人的自由，便是为国家争自由！争你们自己的人格，便是为国家争人格！’”[⑤] 个人主义与民族主义结合为一体二面的整体。现代性对欲望的这种言说，体现了深层观念的革命，它具有划时代的意义，成为“五四”时期传媒话语和文化变革的一个重要价值取向，中国人对欲

① 周作人：《〈沉沦〉》，《自己的园地》，岳麓书社 1987 年版，第 61—62 页。

② 周作人：《人的文学》，《新青年》第 5 卷第 6 号。

③ 同上。

④ 李大钊：《新纪元》，《每周评论》1919 年 1 月 5 日第 3 号。

⑤ 胡适：《介绍我自己的思想》，《胡适论学近著》，商务印书馆 1936 年版。

望的叙述也彻底突破了旧的樊篱。

二 欲望理性化叙述的盲视

文化保守主义思潮的传播路径

“五四”先驱手执理性之剑披荆斩棘，他们在抽空旧伦理体系的基石、向往精神自由的同时，内心充溢着对高度物质文明社会的渴慕；他们急切地希望理性发挥现实功效，极力推崇它的功利效应。尤其是当“五四”先驱将科学理性提升到至高无上的地位时，个人与社会、物质与情感、欲望与规范之间的关系，势必成为一个难以解开的结。例如，陈独秀对“民主”和“科学”寄予很高期望，他甚至将两者视为能救治中国政治、文化、思想等一切病症的万能之药，以致“德先生”和“赛先生”被当成了“德菩萨”、“赛菩萨”[①]。值得注意的是，科学万能的潜台词是理性的无往不胜，这种坚定的自信心背后，却忽视了理性与情感之间存在的某种张力。理性恶性膨胀，其抑制/激活机制势必失衡，个人很难真正实现意志自由，这恰恰与“五四”启蒙精神是相悖的。理性一旦建构起强大的社会秩序，人的心灵如何安顿？

启蒙话语在不断扩大传播面的同时，也遭遇了质疑的声音。当时的大学讲堂、报刊图书出版，是思想文化论争的主要阵地。学者们发表演讲，或通过出版物宣扬各自的观点和主张。如这一时期的《民铎》杂志，先后编辑出版过“现代思潮号”、“尼采号”、“柏格森号”、“进化论号”、“康德号”等西方哲学专号。知识分子在解读西方学说时，其路径也显示出巨大的差异。

与陈独秀、胡适的乐观不同，梁启超、辜鸿铭、梁漱溟、张君劢等人以文化保守主义者的姿态，与“五四”新文化运动进行对话，前瞻性地提出避免西

① 张灏：《五四运动的批判与肯定》，收入萧延中、朱艺编《启蒙的价值与局限》，山西人民出版社 1989 年版，第 51 页。

方偏于物质文明的弊病，回归中国传统文化营造的精神世界，在东/西、古/今更为宏阔的背景下追思人类的心路历程，探讨不同人生模式蕴涵的文化意义，对理性、科学万能进行反思，对欲望的发展路向作出富有本民族特色的现代阐释。

梁启超等人对启蒙主义者欲望叙述的反思，矛头直指“科学万能”的观念。1919 年 10—12 月，梁启超写就《欧游心影录》，次年 3—6 月连载于北京的《晨报》和上海的《时事新报》。他通过对第一次世界大战后欧洲的亲身考察，感受到了西方科学万能的美梦已经破产。“当时讴歌科学万能的人，渴望着科学成功，黄金世界指日可现。如今总算成功了：一百年物质的进步，比从前三千年所得还加几倍，我们人类不惟没有得到幸福，反带来灾难。好像沙漠中失路的旅人，远远望见个大黑影，拼命往前赶，以为可以靠它向导。哪知赶上几程，影子不见了，因此无限凄凄失望。影子是谁？就是这位科学先生。”[①] 科学的进步，生产力大发展，在一定程度上可以使人们的物质欲望得到满足。然而，物质上的欲望是永无止境的，个体如何在物质与精神之间自我调适呢？对此，“科学”没有表现出“万能”。

正是出于对“科学先生”的怀疑，梁启超、梁漱溟等人同时也揭示出了西方近代文明潜藏的深层矛盾。1920 年，梁漱溟在北京大学和山东济南作《东西文化及其哲学》的讲演，部分讲稿发表于《少年中国》杂志。1921 年，《东西文化及其哲学》讲演稿由山东教育厅印行，同时北京财政部印书局出版大字本。此书一出版，立即成为学术界争论的焦点。该书在短短五年内，连续发行了八版。

梁漱溟指出，西方近代文明是成就于科学之上的。“西方人走上了科学的道，便事事都成了科学的。”[②] 科学至上的观念，必然会给人们的思维方式、文化心理结构带来深刻影响，同时使得工具理性甚嚣尘上。人们希望用科学扫除蒙昧、摆脱人的被奴役状态向理想之境迈进，可事实上，科学权威的确立，却出乎意料地导致人生产出来的物质财富反过来挤压人自身，即构成物对人的

① 梁启超：《欧游心影录节录》，《饮冰室专集》之二十三，《饮冰室合集》第七册，中华书局 1989 年版。

② 梁漱溟：《东西文化及其哲学》，《梁漱溟集》，群言出版社 1993 年版，第 125 页。

压迫。西方人“精神上也因此受了伤，生活上吃了苦，这是十九世纪以来暴露不可掩的事实!”①

西方文明的弊病，已是昭然若揭。联系到历史、文化转型时期的中国，张君劢看到了人生观建设的重要性。1923 年 2 月，张君劢在清华大学作了题为《人生观》的讲演，认为人生观问题的解决，“决非科学所能为力”，由此掀起了“科学与玄学”论战。张君劢在文中指出，科学的功用，主要是在物质、技术层面，推动社会群体的物质实践活动。“科学之为用，专注于向外，其结果则试验室与工厂遍布国中也。朝作夕辍，人生如机械然，精神上之慰安所在，则不可得而知也。我国科学未发达，工业犹落人后，故国中有以开纱厂设铁厂创航业公司自任，如张季直、聂云台之流，则国人相率而崇拜之。抑知一国偏重工商，是否为正当之人生观，是否为正当之文化，在欧洲人观之，已成大疑问矣。欧战终后，有结算二三百年之总账者，对于物质文明，不胜务外逐物之感。厌恶之论，已屡见不一见矣。”② 西方的哲人已开始了对自身文明的反思，寻找新的人生出路和价值归依。然而国内的情况却是，“盖二三十年来，吾国学界之中心思想，则曰科学万能。教科书之所传授者，科学也。耳目之所接触——电灯、电话、自来水——科学也。乃至遇有学术之名，以 ics 或 logy 结尾者，无不以科学名之。一言及于科学，若临以雷霆万钧之力，唯唯称是，莫敢有异言。”③

梁启超、张君劢等人对科学万能的批判，显示出了与“五四”启蒙先驱的分野。他们在不否认科学的巨大功效的同时，也要求理性为人的情感、心灵留下必要的空间：“人生关涉理智方面的事项，绝对要用科学方法来解决。关于情感方面的事项，绝对的超科学。”④ 尽管他们是“保守”的，但其论述不乏世界主义的眼光，同时闪耀着人本主义的光芒。出于对物质与精神二元对立关系的深入洞察，梁启超等人的欲望叙述格外注重人的情感、心灵因素。如当时的另一位“文化怪人”辜鸿铭所说，“中国人的全部生活是一种

① 梁漱溟：《东西文化及其哲学》，《梁漱溟集》，群言出版社 1993 年版，第 156—157 页。

② 张君劢：《人生观》，张君劢、丁文江等：《科学与人生观》，山东人民出版社 1997 年版。

③ 张君劢：《再论人生观与科学并答丁在君》，张君劢、丁文江等：《科学与人生观》，山东人民出版社 1997 年版。

④ 梁启超：《人生观与科学》，张君劢、丁文江等：《科学与人生观》，山东人民出版社 1997 年版。

情感的生活——这种情感既不来源于感官直觉意义上的那种情感，也不是来源于你们所说的神经系统奔流的情欲那种意义上的情感，而是一种产生于我们人性的深处——心灵的激情或人类之爱那种意义上的情感。”① “真正的中国人就是有着赤子之心和成年人的智慧、过着心灵生活的这样一种人。”② 由此出发，他们认定西方近代文明是一种物质文明，而中国古代文明则表征为精神文明。张君劢说，“自孔孟以至宋元明之理学家，侧重内心生活之修养，其结果为精神文明。三百年来之欧洲，侧重以人力支配自然界，故其结果为物质文明。”③ 辜鸿铭则走得更远，他晚年在日本讲学时指出，“所谓文明，就是美和智慧。然而欧洲文明是把制作更好的机器作为自己的目的……常有人说，欧洲文明是物质文明，其实欧洲文明是比物质文明还要次的机械文明。虽然，罗马时代的文明是物质文明，但现在的欧洲文明则是纯粹的机械文明，而没有精神的东西。”④ 辜鸿铭在谈及日本的迅速崛起时说，日本是采用了西方的物质文明，但是，像铁路、飞机、军舰等西洋诸物，充其量不过是没生命的机器而已。如果日本没有一个伟大的灵魂，那么又怎么能够极其有效地操纵这些无生命的东西呢？换言之，日本之所以能有今天的强大，其原因不在于采用西洋物质文明，而在于日本民族固有的伟大精神的苏醒和发扬，这伟大精神，就来源于古老的东方文明。中国之所以处于目前这样悲惨的境地，主要是我们中国人，尤其是知识分子将东方文明的精华抛却了的缘故。⑤

诚然，西方文明属于物质文明、中国文明属于精神文明的说法本身未必“科学”，但张君劢、辜鸿铭、梁启超他们又确实感受到了西方文明与中国文明的巨大差异。在他们看来，西方的科学万能与物质主义如出一辙，其弊端之一，便是情感的匮乏。科学理性甚嚣尘上，产业组织迅猛发展，都市生活取代了村落生活，人与人之间的关系“除了物质的利害关系外，绝无情感可言”。问题在于，人总得在精神上“有个安心立命的所在。虽然外界种种困苦，也容

① 辜鸿铭：《中国人的精神》，广西师范大学出版社2001年版，第28页。
② 同上书，第33页。
③ 张君劢：《人生观》，张君劢、丁文江等：《科学与人生观》，山东人民出版社1997年版。
④ 辜鸿铭：《中国人的精神》，广西师范大学出版社2001年版，第184页。
⑤ 同上书，第163页。

易抵抗过去”。[①] 欧洲人把生活中的一切都归到物质运动的“必然法则”之下，其弊病是显而易见的。

第一，人的本性被扭曲了。个体的生存方式受制于物质运动的“必然法则”，工具理性扼杀了人的自由意志，造成精神的迷失。辜鸿铭指出，理性通常被理解为一种思维推理的力量，它是人头脑中的一个缓慢的思维过程，可以使我们区分和认知事物外形可定义的特征。因此，在道德关系方面，理性即我们的思维能力，只能帮助我们认识是非或公正的那些可以名状的特征，诸如习俗惯例、德行这些被称为外在的行为方式，它们是一种依附性的“躯壳”；至于是非或公正的那些无法名状的、活生生的“绝对的本质”，人的生命与灵魂，单纯依靠理性，“我们的思维能力是无能为力的”[②]。也就是说，理性对人的作用是有限的，它能够建立起一般的行为准则，但无法解决人的灵魂深处的本质性问题。

第二，社会的伦理体系趋向瓦解。理性一方面确立了公众的道德准则，另一方面又可能造成道德的异化。“我为善不过那‘必然法则’的轮子推动着我动，我为恶也不过那‘必然法则’的轮子推着我动，和我什么相干?”个体被无情地抛入生存竞争的激流中，利益诉求成了人生的根本目的，其结果是导致道德危机：“这不是道德标准如何变迁的问题，真是道德这件东西能否存在的问题了。现今思想界最大的危机就在这一点。”[③]

第三，“欲望”冲破各种防线恶性泛滥，撼动着社会文化秩序。“善恶既没有责任，何妨尽我的手段来充满我个人欲望？然而享用的物质增加速率，总不能和欲望的腾升同一比例，而且没有法子令它均衡。怎么好呢？只有凭自己的力量自由竞争起来。质而言之，就是弱肉强食。近年来什么军阀什么财阀，都是从这条路产生出来。这回大战，便是一个报应。”[④] 问题在于，人心充满各种欲念，这不仅仅是伦理道德所需要面对的，同时也是每一种文化、文明所需

① 梁启超：《欧游心影录节录》，《饮冰室专集》之二十三，见《饮冰室合集》第七册，中华书局1989年版。

② 辜鸿铭：《中国人的精神》，广西师范大学出版社2001年版，第54页。

③ 梁启超：《欧游心影录节录》，《饮冰室专集》之二十三，《饮冰室合集》第七册，中华书局1989年版。

④ 同上。

要面对的。辜鸿铭敏锐地指出，“今日欧洲的现代文明在征服自然方面是取得了成功，而且迄今为止，尚没有任何别的文明能达到这一点。但是，在这个世界上，除了自然力，还存在有一种较自然力更可怕的力量，那就是蕴藏于人心的情欲。自然界的物质力量对人类所能造成的伤害，是没法与人类情欲所造成的伤害相比的。毫无疑问，如果这一力量——人类情欲——不予以调控的话，那么不仅无所谓文明存在之可言，而且人类的生存也是不可能的。”①

而梁漱溟则更进一步，将“欲望”归结为哲学—文化问题，并作了深入、系统的论述。他在《东西文化及其哲学》中提出“意欲说”，实质上进入了文化的核心层次。他认为，文化“不过是那一民族生活的样法罢了。生活又是什么呢？生活就是没尽的意欲（Will）。——此所谓‘意欲’与叔本华所谓‘意欲’略相近，——和那不断的满足与不满足罢了。通是个民族通是个生活，何以他那表现出来的生活样法成了两异的采色？不过是他那为生活样法最初本因的意欲分出两异的方向，所以发挥出来的便两样罢了。”② 梁漱溟通过对不同民族生活样式的把握，切入人生问题，阐释欲望的文化内涵。他将“意欲”视为生活的本质，个体的生存、繁衍，种族的延续、演变，群体社会、民族国家的发展路向，都与“意欲”有关，不同的欲望叙述模式形成了不同的文化和文明。

在欧洲中心主义占主导地位的“五四”时代，梁漱溟、梁启超、辜鸿铭等人的特异之处在于，他们看到了西方文明正处于大裂变之中，却不承认中国传统以“名分大义”为核心的欲望叙述已经失效。他们深入诊治西方文化的弊病，认为理性不能为人类的道德立法，要解决欲望难题，必须光大中国传统文化。由此，他们不约而同地对中国文化的前景充满希望。也就是说，新文化的建构，不能无视中国传统文化的存在。梁漱溟提出，“未来文化就是中国文化之复兴”。“西方文化是以意欲向前要求为其根本精神的。”“中国文化是以意欲自为、调和、持中为其根本精神的。”③ 这不仅仅是出于一种民族自尊的偏激情绪，他确实看到了西方文化的路向已经病痛百出，“意欲”不断向前扩张，

① 辜鸿铭：《中国人的精神》，广西师范大学出版社2001年版，第17—18页。
② 梁漱溟：《东西文化及其哲学》，《梁漱溟集》，群言出版社1993年版，第122页。
③ 同上书，第122、149页。

人的心灵无处安顿。如何解决人生问题，是梁漱溟当时思考的出发点和归宿。与一般的泛泛而谈不同，梁漱溟的思考触及了民族文化心理的深层结构，并从哲学的高度来探讨意欲与文化的关系，显示出一个文化保守主义者的某种超前性。

与梁漱溟一样，梁启超也认为中国文化可以救西方文化之弊。中国文化讲究"心物调和"、"推肉合灵"。"孔子的'尽性赞化''自强不息'，老子的'各归其根'，墨子的'上同于天'，都是看出有个'大的自我''灵的自我'和这'小的自我''肉的自我'同体。"因而中国文化里确实有一份"可爱可敬"的"家当"。[①]

然而，必须指出的是，虽然梁启超等人看到了西方文化的弊病，但他们的欲望叙述之中，给中国文化赋予了更多的理想化色彩。比如，辜鸿铭认识到了中国文化深远博大的内涵，他坚信传统的道德责任感可以解决欲望的难题——既能建立起良好的社会秩序，又能安顿人的心灵。他认为，文化的本质不在于物质，而在于人格与道德。"在人类社会的初始阶段，人们不得不利用物质力量来压抑和克制其内心的情欲，这样，原始人群就不得不受制于纯粹的物质力量。但随着文明的进步，人类逐渐发现，在征服和控制人类情欲方面，还有一种比物质力更加强大和更加有效的力量名之曰道德力。"[②] 辜鸿铭对"道德力"的推崇，是出于一种对中国传统礼乐文化的高度自信，"要想清除强权及这个世界上一切不义的东西，都不能依赖强权，而只能靠我们每个人优雅得体的举止。以礼来自我约束，非礼毋言，非礼毋行。这就是中国文明的精华和中华民族精神的精髓所在。"[③] 这样，辜鸿铭又回到了儒家的老路，并不惜对其进行美化。他认为，孔子的君子之道要求我们服从自己的真正本性。这种本性绝非庸众身上的粗俗、卑劣之性。它是爱默生所说的一种至诚之性。"中国人的精神是心灵与理智完美结合的产物。"[④] 在辜鸿铭看来，中国人的精神是一种心灵状态、一种灵魂趋向，一种恬静如沐天恩的心境。这种理想化的境界，其

① 梁启超：《欧游心影录节录》，《饮冰室专集》之二十三，《饮冰室合集》第七册，中华书局1989年版。

② 辜鸿铭：《中国人的精神》，广西师范大学出版社2001年版，第18页。

③ 同上书，第15页。

④ 同上书，第64页。

实是摈弃了物质的要求，最终指向欲望的升华。辜鸿铭等人在批判西方物质文明的时候，认识到了理性主义的延伸最终将导致对人的心灵的钳制，但他们把传统的“道德力”重新搬出来，如何将其进行现代性的转换，也是值得深入探讨的。这一切，都显示出新文化建构的艰难。

从对西方科学、理性的怀疑开始，最终回到中国文化的老路，梁启超等人所描绘的蓝图当然不会被当时所接受。传统文化演绎的欲望故事，恰恰是启蒙精英竭力要拆解的。值得注意的是，新文化运动主潮之外的声音，并非没有价值。它提醒我们，历史转折时期人生模式的建构是异常复杂的，不能只在单一的维度上展开。而单向度的描述，必然会遮蔽历史的丰富性。事实上，梁启超、梁漱溟、张君劢等人并没有否认科学、理性的作用，建立富强的国家，离不开科学的强大作用。辜鸿铭晚年在日本讲学时指出，“因为常常批评西方文明，所以有人说我是个攘夷论者，其实，我既不是攘夷论者，也不是那种排外思想家，我是希望东西方的长处结合在一起，从而消除东西界限，并以此作为今后最大奋斗目标的人。”[①] 梁漱溟在诊断西方文化弊病的时候，同时指出，中国人现在应持的态度是，“对于西方文化是全盘承受，而根本改过，就是对其态度要改一改”。[②] 他们只是认为，科学理性无法解决精神家园的问题。在这个意义上，梁漱溟希望“如宋明人那样再创讲学之风，以孔颜的人生为现在的青年解决他烦闷的人生问题，一个个替他开出一条路来去走”。“现在只有踏实的奠定一种人生，才可以真吸收融取了科学和德谟克拉西两精神下的种种学术种种思潮而有个结果；否则我敢说新文化是没有结果的。”[③]

“五四”启蒙精神原本有两个维度，科学理性与意志自由。但在实际运作中，科学理性往往占有绝对优势。在“科学与人生观”论战中，科学派的胜利，就说明了这一点。科学理性精神的高扬，强有力的社会规范一旦确立，反过来将造成欲望叙述的抑制/激活机制失衡，导致主体性沦落，人的意志自由无法实现。这些无疑被胡适、陈独秀他们忽略了。随着革命高潮的兴起，历史

① 黄兴涛：《闲话辜鸿铭——一个文化怪人的心灵世界》，广西师范大学出版社 2001 年版，第 132 页。

② 梁漱溟：《东西文化及其哲学》，《梁漱溟集》，群言出版社 1993 年版，第 193 页。

③ 同上书，第 203 页。

进一步放逐了有关“人”的精神自由的探讨。阶级学说占据主流地位之后，个体欲望更失去了公开表达的理由，感性欲望话语在大众媒介上逐渐消失乃至绝迹。

冲破思想观念禁区的大众传媒与学术理论

阶级学说对“个人”的压抑几近半个世纪。在许多年里，集体主义、英雄主义的价值规约，掩盖了个人潜藏的“秘密”，阶级性与人性几乎成了同义词。直至“文革”之后，有关“个人”的话语才重新浮出历史地表，在报刊等出版物上引发公开讨论。随着思想解放运动的勃兴，人们开始反思“文革”中种种“使人不成其为人”的残酷事实，试图重新确立人的价值与尊严。来自特殊年代的记忆，以及对于生命的历史感悟，使得当时有关欲望的叙述就被注入了新的文化内涵。

追溯“文革”后欲望叙述的演变轨迹，必须先回到其现实语境。走出十年浩劫的人们，一开始面对的便是时代留下的惨痛教训，“人整治人，人糟践人”的混乱、疯狂世态，制造了多少人间悲欢。痛定思痛，思想文化领域最迫切的呼声便是重新为“人”正名，为人性正名。只有恢复了“人”的尊严，欲望才能穿上合法化的外衣。于是，学界掀起了关于人道主义、人性的热烈讨论。“一切都令人想起‘五四’时代。人的启蒙，人的觉醒，人道主义，人性复归……都围绕着感性血肉的个体从作为理性异化的神的践踏蹂躏下要求解放出来的主题旋转。”① 知识界的理性沉思，通过大众媒介传播，冲破僵化的思想观念禁区。正如有学者所指出的，20 世纪 80 年代的思想文化大讨论产生了很大的社会影响，这显然得益于各种媒体。除中央电视台等人所共知的几大家外，《光明日报》连续刊载的《学者访谈录》，《中国青年报》、《文汇报》及许多报刊的专栏文章和出版机构的新书构成了专著、报纸、杂志三大类载体。《雨花》、《读书》、《作品》和而今已不为人知的《青年论坛》、《国情研究》、《人世间》等刊物都功不可没②。《读书》杂志当时的发行量就达到了十几万

① 李泽厚：《中国现代思想史论》，安徽文艺出版社 1994 年版，第 255 页。

② 宋君健：《20 世纪 80 年代文化热回瞻》，《云梦学刊》2008 年第 6 期。

份，文史哲类专业性很强的学术刊物也拥有大量的受众。

应该说，对人道主义的谈论并不是一个新话题，在新中国建国后乃至“文革”期间，“人”的话语在重重压抑中并未销声匿迹，虽然权力话语逐步控制了所有领域，大众传媒几乎以同一理念、同一模式、同一口径运作，呈现出“舆论一律”，但潜在的对话仍然是存在的。从胡风到钱谷融、巴人，再到顾准，都发出了尊重生命个体的吁求。如钱谷融从文艺美学的角度，重申“文学是人学”：“虽然随着时代、社会等等条件的不同，人道主义的内容也时时有所变动，有所损益，但我们还是可以从其中找出一点共同的东西来。那就是：把人当做人。”“在文学领域内，一切都决定于怎样描写人，怎样对待人，真正的艺术家决不把他的人物当做工具，当做傀儡，而是把他当成一个人，当成一个和他自己一样的有着一定的思想感情、有着独立的个性的人来看待的。”[①] 巴人也认为，“人有阶级的特性，但还有人类本性的人道主义。”“我们当前文艺作品中缺乏人情味，那就是说，缺乏人人所能共同感应的东西，即缺乏出于人类本性的人道主义。”[②] 他们从普遍人性的立场出发，反对用阶级特性来取消人类本性，提出对文学的理解、对人的认识，不能拘泥于单一的阶级性的维度，应该还有更多的内涵；个体生命的欲望结构，不是阶级性所能完全统摄的。这在将人性等同于阶级性的时代，确属难得的清醒之音。而“文革”后的人道主义话语，正是在此基础上开始其理论构想的。

人性到底是什么？国家的意志、阶级的意志能否完全取代个体的意志、取消个体欲望的表达机会呢？新时期思想解放的潮流，为人们在报刊、学术著作中讨论人性提供了时代语境。韩毓海在谈及20世纪80年代的思想文化脉象时指出：

> 我们说20世纪80年代的思想解放的形成，不但不能简单地说是“非毛化”，更加不能说是“非马化”——恰恰相反，20世纪80年代的思想解放不但没有推翻马克思，而所谓“思想热”、思想解放，确实首先是马克思领域里热起来的。特别是通过各种解读，将马克思“康德化”了，从

① 钱谷融：《论“文学是人学”》，《文艺月报》1957年第5期。

② 巴人：《论人情》，《新港》1957年第1期。

而将政治和经济问题审美化、抽象化——用一个笼统的说法就是“人化”，就成为思想界的一个特色。不过影响一般的学生的当时恐怕还不是康德，而是李泽厚，再就是“朦胧诗运动”，我导师谢冕先生的《在新的崛起面前》，等等。所以从这个意义上，与其说20世纪80年代是思想解放，不如说是审美、伦理和哲学解放。那个时候连萨特、海德格尔的书都印十万册，小工人谈恋爱还侃“存在主义”、存在与虚无呢。[①]

韩毓海所说的情况，便是理论界、文学界充当了思想解放的先锋。通过大众媒介，学者、作家的思想辐射到广泛的社会层面。姚洋在回忆当年的情形时说：

20世纪80年代我还在大学读书，对这些高深的讨论不甚了了，尽管也装模作样地读了一点萨特和康德的书——我至今还怀念大学的第一个暑假一个人在图书馆二楼文科阅览室里独自读康德《纯粹理性批判》的美好时光。但是，对像我这样一般的非哲学、非文学的青年来说，影响最大的不是周扬、胡乔木这样的中共理论权威，也不是康德，而是“朦胧诗”、“伤痕文学”和一批又一批介绍国外思潮的图书。“卑鄙是卑鄙者的通行证，高尚是高尚者的墓志铭。”北岛的诗点燃了一代人对生命的思考，而像戴厚英的《人啊，人》这样的小说让我们知道了什么是“大写的人”，这些正是启蒙的实质。在图书中，四川人民出版社的那套《走向未来丛书》对青年学生的影响非常大，在介绍国外思潮方面功不可没。当我读这套丛书的时候，我的感觉可以用“震撼”来形容，那是被禁锢多年之后才会有的感觉。我相信，这也是多数人在新启蒙中的感觉。[②]

这就是当年的文化语境，作家、理论家成了风云人物，他们“指点江山，激扬文字”，抛出一个个爆炸性的热点话题。回顾“文革”后的人道主义话语，我们并非要从中找出一个“人性是什么”的正确答案，而是要考察当时出版物上的文献资料，人们是如何公开谈论人性与欲望的，他们为什么要那样“说”。

---

① 黄平、姚洋、韩毓海：《1980年代的思想文化脉象（上）》，《天涯》2006年第3期。

② 同上。

具体到特定的历史语境，由于多年来对阶级性的强调，人性被剥离、抽空了许多更复杂的内涵，个体的欲望被汇入民族国家、阶级的宏大叙事，因此，“文革”后的反思，首先是要从人性等于阶级性的桎梏中走出来。从阶级社会这一特定历史阶段来说，人性都有着阶级的某种烙印，强调人性中的阶级性是正确的。问题在于，“阶级社会在整个人类社会中只占很短暂的一段，从阶级社会发生前的几十、几百万年到阶级社会消灭后的‘共产主义’都是无阶级社会。阶级性没有了，人性却仍存在。”[①] 显然，人性不等于阶级性。

“文化大革命”后的理论批评由此展开了对“人”的深入探讨，举凡人的感性、理性、自然性、社会性、个人性、集体性、现实性、历史性等等，都进入了谈论的范围，涉及人性的诸多不同方面。但归纳起来，对人性的认识主要是从灵与肉、情与欲两方面展开，其中心是人的感性（自然性）与理性（社会性）。李泽厚当时的认识便颇具代表性：“人性应该是感性与理性的互渗，自然性与社会性的溶合。这种统一不是二者的相加、凑合或混合，不是‘一半天使，一半恶魔’，而应是感性（自然性）中有理性（社会性），或理性在感性中的内化、凝聚和积淀，使两者合二为一，溶为整体。这也就是自然的人化或人化的自然。”[②] 从阶级性到理性、感性并举，这实质上是人道主义的观念不断取代“以阶级斗争为纲”的观念的过程，也就是一切人的实践活动，包括阶级斗争的实践活动都应以人为目的，为了人的解放。李泽厚是20世纪80年代的“文化英雄”，“完整地谈整个80年代思想文化，第一个要谈的应该是李泽厚，他对‘文革’后最初几届大学生有笼罩性影响”[③]。那时李泽厚的书一出大家就抢购，还有人手抄[④]。人道主义思潮、美学热、文化热几乎都与李泽厚息息相关。

刘再复在总结新时期文学近十年来走过的道路时说，“整个新时期的文学都围绕着人的重新发现这个轴心而展开的。新时期文学作品的感人之处，就在于它是以空前的热忱，呼唤着人性、人情和人道主义，呼唤着人的尊严和价

① 李泽厚：《康德哲学与建立主体性论纲》，原载《论康德黑格尔哲学》，上海人民出版社1981年版，转自《批判哲学的批判》，安徽文艺出版社1994年版，第459—460页。

② 同上书，第461页。

③ 甘阳：《〈八十年代文化意识〉答问》，《东方早报》2006年8月10日。

④ 刘彦、丁尘馨、刘黎黎：《李泽厚：我一直是孤独的》，《中国新闻周刊》2005年10月31日。

值。”[①]“文革”后对人的重新发现，表现在认识上，便是人的内在性格世界变得更复杂了，对欲望的表现形态更多样化了。“人的杂色，人的深层世界中的杂色被发现了。”[②] 向人性的深度挺进，心灵世界中的矛盾内容被批评家揭示出来了。刘再复在阐释人性深度的两层意思时说：一是“写出人性深处形而上和形而下双重欲求的拼搏和由此引起的‘人情’的波澜和各种心理图景”；二是“写出人性世界中非意识层次的情感内容”。[③] 形而下的欲求以及非意识层次的情感内容不但进入了批评家的视野，而且被突出地强调：表现潜意识层的颤动，也就是写出了人性更深更广的世界。

不管批评家采用何种叙述方式，在面对灵与肉、善与恶、理性与情欲、意识与潜意识的二元结构时，其论述的重心恰恰是后者。这同时也意味着，感性（自然性）不仅浮出了水面，而且受到了格外的重视。人的感性欲望被视为一种强大的生命原动力，“感性欲望的强烈，是健康的表现，是具有生命活力的表现。人的才能，人的创造力，人的伟大本质，都首先导源于他本身的感性欲望。最优秀的人物，最杰出的人物，都是一些至情至性的人，都是一些充满着欲望的人。”[④]

“文革”后人道主义的欲望叙述，从个体感性生命入手，打开了新的理论之门，产生了“人物性格的二重组合原理”。这一原理认为，“任何一个人，不管性格多么复杂，都是相反两极所构成的。这种正反的两极，从生物的进化角度看，有保留动物原始需求的动物性的一极，有超越动物性特征的社会性一极，从而构成所谓‘灵与肉’的矛盾；从个人与人类社会总体的关系来看，有适于社会前进要求的肯定性的一极，又有不适应社会前进要求的否定性的一极；从人的伦理角度来看，有善的一极，也有恶的一极；从人的社会实践角度来看，有真的一极，也有假的一极；从人的审美角度来看，有美的一极，也有丑的一极。此外，还可以从其他角度展示悲与喜、刚与柔、粗与细、崇高与滑稽等等的性格两极的矛盾运动。任何性格，任何心理状态，都是上述两极内容

① 刘再复：《论新时期文学的主潮》，《论中国文学》，作家出版社 1988 年版，第 268 页。

② 刘再复：《我国现代文学史上对人的三次发现》，《论中国文学》，作家出版社 1988 年版，第 114 页。

③ 刘再复：《性格组合论》，上海文艺出版社 1986 年版，第 409 页。

④ 同上书，第 451 页。

按照一定的结构方式进行组合的表现。”[①] 批评家从多角度、多侧面对人的性格进行观照，将灵与肉、善与恶等对立的两极都植入人的心灵。

作为一种有意义的理论模式，“二重组合原理”看到了人的无比复杂性，个体感性生命不可能是单一色的，这无疑有助于深化人们对欲望的认识，促进文艺创作向人性的深层挺进，表现人的魅力。在《性格组合论》一书中，刘再复还辟专章对“情欲”进行剖析。在批评家的笔下，情欲是性格世界的重要组成部分。他把“情欲”作为一个复杂的系统，并用系统方法来透视它的基本性质。通过深入的论证，作者将“情欲”纳入了“二重组合”的理论框架：“从情欲的结构分析中可以看出，情欲具有动物性和社会性的二重性；从情欲的功能形态的分析中可以看出，情欲具有本能的情绪活动与理性规范的矛盾二重性；从情欲的系统性质的分析中可以看出，情欲具有善恶、美丑、正邪、利弊、崇高与卑下、圣洁与卑鄙的二重性。因此，一个人物形象，只要展示出心灵深处的真实图景，它就必然表现出二重性特征，人物性格的发展过程，是一个复杂的辩证运动过程。”[②]“二重组合原理”对“情欲”的剖析，无疑是具有理论深度的，它不仅肯定了个体感性生命，同时也勾勒出了“欲望”的多重面目，显示出了“文革”后人道主义批评的理论锋芒。

个体感性生命受到肯定，与之相应的理性被“文革”后的批评放逐了吗？否。从“神性”中走出来的人们，解除了禁欲主义的束缚，但并没有将人性等同于感性、动物性，因为不受控制的原始情欲必将导致纵欲主义，从而走向罪恶的渊薮。感性与理性，应该是交融互渗的。而特定时期的人们之所以大力张扬个体感性生命，只不过是一种叙述策略的需要。由于感性长期被打入“冷宫”，要为它正名，必须付出更大的努力。

人既是有生命的个体，同时又是能动的主体。对个体生命的深刻把握，同时必然伴随着对主体能动性的发现。随着人性问题讨论的深入，新时期文学的主体性意识开始复苏，“人的主体性”命题在文学批评话语中被正式提出。主体性命题在文学批评领域中的出现，既是时代呼唤的产物，也契合了当时人们的文化心理，同时还有其哲学—美学背景。20 世纪 70 年代末 80 年代初，李

① 刘再复：《性格组合论》，上海文艺出版社 1986 年版，第 59—60 页。

② 同上书，第 461—462 页。

泽厚比较系统地提出并阐释了哲学的主体性问题。他在1979年出版的《批判哲学的批判——康德述评》一书中，从对康德哲学的研究入手，提出了人类主体性以及文化心理结构的哲学观念，并强调“人是目的”。1981年他发表的《康德哲学与建立主体性论纲》，又结合当时国内关于人道主义和人性的讨论，将哲学的主体性问题引向深入。何谓主体性？“如果就人与自然，与世界对象的动态区别而言，人性便是主体性的内在方面”，人类“通过漫长的历史实践终于全面地建立了一整套区别于自然界而又可以作用于它们的超生物族类的主体性”。[①] 具体地说，主体性由三个主要方面和主要内容构成，即审美方面人的真正的自由感受、认识论的自由直观和伦理学的自由意志。李泽厚的有关论述，无疑给了文学研究中的主体性命题以巨大启发。

1985年，文学的主体性命题在刘再复那里以一种完整、系统的理论形态出现。发表在《文学评论》1985年第6期的《论文学的主体性》一文，是刘再复当年重要的代表作。论者主张，文学研究应当把人作为主人翁来思考，把人的主体性作为中心来思考。人的主体性包括两个方面：首先人是实践主体，其次人又是精神主体。人在实践和认识中，在行动和思考过程中，都处于主体的地位，表现出主体的力量和价值。而重视人的精神主体性是极其重要的，当人的精神能力被限制，即精神主体性丧失了，“那么人也就丧失了在实践中的主体性，这时，人就变成任人操纵的机器，任人摆布的木偶。”[②] 这里，论者对精神主体性的强调，对“人”的地位彰显，我们隐约可以听到康德哲学的回声——“人是目的”。在康德看来，人是“客观目的，他的存在即是目的本身，没有什么其他只用作工具的东西可以代替它。否则宇宙间绝不会具有绝对价值的事物了。”也就是说，人作为有理性的存在本身，这才是具有绝对价值的。[③] 人的绝对价值，在刘再复的论述中，即表现为人的实践主体的地位和精神主体的价值，人在历史运动中发挥着轴心作用。基于这种自信，论者指出，“人的主体性的丰富和发展乃是历史发展的标志。文学作为‘人’学，它的发展水平

① 李泽厚：《康德哲学与建立主体性论纲》，原载《论康德黑格尔哲学》，上海人民出版社1981年版，转自李泽厚《批判哲学的批判——康德述评》，安徽文艺出版社1994年版，第461页。

② 刘再复：《论文学的主体性》，《文学评论》1985年第6期。

③ 李泽厚：《批判哲学的批判——康德述评》，安徽文艺出版社1994年版，第303—304页。

是与人对自身认识的发展水平同步的。”[①] 因此，深化对人自身的认识，既是历史的要求，也是文化的要求。

在这个关于主体性的故事中，人的欲望处于一种什么位置呢？论者在批判神本主义和物本主义时，认为历史唯心主义的内在特征，就是泯灭人的欲望，忽视人的精神主体的价值。“贯穿整个封建社会的愚民政策和奴化政策，正是为了消灭人的精神主体性，使人成为无知无欲的工具。‘存天理，灭人欲’，典型地表现出它的本质。‘人欲’就是人的情感、意志、创造力，总之，就是人的精神力量，就是人的精神主体性，在封建统治阶级看来，它们都属于应该被剿灭的对象。”[②] 值得注意的是，论者在这里巧妙地进行了话语转换，“人欲”不能简单地归入道德伦理约束的范畴，而是关系到人的本质存在的价值命题，“人欲”等同于人的精神主体性。这样，论者不仅是想恢复欲望的合法地位，而且赋予了它更复杂、更深刻的内涵。因为“人的精神世界作为主体，是一个独立的，无比丰富的神秘世界，它是另一个自然，另一个宇宙。我们可称之为内自然，内宇宙，或者称为第二自然，第二宇宙。因此，可以说，历史就是两个宇宙互相结合、互相作用、互相补充的交叉运动过程。精神主体的内宇宙运动，与外宇宙一样，也有自己的导向，自己的形式，自己的矢量（不仅是标量），自己的历史。”[③] 批评家从文艺创作中的主体性问题入手，将探寻的触角伸向人的精神世界，事实上已经涉及了历史运动过程人与历史、文化的关系以及欲望与历史、文化的关系。

“人欲”（人的精神主体性）、历史、文化，三者如何交叉互动，我们要面对的是一个异常复杂的命题。“文革”后的批评家无暇对其作深入理论探讨，而现实的“功利”诱惑才来得更真切，他们从文学研究入手，大力张扬人的精神主体性，其动机是明显的：激发人的创造力，投身这个巨大变革的时代。20世纪80年代的学术文化、传媒文化，大致都体现出类似的价值取向。这是中国知识分子传统的忧患意识使然，也是现实社会的呼唤使然。

不难理解，在刘再复的论述中，“人欲”不仅仅是人的情感（包括自然欲

---

① 刘再复：《论文学的主体性》，《文学评论》1985年第6期。

② 同上。

③ 同上。

望、情绪、社会性情感），也是人的意志与创造力，既有感性的成分，也有理性的因子。精神主体性的真正实现，个人欲望的自我释放，并不是为所欲为的。批评家的叙述策略，是将时代精神、社会指令这些更高意义上的价值目标，转化为主体性的内在规定性，使之成为主体的精神追求。也就是说，批评家通过对主体性的讨论，介入现实，对欲望、自我进行升华。刘再复在讨论作家主体性的最高层次时指出，“作家主体性的真正实现，是打开内宇宙的大门，用内宇宙去感应外宇宙的脉搏，使内宇宙与外宇宙相通，并且具有外宇宙的巨大投影，负载外宇宙的壮丽图景，因此，作家主体力量的实现，必须使自己的全部心灵，全部人格与时代、社会相通，必须‘推己及人’，把自己的精神世界中一切最美好的东西推向社会，推向整个人类。作家的自我实现归根结底是爱的推移，这种爱推到愈深广的领域，作家自我实现的程度就愈高。”[①] 这样，作家主体性的实现，除了自由意识之外，还必须负起社会的责任和历史的使命。主体性理论从对“人欲”（人的精神主体性）的充分肯定开始，最后走向了对“使命意识”、“忧患意识”的强调，高扬起理性精神，把“文革”后的人道主义话语推向了高峰。

人道主义思潮并未局限在学术界，其精神追求也为20世纪80年代的传媒文化注入了新内涵。对此，韩毓海形象地描述了当年的情景：

> 作为中国社会科学院文学研究所所长，刘再复为使中国80年代绝大部分的知识青年成为“文学青年”作出了重大贡献……北大中文系的陈晓明教授对此有一句名言：“80年代那个时候，连一个青年工人的书架上也摆放着一本刘再复的《性格组合论》，以显示自己在研究文学。”如果说这句话有点夸张，那么说全国知识青年几乎没有不会背几句朦胧诗的，这恐怕是事实。在80年代，文学、诗歌为什么会产生这么重大的作用呢？原因很多，但不能说和刘再复没有一点关系。具体地说，除了他的那本书之外，起码还跟刘再复的一篇重要文章有关系，这篇文章叫《论文学的主体性》。而刘再复的文学主体性理论，就是在这样的时代氛围中产生的，它

① 刘再复：《论文学的主体性》，《文学评论》1985年第6期。

把文学提到很高的位置，所以一时间，我们中文系就膨胀起来了，中文系的老师、学生，好像普天之下的事情莫有不知道的，遇到任何学科都解决不了的问题，就找中文系来解决。80年代走过来的许许多多重要学者，几乎都是中文系或者是候补中文系出身、要不就是热烈的文学爱好者，都是当时文学热、文学主体性思潮的产物。所以那时候中文系最牛，中文系为什么最牛？就是说人怎么能获得自由——只有搞文学才能获得自由，就是因为中文系赋予了我们的世界以意义、赋予了我们的时代以意义。80年代流行的口号就是：你想按照人道主义的原则活吗？你想活得像个人样吗？那么就像文学一样生活吧。顾城、舒婷、北岛这些朦胧诗人，一下子都不得了了。我记得上大学的时候，顾城到诗社来演讲，人山人海。我隔着人山人海，只闻其声，不见其人。说是只闻其声，顾城刚说一句话，底下的女同学就晕倒一大片。这就是当时文学的号召力。[①]

80年代的文学受到狂热追捧，处在精神生活的中心位置，作家、理论家成为文化偶像，文学类出版物畅销一时，作用于广泛的社会心理和集体意识，积淀为神话式的理想和记忆。

三　欲望的“非理性”之旅

理性主义欲望叙述，作为重要的话语范式，被中国人接纳、消化和广泛传播之后，它展示了自己的锋芒，也激发了反叛它的异己力量——质疑启蒙理性的叙述话语。于是，另一个故事被中国人发现，他们尝试从生命角度、从人本主义出发去观照人、人的欲望。中国人在“拿来”西方理性主义时，西方的非理性主义话语不可能不进来。20世纪的西方本身就是一个矛盾的整体：历时态与共时态的文化现象，现代性与反抗现代性的纠葛，形成五彩缤纷的景观，

① 韩毓海：《李泽厚、刘再复、甘阳对我们时代的影响——80年代的反思与继承》，《绿叶》2008年第5期。

绝非一个模式所能整合。理性/非理性、意识/潜意识、意义/虚无，这些二元对立的范畴，以相互扭结的形式，在西方人的心灵世界中展开了巨大的搏斗。而对于向西方“借火煮肉”的中国人来说，选择理性话语与非理性话语，都是探索文化突围的一种路径、取向。因此，20 世纪中国的欲望叙述，不仅仅是在理性主义这一维度上展开，它同时还有非理性主义等向度，并呈现出错综复杂的面貌。

非理性话语的引入和传播，拓展了中国人的思维空间，个体的存在状态被赋予了不同于以往的人性内涵。这是一种新发现，同时也带来了新的尴尬。人被剥光了一切装饰的花环，失去了精神上的荣耀，欲望四处游走，与现实产生激烈冲突，个体陷入深刻的焦虑之中。解脱的途径在哪里？这不仅是知识分子思考的问题，也是历史所要面对的文化难题。

非理性主义话语在中国的传入

20 世纪初，西方非理性主义哲学家已经进入中国人的视野。1902 年，梁启超在《新民丛报》上著文介绍了尼采的思想，称之为“个人主义”，并注意到了这种学说的巨大影响，“尼至埃（即尼采）为极端之强权论者，前年以狂疾死。其势力披靡全欧，也称为十九世纪之新宗教。”[①] 尼采之所以受到梁启超的关注，主要还是因为这位西方哲人的叛逆姿态及其引起的文化震动。对于梁启超来说，介绍尼采的目的，主要还是为了传播新知识。实际上，他对这位西方哲人的思想还很难产生深切的体悟与认同，毕竟尼采的思想渗透着极其强烈的悲剧精神，这跟中国传统的文化心理结构以及特定时代的价值取向，有着太大的距离。只有到了王国维那里，对西方非理性主义哲学的理解，才进一步走向深入，并外化为凝聚着中国意识的人本主义欲望叙述。

王国维与西方非理性主义哲学的相遇，最主要的原因还是由人生问题所引发的。他自己曾经提及，1901 年游学日本归国之后，“遂为独学之时代矣。体素羸弱，性复忧郁，人生之问题日往复于吾前，自是始决从事于哲学。”在研

① 梁启超：《进化论革命者颉德之学说》，《新民丛报》1902 年 10 月 16 日第 18 号。

读哲学著作的过程中，叔本华引起了王国维的极大兴趣，“读叔本华之《意志及表象之世界》一书。叔氏之书思精而笔锐，是岁（1903）前后读二过。次及于其《充足理由之原则论》《自然中之意志论》及其文集等”。[①] 由叔本华而及尼采，西方非理性主义思潮激发了王国维理论创造的巨大灵感，使他建构了一种既不同于中国传统也有别于西方理性主义欲望叙述的话语形态。他在1904年写出了《叔本华与尼采》、《尼采氏之教育观》、《德国文化大改革家尼采传》等文章，同年发表《红楼梦评论》，初稿分别刊于光绪三十年四月下旬至七月上旬（1904年6月初旬至8月下旬之间）《教育世界》杂志第8、9、10、12、13期，次年收入《静庵文集》，于光绪三十一年（1905）九月出版。《红楼梦评论》“其立论虽全在叔氏之立脚地”，但作者“取外来之观念与固有之材料互相参证”，在中/西、古/今的宏大背景下，对人生、欲望、文化之间的关系进行了深入探讨。

今天我们解读《红楼梦评论》，更有意义的不是讨论王国维在《红楼梦》的具体研究上取得了多大的进展，而是要看到特定话语背后更加深广的阐释模式的更新和思想观念的变化：王国维是从什么角度切入《红楼梦》研究，以怎样的立场、观点言说；在话语创新的背后，他为中国的文学以及思想文化提供了什么样的知识类型。

让我们先看《红楼梦评论》的叙述结构。全文共分五章，第一章总论人生与艺术的关系，其余四章分别论述《红楼梦》的思想价值、美学价值及伦理学价值，并对旧红学派痴迷于考证提出批评。而第一章为全文提供了一种理论框架，它规设了作者解读《红楼梦》的视角或方向。显而易见，王国维对《红楼梦》的阐释是“理论先行”，打上了批评主体个人的印记。也就是说，由于批评主体受制于自己理解的前结构，他实质上按照一种预先设定的理论去阐释文本。从预设的理论前提出发，王国维从《红楼梦》中读出了一个“玉”与“欲”的故事。他认为，贾宝玉名字中的“玉”，“不过生活之欲之代表而已矣”。[②]

将“玉”与“欲”相提并论，是王国维的创造，也可以说是“理论先行”

① 王国维：《自序（一）》，《王国维美论文选》，湖南人民出版社1987年版，第158—159页。

② 王国维：《红楼梦评论》，《王国维美论文选》，湖南人民出版社1987年版，第35页。

的产物。“理论先行”并非没有价值，问题的关键在于，王国维在《红楼梦评论》中提出了什么理论问题，它对中国的文学、文化发展有何意义。

《红楼梦评论》开篇便表明了作者的话语立场，对人生、社会作出本质性的界定。“人有生矣，则思所以奉其生。饥而欲食，渴而欲饮，寒而欲衣，露处而欲宫室，此皆所以维持一人之生活者也。然一人之生少则数十年，多则百年而止耳，而吾人欲生之心，必以是为不足，于是于数十年、百年之生活外，更进而图永远之生活。时则有牝牡之欲，家室之累，进而育子女矣，则有保抱扶持，饮食教诲之责，婚嫁之务。百年之间，早作而夕思，穷老而不知所终。问有出于此保存自己及种姓之生活之外者乎？无有也。百年之后，观吾人之成绩，其有逾于此保存自己及种姓之生活之外者乎？无有也。”[①] 在王国维那里，人生问题从根本上说是一个关于欲望的问题，个体生存的一切方面，都与欲望有关，都是为了自身的发展及种族的延续。欲望不仅书写了个体的生活史，也促成了群体社会、民族国家的诞生，“又人人知侵害自己及种姓之生活者之非一端也，于是相集而成一群，相约束而立一国，择其贤且智者以为之君，为之立法律以治之，建学校以教之，为之警察以防内奸，为之陆海军以御外患，使人人各遂其生活之欲而不相侵害，凡此皆欲生之心之所为也。”正是在这个意义上，王国维说，“生活之本质何？欲而已矣。”[②]

生活的本质是“欲”，欲望的本质又是什么呢？王国维拈出了“苦痛”二字。“欲之为性无厌，而其原生于不足，不足之状态，苦痛是也。”欲望化的诉求，永远没有止境，痛苦由此产生。“既偿一欲，则此欲以终，然欲之被偿者一，而不偿者什佰，一欲既终，他欲随之，故究竟之慰藉，终不可得也。”[③] 同时，王国维也注意到了另外一种情形，当个体所有的欲望都得到满足之后，能否摆脱心中的痛苦呢？答案是“否”。“即使吾人之欲悉偿，而更无所欲之对象，倦厌之情即起而乘之，于是吾人自己之生活若负之而不胜其重，故人生者，如钟表之摆，实往复于苦痛与倦厌之间者也。夫倦厌固可视为苦痛之一种，有能除去此二者，吾人谓之曰快乐。然当其求快乐也，吾人于固有之苦痛

① 王国维：《红楼梦评论》，《王国维美论文选》，湖南人民出版社 1987 年版。

② 同上。

③ 同上。

外，又不得不加以努力，而努力亦苦痛之一也，且快乐之后，其感苦痛也弥深”。寻求快乐只会带来更大的痛苦，痛苦与生活、欲望伴随始终，“故欲与生活与苦痛，三者一而已矣。”[①] 这样，王国维完成了他的话语转换，将生活、欲望、痛苦转换成同义词。

可以说，王国维的“欲望”哲学带有浓厚的先验论色彩，“生活之欲之先人生而存在，而人生不过此欲之发现也”，[②] 欲望决定着生命的存在方式，而人生不过是命运拨弄下不断挣扎的痛苦之旅。王国维谈论欲望的方式，无疑是受到了叔本华“唯意志论”的深刻影响。叔本华认为，人的欲望、意志生生不息，而一切苦难又皆缘于此，“一切欲求皆出于需要，所以也就是出于缺乏，所以也就是出于痛苦”，“欲望是经久不息的，需求可以至于无穷。而[所得]满足却是时间很短的，分量也扣得很紧”。[③] 人类是欲望和需求的化身，是无数欲求的凝聚，满足一个愿望，接着又产生更新的愿望，如此衍生不息，永无尽期。反过来说，如果欲望太容易得到满足，欲望的对象一旦消失，可怕的空闲和苦闷将立刻袭来。因此，人类本质上难免痛苦，生存本身成了人类难以负荷的重担。《红楼梦评论》中的“钟摆”之喻，其源头实来自叔本华，叔氏在阐释一切意志现象的本质时指出：“人生实如钟摆，在痛苦和倦怠之间摆动；这二者就是人生究极要素。”[④]

既然人生是无边的苦海，如何寻求解脱便成了最紧要的问题。生活的痛苦是由欲望引起的，要消除这种痛苦，只有将欲望进行转移或者从根本上予以拒绝，使自我超然于利益诉求之外，才能得到心灵的宁静。“然物之能使吾人超然于利害之外者，必其物之与吾人无利害之关系而后可，易言以明之，必其物非实物而后可。然则，非美术何足以当之乎？”因为“美术”（文艺）能使人忘记“物与我之关系”，进入一种“吾人之心无希望，无恐怖，非复欲之我，而但知之我也”的境界，[⑤] 王国维由此提出了“欲望—解脱”的途径，用“美”对欲望进行升华。这里，王国维实际上是将康德和叔本华的思想杂糅在一起

① 王国维：《红楼梦评论》，《王国维美论文选》，湖南人民出版社1987年版。

② 同上。

③ [德] 叔本华：《作为意志和表象的世界》，石冲白译，商务印书馆1982年版，第273页。

④ [德] 叔本华：《爱与生的烦恼》，陈晓南译，华龄出版社2001年版，第99页。

⑤ 王国维：《红楼梦评论》，《王国维美论文选》，湖南人民出版社1987年版。

了。康德认为，审美判断是“非功利而生愉快”、“无目的的目的性”，而叔本华则以“拒绝意志”来为人生指明出路。王国维的论述，正是从康德、叔本华那里获取了思想资源，他最终的落脚点是为了解决“欲望—痛苦”这一根本问题，寻找精神家园。

基于这样一种欲望哲学，并用之于批评实践，王国维发现了《红楼梦》的不朽价值。他认为，《红楼梦》的艺术精神就在于它写出了由生活之欲所引发的人生苦痛及其解脱之道。生活之欲是无所不在的，它集中地表现为“男女之欲”。按照叔本华的观点，生活意志的外化方式是多种多样的，它极度强烈地表现在性爱的冲动中，“除生命外，它（性爱）是所有的冲动中力量最强大、活力最旺盛的；它占据人类黄金时代（青年期）一半的思想和精力；它也是人们努力一生的终极目标”。[①] 性欲是生存意志的核心，是一切欲望的焦点，它在人类生活中扮演着极重要的角色，“人类也可说是性欲的化身”。[②] 因此，解决了“男女之欲”所导致的痛苦，也就解决了人生的中心问题。在王国维看来，这个“人之大欲存焉”的“饮食男女”问题，也是一个千古难题，“其自哲学上解此问题者，则两千年间仅有叔本华之《男女之爱之形而上学》耳。诗歌、小说之描写此事者，通古今东西殆不能悉数，然能解决之者鲜矣。《红楼梦》一书非徒提出此问题，又解决之者也。”[③]

那么，《红楼梦》具体揭示了什么样的解脱途径呢？王国维指出，《红楼梦》中的“还玉之言”实际上意味着，生活的不幸都是由欲望造成的，贾宝玉将“玉”还给僧人，正是拒绝生活的欲望，以求得解脱。“《红楼梦》一书实示此生活、此苦痛之由于自造，又示其解脱之道不可不由自己求之者也。”解脱的真谛也就是在对痛苦的观照、体验中，洞观宇宙人生之本质，“始知生活与苦痛之不能相离，由是求绝其生活之欲而得解脱之道”。解脱的方式又不外乎两种，“一存于观他人之苦痛”，例如惜春、紫鹃；“一存于觉自己之苦痛”，就像贾宝玉。然而，这两种方式所导向的归宿是一样的，都是拒绝生活的欲望而获得灵魂的栖息之所。王国维认为，《红楼梦》中真正获得解脱的，仅贾宝玉、

① ［德］叔本华：《生存空虚说》，陈晓南译，作家出版社 1987 年版，第 111 页。

② ［德］叔本华：《爱与生的烦恼》，陈晓南译，华龄出版社 2001 年版，第 54 页。

③ 王国维：《红楼梦评论》，《王国维美论文选》，湖南人民出版社 1987 年版。

惜春、紫鹃三人。尤其是贾宝玉，他在自我的欲望之旅中不断地体验到痛苦而最终开悟出家，“彼以生活为炉，苦痛为炭，而铸其解脱之鼎”，其解脱方式是“自然的也，人类的也”，“悲感的也，壮美的也”。[①]

至此，王国维似乎提出了一个关于欲望叙述的完整模式，从对“生活—欲望—痛苦”的本质性认定，到主张“绝欲”来寻求解脱，都鲜明地打上了叔本华式的烙印。然而，就是在《红楼梦评论》中，王国维同时又对叔本华的“解脱”说提出了绝大的疑问：“叔本华之言一人之解脱，而未言世界之解脱，实与其意志同一之说不能两立者也。”叔氏虽“力护其说”，“徒引据经典，非有理论的根据也。试问，释迦示寂以后，基督尸十字架以来，人类及万物之欲生，奚若？其苦痛又奚若？吾知其不异于昔也？然则，所谓持万物而归之上帝者，其尚有所待欤？抑徒沾沾自喜之说而不能见诸实事者欤？果如后说，则释迦基督自身之解脱与否，亦尚在不可知之数也。”[②] 在《叔本华与尼采》一文中，王国维更是认为，叔氏之说，“聊以自娱而已”。

以叔本华哲学作为立论的根据，同时又对其提出质疑，如何看待《红楼梦评论》中的这种自我反省行为？王国维一方面鼓吹“绝其生活之欲”，另一方面又陷入了“解脱之可能与否”的困惑，这其中包含了怎样的思想紧张性？

要回答上述问题，还得回到王国维本人对东西方文明的诊断，及其对人生的悲剧性体验。在他看来，东西方文明正处于空前的大裂变之中，传统的欲望叙述模式已经失效，知识的增加只能给人带来更大的痛苦，“文化逾进，其知识弥广，其所欲弥多，又其感苦痛亦弥甚故也。”[③] 理性也不可能营造普世的福祉，它不能作为人类追求的终极目标。在《释理》一文中，王国维指出，“理性者，推理之能力也。为善由理性，为恶亦由理性，则理性之但为行为之形式，而不足为行为之标准，昭昭然矣。惟理性之能力，为动物之所无，而人类之所独有，故世人遂以形而上学之所谓真，与伦理学之所谓善，尽归诸理之属性。不知理性者，不过吾人知力之作用，以造概念，以定概念之关系，除为行为之手段外，毫无关于伦理上之价值。”理性的作用有限，它不能为人类的

① 王国维：《红楼梦评论》，《王国维美论文选》，湖南人民出版社 1987 年版。

② 同上。

③ 同上。

道德立法，也无助于解决欲望难题，人们不应该对它寄予厚望。王国维的这种观点，与叔本华大抵是一致的。在西方哲学史、文化史上，叔本华深刻地揭示了以“理性”为中心的现代性传统潜伏的内在危机：充分理性化的世界充斥着巨大的不幸，在强有力的社会规范面前，人的灵魂无处逃遁。叔本华重视人的欲望、意志，将研究的重心转向了人本身，显示了对现代性的反抗。他认为，“世界是我的表象”，人的意志支配理性，理性只是属于现象的、派生的东西，真正的内核是人自身内部的坚不可摧的意志。“他的哲学旗帜上写着：‘凡是现实的都是非理性的，凡是非理性的都是现实的！’”[①] 他向一切乐观主义的哲学提出挑战，否定所谓生活目的和意义的说法，认为任何目的只是相对于意志才成为目的，意志唯一的本质就是欲求，而“人类的欲望是得陇而望蜀，永远无法餍足”，“即使得到满足，那也仅能给予没有痛苦的状态，但却带来更多的烦恼。这个烦恼的感觉是人生空虚的成因，也直接证明生存的无价值。”[②] 在这个生存空虚的世界上，“如何解脱我们的烦恼和努力？唯有赖‘生存意志’的否定”，[③] 要从苦难中获救，就必须抑制乃至拒绝欲望、意志。这是叔本华诊断西方文化的病灶所开出的处方。而王国维出于对文化变革的敏锐感应，沿着叔本华的思路，喊出了“绝欲”的声音。

但是，王国维并非没有自己的思考，他在《叔本华与尼采》一文中指出，叔本华“其说灭绝也，非终欲灭绝也，不满足于今日之世界而已”。[④] 这里，王国维实际上也道出了自己主张“绝欲”的深层原因，即“不满足于今日之世界”，因为中国传统的礼乐文化在欲望的挑战下已不堪一击，如何安顿人的心灵、建构社会秩序成了异常紧迫的问题。与理性主义的乐观不同，王国维更多地看到了人生终极追求、乌托邦许诺的荒诞性，世界变得虚无。在此前提下，他对叔本华的学说也是心存疑虑：既然人生毫无意义，欲望的本质是痛苦，而“绝欲”作为欲望的一种又何尝有意义呢？直面欲望之魔，所谓解脱之道也是无力的。尽管如此，王国维仍然坚守人本主义的防线，明知解脱之难而强求慰

① ［苏］贝霍夫斯基：《叔本华》，刘金泉译，中国社会科学出版社 1987 年版，第 73 页。
② ［德］叔本华：《生存空虚说》，陈晓南译，作家出版社 1987 年版，第 89、94 页。
③ 同上书，第 153 页。
④ 王国维：《叔本华与尼采》，《王国维美论文选》，湖南人民出版社 1987 年版。

藉，这其中所承受的精神紧张性是可想而知的。

当然，王国维对欲望问题的悲剧性考察，同时也与时代出现了错位。对于20世纪初的中国来说，旧的人生模式趋向解体，社会处在“乾坤再造”的前夜，创新、求变，追寻现代性，释放人的欲望，日渐成为合法化的思潮。主流思想文化界和大众传媒界更关注的是外部世界的变革，公众舆论的中心话题是“新民”、“救亡”。而王国维却在潮流之外主张“绝欲”，逃离现代性所设定的人生轨道，并追问生命的解脱何以可能，实际上以另一种方式对中国传统礼乐文化式微作出回应。这种回应一旦置放在中国20世纪思想、文化发展的逻辑链条上，我们不难发现其价值。在理性主义欲望叙述的另一端，王国维提出了历史转折时期人生模式建构的困惑，为中国20世纪的非理性主义欲望叙述开辟了源头。

文学媒介上的另类试验

在20世纪初中国特定的历史语境中，王国维对人的非理性问题的关注，对欲望的人本主义式的言说，虽然未像启蒙理性话语一样在大众传媒上形成巨大声势，也不可能融入时代主潮，但它毕竟开辟了文学以及思想文化的另一片天地，一个关注“人”的情感、意志乃至本能的叙述话语空间，这启迪了自李金发、新感觉派直至20世纪80年代的“现代派”在文学类媒介上进行多种试验。

“五四”退潮后，社会现实变动迅速，多种思想观念在大众传媒上混杂、交锋，许多小资产阶级知识分子陷入深刻的迷惘之中，人生的失落感异常强烈，欲望的非理性一面也突出地显现出来了。茅盾后来分析那个年头的集体心理时指出，“这一时期，两种不同的对于‘人生’问题的态度，是颇显著的。这时期以前——‘五四’初期的追求‘人生观’的热烈气氛，一方面从感情的到理智的，从抽象的到具体的，于是向一定的‘药方’在潜行深入；另一方面则从感情的到感觉的，从抽象的到物质的，于是苦闷彷徨与要求刺激成了循环。然而前者在文学并没有积极的表现，只成了冷观的虚弱的写实主义的倾向；后者却狂热地风魔了大多数的青年。到‘五卅’的前夜为止，苦闷彷徨的空气支配了整个文坛，即使外形上有冷观苦笑与要求享乐和麻醉的分别，但内心是同一苦闷彷徨。走向十字街头的当时文坛只在十字街头徘徊。”[①] 在这样的转折关头，一部分知识分子无奈地徘徊于社会生活的边缘，沉浸在自我的心灵世界中，真正体会到了人生非理性的况味。

“五四”的历史功绩之一，在于张扬人的个性，激发个体的生命欲望。然而，“欲望”在启蒙者的摇旗呐喊中解放出来之后，仍然遭遇到世俗习惯的围剿，传统的势力依然是那么强大。不难理解，当时的新式报刊上发表了大量“五四”儿女追求婚恋自由而不得的小说作品。“欲望”到底往何处去？许地山开出的是佛教和道教思想相调和的药方。在《命命鸟》中，主人公加陵和敏明自由恋爱，遭到封建家长的反对，一对男女双双殉情。耐人寻味的是，作者既肯定了主人公追求欲望实现的合理性，同时又对欲望本身产生了怀疑。女主人公敏明在梦境中看破了尘世儿女私情的虚幻性，追求“六根清净”。在欲望的实现与“绝欲”之间，文本产生了巨大的张力，最后，敏明和加陵在“涅槃”中寻求解脱。《缀网劳蛛》的主人公尚洁更是洞悉了命运的无常，处于一种无欲、无怨、无喜、无忧的状态，这里，明显渗透着佛教的虚空哲学和道教的无为思想。

同样是面对人生的虚幻，诗人李金发则从自己的主观心灵出发，营造一个缥缈朦胧的艺术世界，叙述个体欲望在社会文化重压下的扭曲形态。最早发表李金发诗歌的《语丝》编辑周作人以及宗白华大为赞赏李金发的诗，说他是“东方的鲍特莱”、“国中诗界的晨星”。他的诗集《微雨》、《食客与凶年》经周作人品题后“声价十倍”，被誉为“国内所无，别开生面”。周作人还介绍在巴黎的刘半农与他见面，并将这两本诗集编入新潮社丛书，推荐给北新书局出版。

20 世纪 20 年代中期，李金发以“多元的，易变的，神秘化，个性化”的笔触，传达出欲望无法实现的悲观、颓废和绝望。其代表作之一《弃妇》，用新奇的意向，呈现出被遗弃生命的恐惧、哀怜与无助：“衰老的裙裾发出哀吟，/徜徉在丘墓之侧，/永无热泪，/点滴在草地/为世界之装饰”。生命被叙述为非理性的存在，个体如何确证自身的价值，寻求欲望的满足呢？在李金发

① 茅盾：《中国新文学大系·小说一集·导言》，上海文艺出版社影印本，第 12 页。

的许多诗作中，欲望是与死亡联系在一起的。如《生活》一诗，诗人发泄出对生活的强烈愤懑，唱响死亡的赞歌。生活/欲望/死亡，在这种悲剧性的圈套中，人生被涂抹上了浓重的非理性色彩。李金发在自述中曾说，“那时因多看人道主义及左倾的读物，渐渐感到人类社会罪恶太多，不免有愤世嫉俗的气味，渐渐的喜欢颓废派的作品，鲍德莱的《罪恶之花》，与及 Verlaine 的诗集，看得手不释卷，于是逐渐醉心象征派的作风。”① 诗人借鉴象征派的艺术手法，用一种虚无主义的姿态批判社会罪恶，展开“欲望”的死亡之旅。

李金发叙述欲望的方式，在 20 世纪 20 年代中期的中国文坛独树一帜。虽然他被时人称为“诗怪”，但他所传达的时代情绪，却有某种典型性。到了 20 世纪 20 年代末、30 年代初，刘呐鸥、穆时英、施蛰存等为代表作家的新感觉派的崛起，将非理性主义的欲望叙述推向了一个小小的高潮，《无轨列车》、《新文艺》、《现代》则是他们基本的阵地。《无轨列车》创刊于 1928 年 9 月，主编刘呐鸥。1929 年 9 月，《无轨列车》被迫停刊半年后，刘呐鸥等人又推出《新文艺》月刊。到 1932 年 5 月《现代》创刊时，新感觉派已经形成，该刊倔强的姿态，体现出成熟的编辑理念，表征出“综合性”的办刊方向和“趋新”的价值追求，坚守“文学作品的本身价值”这一编辑标准，正如主编施蛰存在《创刊宣言》中所说：“《现代》不是狭义的同人杂志”，“并不预备造成任何一种文学上的思潮、主义或党派”，稿件取舍“只依照编者个人主观为标准，至于这标准，当然是富于文学作品的本身价值方面的”。

与李金发一样，新感觉派作家也深受外国文艺的影响，并对时代发展有着敏锐的直觉，不同的是，他们对自身的文化氛围、生存语境有更深入的感受，毕竟上海这座不同寻常的大都市赋予了生活以“现代”的含义，并为“现代主义”的发展提供了客观的条件。正如施蛰存所说，“所谓现代生活，这里面包括着各式各样的独特形态：汇集着大船舶的港湾，轰响着噪音的工场，深入地下的矿坑，奏着 Jazz 乐的舞场，摩天楼的百货店，飞机的空中战，广大的竞马场……甚至连自然景物也和前代不同了。”② 随着时代的变动，都市文化的兴起，人们的生活态度也发生了显著变化，物质主义、消费主义刺激着人们的

① 李金发：《文艺生活的回忆》，《飘零闲笔》，台北侨联出版社 1964 年版，第 5 页。

② 施蛰存：《又关于本刊的诗》，《现代》第 4 卷第 1 期。

享乐心理。“新的机械文明，新的都市，新的享乐，新的受苦，都摆在我们的面前，而这些新东西的共同特点便在强烈的刺激我们的感觉。”[①] 现代都市社会激活了人的欲望，欲望具有了新的表现形态。

新感觉派的叙述特色之一，便是探讨都市与人的关系，欲望在现代物质文明冲击下的发展路向。刘呐鸥、穆时英等人的小说，善于截取生活的横断面，从不同侧面透视欲望在都市社会中的表现形态。穆时英《上海的狐步舞》（原载 1932 年 11 月《现代》杂志二卷一期）打破情节发展的因果逻辑，用片段式的生活场景和画面，展示大都会繁华表象背后的病态人生。小说选择 1932 年的上海一夜作为时空背景，叙述从月亮爬上天边到日出期间发生的种种事件，勾勒不同阶层人们的精神特征。在作品中，灯红酒绿的夜晚极具象征意义。在黑夜的掩护下，人们的欲望开始蠢蠢欲动：行路人在街上碰到对头，惨遭劫杀；年轻的姨太太向富豪索开支票，然后与他的前妻之子调情乱伦；饭店里聚集着娼妓掮客、绑票匪、白俄浪人，空气中充满古龙香水和淫欲味；作家在胡同里寻找可以作为小说的素材，碰到一个老妇人让儿媳妇出卖肉体以求最基本的生活之资。夜上海的众生相，融浮华与惨痛、享乐与悲苦于一体。这也正是小说开篇和结语所强调的：“上海，造在地狱上的天堂”。

应该说，都市与人的关系，同时也必然涉及人与人之间的关系。新感觉派作家在处理这一问题时，大多是以“欲望”为扭结点的。也就是说，欲望的相互投射包括潜意识的开掘，是新感觉派小说处理人与人之间关系的一个重要的切入口。在这里，欲望的奔涌，不仅仅表现为简单的利益纠葛，同时也是情欲的外化，以及深层潜意识中的冲突。刘呐鸥的《两个时间的不感症者》讲述了一个关于男女多角关系的故事。小说中的 H 在赛马场结识了一位 Sportive 的近代型女性，她容貌漂亮，小嘴像樱桃一般，肌肉富于弹力，加上穿着透亮的法国绸、灰黑色的袜子，这一切都强烈地暗示着，她是一个充分欲望化的符号。正是在情欲本能的推动下，H 邀请这位女性一起去喝冷饮。短时间内，两人就好像是几年的朋友了。然而，当他们在马路上散步时，另一位男士 T 出现了，原来，这个女人和 T 也有约会。在一种尴尬的局面之中，三人一起

---

① 金克木：《论中国新诗的新途径》，《新诗》第 4 期，署名“柯可”。

进了舞场。最终，女人在华尔兹舞步中对 H 发泄着不满："什么吃冰淇淋啦散步啦，一大堆啰唆。你知道 Love-making 是应该在汽车上风里干的吗？郊外是有绿荫的呵。我还未曾跟一个 gentleman 一块儿过过三个钟头以上呢。"于是，女人与 H、T 告别，另赴他约。作者有意虚化了人物的身份、职业，这个女人成了象征欲望的载体，在人群之间流动。刘呐鸥的另外一篇小说《游戏》，也是聚焦非理性欲望之作。作品的女主人公在结婚之际，将自己的"贞操"献给了旧情人，而不是未婚夫。恋爱、婚姻、情欲，被相互割裂开来，人物的行动受非理性欲望的支配。

刘呐鸥、穆时英等人的小说，无疑受到了日本新感觉主义的影响。施蛰存后来回忆起当年的情景时说，"刘呐鸥带来了许多日本出版的文艺新书，有当时日本文坛新倾向的作品，如横光利一、川端康成、谷崎润一郎等的小说，文学史、文艺理论方面，则有关于未来派、表现派、超现实派，和运用历史唯物主义观点的文艺论著和报道。在日本文艺界，似乎这一切五光十色的文艺新流派，只要是反传统的，都是新兴文学。刘呐鸥极推崇弗里采的《艺术社会学》，但他最喜爱的却是描写大都会中色情生活的作品。在他，并不觉得这里有什么矛盾，因为，用日本文艺界的话说，都是'新兴'，都是'尖端'。共同的是创作方法或批评标准的推陈出新，各别的是思想倾向和社会意义的差异。刘呐鸥的这些观点，对我们也不无影响，使我们对文艺的认识，非常混杂。"[①] 此外，他们叙述欲望的方式，还不同程度地打上了弗洛伊德学说的烙印。这一点，在施蛰存那里体现得更明显，他曾明确说过，当时自己的创作只是"应用了一些 Freudism（即弗洛伊德主义）的心理小说而已"。[②]"（小说）里头讲的不是一般的心理，是一个人心理的复杂性，它有上意识，下意识，有潜在意识"。[③] 除了弗洛伊德，施蛰存对奥地利作家显尼志勒也十分倾心，并翻译过显尼志勒的《牧人之笛》、《生之恋》、《妇心三部曲》等作品，认为这位深受弗洛伊德赞赏的小说家"注重性心理的分析"，是精神分析学说在文艺上的实证表现，"使

① 施蛰存：《最后一个老朋友——冯雪峰》，《新文学史料》1983 年第 2 期。

② 施蛰存：《我的创作生活之历程》，《灯下集》，开明书店 1937 年版。

③ 施蛰存：《为中国文坛擦亮"现代"的火花》，《沙上的脚迹》，辽宁教育出版社 1995 年版，第 177 页。

欧洲现代文艺因此而特辟一个新的蹊径，以致后来甚至在美国产生了劳伦斯与乔也斯这样的分析心理作家”。[①]

正因为从弗洛伊德学说中找到了理论依据，施蛰存的《四喜子的生意》、《石秀》等作品，都是从人物的性本能入手，来透视欲望的非理性的一面。《四喜子的生意》（原载1932年12月《现代》杂志二卷二期）从第一人称的叙述视角，讲了一个车夫在拉车过程中因禁不住性诱惑而扑向一位外国女人的故事，小说对人物的性心理进行深入挖掘，将人物潜意识中的冲动外化，揭示出不受约束的欲望必然带来灾难性的后果。

其实，在“五四”新文化运动初期，弗洛伊德学说就已被不少的启蒙先驱所接受，当时西方不同发展阶段的各种学说都涌了进来。新文化运动的先驱来不及梳理西方话语的历史脉络，也无暇顾及各种学说的矛盾、冲突或不兼容性，他们将弗洛伊德、蔼理斯、柏格森等的理论，与人道主义的话语放在同样的价值层面上来接受，以服务于个性解放及反封建的目的。周作人在《人的文学》、《〈沉沦〉》、《猥亵论》等文章中，主张“灵”与“肉”、“神性”与“兽性”、“社会的人”与“自然的人”相统一。在周作人那里，情感、欲望、本能是构成个体感性生命的重要内容，“兽性”、“肉欲”无损人的形象，弗洛伊德、蔼理斯等人的学说，是启蒙的锐利武器，正可以重塑一个大写的“人”。而在西方，弗洛伊德恰是人道主义的有力反叛者，他的理论戳穿了“人”的神话，将“人”还原为赤裸裸的欲望。20世纪20年代末、30年代初，一部分中国作家对弗洛伊德学说有了更进一步的了解，同时，他们结合自身对社会人生的悲剧性体验，在欲望叙述中融入了非理性主义的感知方式。刘呐鸥、穆时英等人的小说以现代人特有的敏锐感觉和审美思维，表现了都市人的现代意识和价值观念。在他们的作品中，没有“五四”时期那种对人的高度礼赞，更多的是生命的放纵、颓废。日本的新感觉主义以及弗洛伊德学说等，使刘呐鸥他们倾心于叙述欲望的不可理喻以及人格的分裂。穆时英《被当作消遣品的男子》道出了人生的困境：“我们这代人是胃的奴隶，肢体的奴隶……都是叫生活压扁了的人啊！”“譬如我。我是在奢侈里生活着的，脱离了爵士

① 施蛰存：《〈薄命的戴丽莎〉译者序》，《薄命的戴丽莎》，上海光华书局1937年版。

乐，狐步舞，混合酒，秋季的流行色，八汽缸的跑车，埃及烟……我便成了没有灵魂的人。那么深深地浸在奢侈里，抓紧着生活，就在这奢侈里，在生活里我是疲倦了。”

新感觉派走出“人”的乐观神话，聚焦非理性的生命欲望，由此更凸显了生活本质规律的瓦解，世界的不可知性。他们强调感觉，就是因为认识到社会人生难以捉摸，只不过表现为转瞬即逝的主观印象。穆时英《夜总会里的五个人》（原载 1933 年 2 月《现代》杂志二卷四期）用快速的节奏、密集的信息，传达出都市的骚动、心灵的焦虑：“红的街，绿的街，蓝的街，紫的街……强烈的色调化装着的都市啊！霓虹灯跳跃着——五色的光潮，变化着的光潮，没有色的光潮——泛滥着光潮的天空，天空中有了酒，有了烟，有了高跟儿鞋，也有了钟……”错乱的主观感觉，形成了变幻不定的意识之流。在这种驳杂的心灵现实背后，人物失去了身份认同感，沉迷于非理性的欲望世界。《PIERROT》（原载 1934 年 2 月《现代》杂志四卷四期）这样描述都市的风景：“街有着无数都市的风魔的眼：舞场的色情的眼，百货公司的饕餮的蝇眼，‘啤酒园’的乐天的醉眼，美容室的欺诈的俗眼，旅邸的亲昵的荡眼，教堂的伪善的法眼，电影院的奸猾的三角眼，饭店的朦胧的睡眼……”各式各样的欲望之眼，穆时英勾勒出了都市社会中的众生相。

作家用新的艺术形式表现现代都市生活，展示人的感性欲望，同时也意识到了其中潜伏的危机。夜总会、舞女，在穆时英的创作中频繁闪现，夜总会的享乐生活，舞女的特殊身份，为欲望叙述提供了意味深长的想象空间。然而，这种故事大多并没有完美的结局，感性的生活未能给人们提供一个精神的家园。“我拼命地追求着刺激新奇，使自己忘了这寂寞，可是我能忘了它吗？不能的！有时突然地，一种说不出的憎恨，普遍的对于一切生物及无生物的憎恨；我不愿说出一句话，不愿看一件东西，可是又不愿自杀——这不是怯懦，因为我同时又是挚爱着世间的。我是正，又是反，是是，又是不是；我是一个没有均衡，没有中间性的人。”[1] 感性的生活—欲望的转移或释放—价值理念的崩溃—精神的幻灭，成为新感觉派小说触目惊心的现象，传达出那个时代特

① 穆时英：《我的生活》，《现代出版界》第 9 期（1933 年 2 月）。

有的“危机意识”。

新感觉派小说以它自己的方式，勾勒出了现代都市社会的欲望地形图。在一个物质化、世俗化的享乐世界中，欲望的激流难以阻遏，人性被冲击得四分五裂，生命的存在方式发生了种种变异，这是病态社会的不幸，也是人生的不幸。然而，在那个特定的时代，当战争烽火燃遍中华大地，在救亡图存的大语境下，新感觉派不可能长久地沉浸在书写个体非理性欲望的复杂情绪之中。将个人的欲望与民族的意愿统一起来，这是时代的最高律令。至20世纪40年代，非理性的“新感觉”不可避免地埋藏起来了。新中国建国后30年间，非理性主义欲望叙述的方式在大众传媒上难寻踪迹。

影响力超出文学报刊的欲望故事

直至“文革”结束，文学和传媒才迎来了思想解放的春天。20世纪80年代初期，文学和传媒在热烈呼唤人道主义、构建现代性工程的同时，我们又一次听到了非理性主义思潮躁动的声音。早在1980年，法国存在主义哲学家、文学家萨特的名字，就开始为中国知识界所熟知，并对中国作家产生现实影响。与此同时，有关“意识流文学”、朦胧诗在报刊上的激烈讨论和争辩，使人们对现代主义文学有了新的认识。对欲望的叙述方式，由此可能重新回到“人”的生命本身和存在的维度。

“文革”后语境的特殊性表现在，人的觉醒与困惑几乎是如影随形。随着思想解放运动的深入，现代化步伐的加快，新的时代要求每一个生命个体迸发出创造力，投身于社会变革的洪流。从“神性”的桎梏中走出来，个体生命的欲望逐步取得合法地位。《人民文学》、《收获》、《十月》、《当代》等刊物鼓励作家探索，对思潮更新起了很大的推动作用。当刘心武、蒋子龙等作家还沉浸在对“伤痕”的反思、对“改革”的礼赞时，张辛欣已将叙述的触角伸向了人的非理性欲望世界，其带有现代主义色彩的文学作品引起了广泛关注。1982年前后，她在《收获》杂志相继推出了《在同一地平线上》、《我们这个年纪的梦》等作品，在当时颇受争议，其影响远远超出了文学报刊的范围。正如有论者所指出的，“80年代整个文学具有强烈的文化中心意识，新闻媒体在那个时候并不凸显，反而是小说和报告文学高调地扮演着干预生活的角色。”[①]

“高调”干预生活，文学自身也被置放在聚光灯下备受争议。争议缘于分歧，而分歧意味着价值观念的不一致。张辛欣的作品，正暗示着新时期价值观念的不断嬗变，它们所传递出的信息，具有某种深刻的文化意义。《在同一地平线上》等作品在艺术形式上固然有所创新，但作者真正的敏锐之处在于捕捉到了时代的潜意识，将现代人的焦虑以一种尖锐的方式提出来了。出于对社会生活的快速感应，张辛欣的叙述敞开了一个在当时还相对被忽视的精神层面：富于个性的现代人，如何在自我、他人、社会的价值天平之间，谋求心理的平衡，为自身的存在定位，获得欲望的满足。作者在《收获》1980 年第 5 期发表的《我在哪里错过了你》，实际上就已经触及了这一问题。

《我在哪里错过了你》表面上讲述的是一个令人惆怅的爱情故事，女主人公带着对理想生活的憧憬，终于找到了自己痴迷爱恋的对象，然而，由于两人性格的冲突，最后他们天各一方。一对相互倾慕的男女劳燕分飞，小说的目的并非是要营造一种感伤、忧郁的氛围。张辛欣笔下的人物，绝不属于柔弱无能、自怜自叹的类型，作者的叙述表现出女作家少有的刚强姿态。《我在哪里错过了你》的女主人公就是一个不满足于平庸生活、自强不息的个人奋斗者，而男主人公则是一个如石雕般的硬汉子，有着与大海搏斗的力量和坚强的事业心，同时又弥散出诗人般的气质。这两个精神上的强者碰到一起，虽然他们在追求理想生活这一目标上是一致的，但各自的追求方式又不被对方理解，于是，生存的困境凸显出来。社会生活要求女人像男人一样往前闯，女主人公在不知不觉中形成了坚强的意志。当男主人公出现后，“她”愿意为了“他”改变自己的形象，“做一个真正的女子!”可是，生活塑造出的欲望主体，其个性是很难改变的。“我以为那只是一件男式外衣，哪想到已经渗入我的气质中，想脱也脱不下来!”女主人公的自我表白，道出了人生的难题。生活激发了人的各种创造性力量，泯灭个人意志以求得与他人、社会的和谐共处，其结果只能是导致自我的迷失；而自我个性的张扬，心灵深处激情的勃发，又未必能为他者或公共空间所接受。这样，张辛欣在小说中直白地道出了现代人的焦虑

① 胡泳：《十年一刊：从文化年代到媒体年代》，《读书》2005 年第 9 期。

感、孤独感："她"和"他"相遇了，又错过了，女主人公感叹"我们彼此相隔的，不是重重山水，不是大海大洋，只是我自己!"与最亲密的朋友李克在一起，女主人公"遇到他那带着崇拜和绝对信赖的清澈眼光"，"会隐隐感到孤寂、无助，感到一种无法在默契的交流中通达对生活种种感受的悲哀!"

卢卡契曾经指出，对于现代主义作家来说，"人从本性上看是孤寂的，非社会的，不能和其他人产生联系。"① 张辛欣小说中的人物，其孤寂感虽然还没有上升到本体论的层面，"把孤寂视为普遍的人类处境"，但文本中流露出的某种绝望情绪，已经显示出了对外部世界和自我的双重怀疑。

可以说，张辛欣的小说与同时代的主流叙述有着明显的区别。"文革"后的作家刚刚从历史动乱中走出来，大多对过去的一切记忆犹新。在那个荒唐的年代里，人的尊严被侵犯，个体的生命欲望被囚禁于神圣话语的牢笼。当作家们重新操起笔，他们创作的问题小说、伤痕文学、反思文学等，反映了那个时代人们的集体意识，就像何西来所指出的，伤痕文学积极参与了全民的大思考，是"痛定思痛的文学；沉思不能不是这类文学的共同特点，这个特点，也影响了此后整个新时期文学的潮流。"② 但这种"沉思"，是对历史悲剧的沉思，对社会问题的反省；在"沉思"的背后，是感性生命的觉醒，理想主义的高扬。作家的视点下移，关注普通人的生命欲望，颂扬他们在日常生活中表现出来的人性亮点。阿城说，普通人、小人物"他们之中常有一种英雄行为。他们并不逞强，但环境、事件造成了，他们便集了全部能力拼一下，事后自己都有些后怕，别人也会惊异发生过的事。当然更多的是他们日复一日的毫无光彩的劳作，地球于是修理得较为整齐，历史也默默地产生了"。③ 在"文革"后绝大多数作家的笔下，人的发现意味着自我主体地位的确立，个体生命的愿望要求与他人的利益关系，以及历史的发展方向，在总体上是协调一致的。与主流叙述不同，张辛欣的小说探讨的是个体生命欲望释放之后，人物面临的尴尬处境。个体的诉求，与他人、社会构成某种矛盾、对立，非理性的情绪成了叙述对象。

---

① 卢卡契：《现代主义的意识形态》，《现代主义文学研究（上）》，中国社会科学出版社 1989 年版。

② 何西来：《蚌病成珠——论"伤痕文学"》，《清明》1983 年第 1 期。

③ 阿城：《一些话》，《中篇小说选刊》1984 年第 6 期。

自我与他人乃至社会的冲突，在张辛欣那里，形象地外化为“他”与“她”的故事，而人物的婚恋关系只不过是作者思考人生、社会问题的一个切入口。《在同一地平线上》、《我们这个年纪的梦》等作品，深入到男女主人公的深层心理结构，对现代人的欲望问题作了更锐利的解析。《在同一地平线上》由《收获》1981年第6期发表后，《光明日报》、《读者》、《文艺报》等都发表文章，对这部小说展开讨论。

从某种意义上说，《在同一地平线上》的叙述逻辑是对《我在哪里错过了你》主题的延续，并进一步强化了欲望主体之间的内在冲突：“我”虽然没有“错过”“你”，但还是“失去”了“你”。《在同一地平线上》的“他”与“她”，都是以强者面目出现的，两人的结合也成了“错”。最初，“她”远远地、朦胧地想着“他”、望着“他”，被“他”的精神力量所吸引，两人从相识、相恋到结婚。然而，从一开始，“她”都无法保持“她”和“他”之间的平衡，无法保持家庭的平衡。为了给“他”调来北京、开辟事业上的道路创造条件，“她”放弃了报考普通大学的机会。可是，他们之间并没有家庭的快乐和幸福。“他”是一个画家，为了自己的事业到处钻营，冷落了“她”，从不关心“她”的感受。为了在事业上、精神上与“他”平等对话，“她”做了人工流产，后来考上了电影学院导演系。为了各自的奋斗目标，他们在全力挣扎，相互撕咬，直至彼此遍体鳞伤。两人真诚地彼此爱过，又深切地互相恨着。在爱恨交织中，两人提出离婚。

如果仅仅将《在同一地平线上》视为一篇关于婚姻家庭问题的小说，无疑失之简单。许子东当年曾断言，“这篇小说大概要使评论家们忙上一二十年”。[①] 的确，这部作品潜藏着异常丰富的内涵，批评家可以作出许多种解读。从小说的叙述策略和文化指向来看，它从现代青年的家庭生活冲突入手，揭示了个体精神突围的艰难，作为欲望主体，在突破庸俗现实生活的限制的同时，却陷入了另外一种苦恼与惶惑，连最亲密的爱人彼此也无法理解、沟通。小说中的“她”不愿意只靠对方的力量、意志生存，因为“每个人面临的，也各是一个整个的世界”。生活的各种竞争，现实的各种诱惑，加工资、提级、分房

① 许子东：《张承志和张辛欣的梦》，《当代文艺探索》1985年第2期。

子，等等，相互都不能代替对方去争。因此，“她”毅然选择报考电影学院，这是满足精神需求、开辟新生活的途径之一。同样是面对外界的各种诱惑，“他”也坦然地承认：“人，有无数的欲望，整个世界就在竞争中推进。”在“他”看来，不管每一个人在用什么样的速度、节奏活着，整个社会，跟大自然，跟生物界一样，都被安排在生存竞争的轨道之中。有些人自以为与世无争，其实也并没有逃脱柴、米、油、盐、工资、涨价的愁苦和牢骚，还不过是在被竞争的世界拖着走。“他”的人生哲学是：“人由自己的欲望驾驭着，被命运扒拉。在这两种力之间，走出一条弯弯曲曲的路。”

在充分欲望化的世界中，人与人的关系变得异常紧张起来。“他”和“她”虽是两夫妇，却“总像是两只虎住在一起，雄虎和雌虎！”他们“总在为什么东西互相抗衡，互相抵消精力，还老是不由自主地重复着结构大致相同的戏”。这是一场激烈的心灵战争，生存竞争的法则，造成了人性的裂变。张辛欣敏锐地把握住时代的流向，塑造出了“孟加拉虎”式的现代人。孟加拉虎生活在生存竞争极其激烈的条件下，“它在大自然中有强劲的对手，为了应付对手，孟加拉虎不能不变得更加机警、更灵活、更勇敢和更凶残。”以虎喻人，在严酷的现实生活中，为了达到自己的目的，“他”像孟加拉虎一样勇猛地出击、搏杀，甚至是不择手段。像这种为了个人的名利欲而进行自我意志扩张的人物形象，在当时很难被人们接受或认同。曾镇南在回顾这部作品所引起的巨大争议时说，“当时的文艺界乃至整个文化界还处于社会价值、人生价值观念大变动的前夜，对‘人应该是怎样的’种种美好的想象和设计，对人的强烈鲜明的善恶判断，还支配着大多数人的思维方式。人们还不太习惯面对人的现实，不习惯承认‘人就是这样’、‘人已经是这样’，不习惯用对人性的理解来补充甚至代替对人性的伦理判断。在这样的情况下，小说那种直率而强悍的对现代人处境和心态的描写，就变得惊世骇俗、不可想象了。关于这部小说的激烈争论，几乎都置小说女主人公要求被理解的女性呼吁于不顾，而固执地在男主人公形象的道德评价上做文章。”① 当时的人们从道德的视角出发来评判男主人公，运用的是人道主义的尺度，而“孟加拉虎”式的现代人已经开始逃逸出理性所

① 曾镇南：《张辛欣评传》，见《中国当代青年女作家评传》，中国妇女出版社 1990 年版，第 514 页。

设定的范围，其情感、意识与社会常规出现了错位，因此，“他”被人们看成了异类。

值得注意的是，《在同一地平线上》给了“他”充分的辩护的权利，为欲望辩护，为生活辩护。对此，当时很多批评者表示不理解，责怪作家对“他”流露出太多的同情。其实，张辛欣的叙述方式，恰恰显示了作家的高明之处，小说写出了人的复杂性、欲望的复杂性。在一个社会发生大变革的时代里，个人生活道路的选择，没有固定的、理想的模式可循。“他”意识到了自己心灵的畸变，“我是改变了，我被扭曲了。我堕落过！我不是纯质的，我是一个化合物。我承认！但是，我在挣扎！我还在往前爬……”“他”有自己的痛苦和悲哀，“在你眼里，我是一个庸俗的商人。我自己何尝不厌恶这些东西，厌恶我自己的这一面。”张辛欣对笔下人物的反思，较多地是从人本身这一层面展开的。为了实现个人目的，“他”和“她”被捆绑在欲望的战车上，彼此挣扎的过程，同时也是生命意义失落的过程。

理想的寄托难道真的无法找到吗？欲望投射的对象能否超脱于纯物质之外？张辛欣给了我们一个否定的答案，她用小说家的笔戳穿了“梦”的虚幻性。《我们这个年纪的梦》发表在《收获》1982 年第 4 期，小说中的“她”，是一名普通工人。建立小家庭之后，窝囊的丈夫不能给“她”带来精神上的抚慰。在无聊琐碎的日常生活中，“她”抑制不住自己对理想恋人的追思。如同一个童话般的梦，儿时的恋人渐渐清晰地呈现在“她”的脑海中：阳光、海浪、飘飘的队旗、神秘山洞中可爱的小男孩，幻化出水晶般耀眼的光彩。“她”越来越关切地想到“他”，不由自主地猜测着“他”的命运。然而，现实的逻辑无声地击碎了“她”的梦，儿时的恋人竟是眼前那位俗不可耐的邻居。“于是，她去淘米、洗菜、点上煤气，做一天三顿饭里最郑重其事的晚饭。”小说这样结束。在云端高翔的理想主义憧憬，终于回到了坚实的大地。

功利诉求与诗意生活的矛盾，在张辛欣的小说中是如此的醒目，作者深入地表现了现代人欲望扩张所陷入的困境，同时也揭示了生命个体寻找精神家园的艰难。但她并没有彻底绝望，世界也没有变得荒谬绝伦、支离破碎、无法修补，作者在拆解了“梦”的神话之后，又温情地给人们以一线希望：“也许，生活离你心里的梦总是非常的远，那些梦不一定会有一个结果，而有结果的，又可能是偏差极大的。但，你还是要做梦。只要能做梦呵！谁又知道呢，在那些无形的梦和实在的生活之间，是不是有着一座桥呢？是不是梦变形地延伸到生活里，而生活又向前延伸？……”①

出于对现代性美好信念的疏离，张辛欣的小说向非理性主义迈出了一大步，但又没有走得太远。正是这些既不很传统、也不属“最先锋”的作品，预示着一个竞争激烈的欲望化时代的到来，人们已经“别无选择”。

先锋性、探索性的文学与传媒文化

继张辛欣之后，刘索拉以其更“先锋”的姿态对人的存在进行了新解读，人的欲望世界被叙述为不断涌动的生命之流。她的《你别无选择》在《人民文学》1985 年第 3 期发表后，受到了文学界的广泛关注，《文艺报》、《文学评论》、《当代作家评论》、《小说评论》、《作品与争鸣》等纷纷发表论文，就这篇小说展开讨论和争鸣。《你别无选择》推出后，尽管也遭遇了否定性的批评意见，但其“创新”意义总体上是被传媒充分肯定的，它被称为第一篇“真正的中国现代派文学作品”。

那是一个鼓励探索、追求变革的年代，改变生活的欲望、突破既定成规的冲动，激荡着整个中国，现代、时尚的大众文化和媒介文化也悄然萌蘖。《你别无选择》顺应了这一趋势，给人以价值观念、审美感受的震撼。有论者指出，“刘索拉的小说在 1985 年出现是一个先锋性的，并非偶然的现象。它的内容与形式都具有一种不满足的、勇敢探求的深长意味。我们不能不学会与她的小说中的人物对话，理解他们，而且得越来越重视他们。”② 论者不仅认可了刘索拉的“勇敢探求”，而且对作家笔下那些“不可思议”的人物表示“理解”和“重视”，这大致反映了当时的文坛和文化界对《你别无选择》的普遍态度，它实际上显示着人们的接受心理乃至整个社会的群体意识在不知不觉中已经发生了很大的变化。相比较而言，张辛欣塑造的“孟加拉虎”式的现代人和刘索

① 张辛欣：《我们这个年纪的梦》，四川文艺出版社 1985 年版，第 244 页。

② 王蒙语，转引自刘北宪《刘索拉评传》，《中国当代青年女作家评传》，中国妇女出版社 1990 年版，第 153 页。

拉描述的玩世不恭的青年，都是以一种离经叛道的面目出现的，但他们却在读者那里经历了两种不同的“接受”命运，这正是社会文化语境变迁的结果。

20世纪80年代中期，理性主义欲望叙述在进入高潮的同时也潜伏着危机，它所建构的文化秩序未必能够整合人们的思想观念。也就是在此时，当代中国知识界处于异常活跃的状态，各种文化力量相互交锋。如刘再复的“主体性”理论虽然将人道主义话语推向了巅峰，但它也为非理性主义话语打开了入口。联系到当时的社会现实，改革开放、现代化的实践给中国的社会历史带来了深刻的结构性变动，经济的力量拓宽了原有的社会生活领域，改变着原有的生活方式，人们开始多角度地思考生命的意义、人的活法。而《你别无选择》的“横空出世”，进一步深化了张辛欣小说中所提出的命题。同样是关注人的生存困境，张辛欣更多地是从个体欲望与他人的关系落笔，而刘索拉则偏重于探究个体欲望与社会文化秩序的关系。《你别无选择》不仅肯定了个体生命欲望的合理性，而且将反叛的矛头直指现代性话语，揭示其虚妄性——以“理性”为核心的文化秩序，构建起强有力的规范，个体的欲望被淹没于历史的逻辑之中。因此，将个体欲望从历史的宏伟叙事之中“拯救”出来，就成了青年一代的强烈呼声。

《你别无选择》的叛逆姿态带着夸张和幽默，整篇作品就像一部闹剧。一群音乐学院的学生被枯燥、刻板的教育方式折磨得痛苦不堪，被压抑的欲望以一种扭曲的形式表现出来。面对做不完的作业、难以应付的考试、陈腐可笑的规章制度，一个个都变得神经质、反常态：“猫”动不动就能当着所有人咧开嘴大哭，哭起来像个幼儿园的孩子一样肆无忌惮；森森把两只手全按在钢琴键上，大叫“妈的力度”；“懵懂”能连着睡三天不起床，中间只起来两次吃饭，两次上厕所；董客老爱说一些驴头不对马嘴的话，他一开口就让人摸不着头脑……这里，没有错综复杂的人情世态，作品中人物矛盾困惑的焦点在于个体的生命欲望难以实现。李鸣有才能，有气质，富于乐感，可他厌倦了周围的一切就是想退学，得到的答复是：“你老老实实学习去吧，傻瓜。你别无选择，只有作曲。”面对“别无选择”的人生荒谬处境，李鸣整天躺在床上，不管门外发生了什么变化。这是一种“别无选择”的选择，玩世不恭的背后是生命活力受挫的无奈。

在《你别无选择》中，个体的生命活力主要表现为一部分青年学生创新的意愿。孟野门门功课都是五分，可就是不照规章办事。他的作品里充满了疯狂的想法，一种永远渴望超越自身的永不满足的追求。但是，这种追求经常会受到方向性的抨击。压力来自于无所不在的文化秩序，它在小说中被抽象成“功能圈”、T—S—D。小说借助小个子的口，道出了“功能圈”的符号意义，只要牢记它，“就能创作出世界上最最伟大的作品，世界上最最伟大的作品就离不开这个功能圈”。“功能圈”意味着摒弃个人意志、墨守成规、一成不变，它被挂在课室黑板的正上方，给全体同学以内在的约束，令人恐惧。

作为忠实履行“功能圈”指令的象征性人物之一，贾教授无疑是一个典型的代表。他一辈子兢兢业业地研究音乐，而几乎一无创新，他尤为恨那些自命不凡没完没了地搞创新的家伙。他竭力维护几百年的古老常规，呼吁全体作曲系教员要开展对学生从生活到学习的一切正统教育，不仅作品分析课绝不能沾20世纪作品的边儿，连文学作品讲座也取消了卡夫卡。他给学生提出的思考题是：“试想20世纪以来搞现代派作曲的人物哪个是革命的?”

这样的教育模式将会培养出什么样的学生呢？譬如石白，他深受贾教授的思想影响，认为贾教授是无所不知的圣人。在石白看来，所谓“创新”毫无意义，但他对音乐的狂热似乎无人可比，从不迈出琴房去做无意义的聊天，可他学了七年和声也没有长进。在贾教授的授意下，他写文章攻击森森、孟野的独创性作品是“法西斯音乐”、“杀人犯音乐”。

在这种令人窒息的压抑中，《你别无选择》叙述了充满现代情绪的人生体验，痛苦不是缘于物质的匮乏，而是从外部转向内部。刘索拉在为自己的作品辩解时说，“有人说，年轻人哪来这么多痛苦的呻吟，其实，他们的这种痛苦是非个人的，他们在艺术世界同生活世界相交织又相游离的重重矛盾中思辨，在思辨中走向成熟。这些人无所羁绊地在音响世界里驰骋，无所掩饰地袒露着自己的灵魂，他们求索与奋斗、痛苦与幸福的心迹，正好为一个开放的时代作证。”① 在小说戏谑、嘲讽的叙述话语背后，个体的生命欲望并没有泯灭。森森提交国际作曲比赛的作品，给人带来了远古的质朴和神秘感，生命在自然中

① 解玺璋：《刘索拉说：我别无选择》，《中国青年》1985年第10期。

显出无限的活力与力量。孟野的音乐更是把人搅动得神智不安，它质朴得无与伦比，哀伤得如泣如诉，雄浑得排山倒海，将人生的复杂感受以撼人心魄的形式化入作品中。

生命之流的奔涌，同时也被批评家严肃地谈论着，他们郑重地为“非理性”正名：《你别无选择》里的人物“意味着一个新的时代精神，他们的追求体现了 80 年代青年的特色。”他们“仿佛是一批天外来客，突如其来的降临，突如其来的消失。读者跟着小说走着走着，恍如置身于柏格森描绘过的那种生命之流，其中有青春的气息，有情绪的芳香，有意念的闪动。但假如要想从中把握住什么，那么这一切就会立即消失得干干净净。这样的小说艺术对于以往的理性主义创作规范，无疑是一种有力的反叛”。[①] 批评家从柏格森等西方现代哲学家那里获得思想资源，对青年一代的反叛给予理论上的支持，而现实生活也为这种反叛提供了心理基础。1985 年前后，整个社会的欲望处在一种生机勃发的状态之中，人们在为改革开放所取得的巨大成果欢欣鼓舞的同时，发现自身有使不尽的活力。尤其是青年大学生，他们对生活的感受更敏锐，内心骚动不宁，需要发泄却又总有什么地方不对劲儿，青春激情似乎总是受到一种无形的外在规范的制约，生命活力在冲动与受阻的较量中仍要喷薄而出。在这种体验中，尼采、柏格森很自然地就受到了中国青年的欢迎。

对于尼采、柏格森来说，他们都是高举非理性的旗帜，极力攻击传统文化秩序，砸断钳制欲望的锁链，回到“人”本身。为此，尼采唱响了酒神精神的赞歌，揭示出人性中“醉”态、癫狂的一面。酒神是本能快感、情绪宣泄、强力放纵的象征，他是“整个情绪系统激动亢奋”，“情绪的总激发和总释放”。处于酒神状态的人是“不会放过一个情绪标记，他具有最强烈的领悟和猜测的本能，犹如他握有最高度的传达技巧一样。他进入每个躯体，每种情绪：他不断变换自己。”[②] 柏格森则强调，理性是用机械的因果制约性去解释世界，它忽视了世界的整体性，无法把握生命现象。世界的真正实在和本原，是“绵延”不断的“生命冲动”。“生命冲动”像一条奔流不息、运动不止的意识长

① 李劼：《刘索拉小说论》，《文学评论》1986 年第 1 期。

② ［德］尼采：《悲剧的诞生——尼采美学文选》，周国平译，生活·读书·新知三联书店 1986 年版，第 320—321 页。

河，“这是一条无底的、无岸的河流，它不借可以标出的力量而流向一个不能确定的方向。”①

无论是酒神精神还是生命之流，它们都以一种反叛成规的姿态，吸引着“文革”后中国青年的注意力。就这一代人来说，他们目睹了理性对封建规范的摧毁，在一定程度上解放了人的感性欲望，但理性和现代文明又确立了新的抑制/激活机制，人的情感、意志、感性欲望受到压抑。于是，在20世纪80年代中期的语境里，当一些人仍在不遗余力地用理性清除封建传统的障碍时，另外一些人已经将理性作为了“革命”对象。《你别无选择》所反叛的目标，便指向了压抑非理性欲望的社会文化秩序。

当然，也必须看到，“文革”后的非理性主义欲望叙述强调生命之流，重视“强力意志”的合理性，却又并不完全放逐理性。在刘索拉、徐星等作家的笔下，主人公一连串非理性的感觉和错乱的意绪背后，仍然有着某种对生活的理性期待。作家力图将非理性欲望从社会秩序、文化规范的重压中释放出来，以重新寻找自我价值；在肯定非理性欲望的同时，又贯穿着自我追求、人格独立、个性解放的呼声。

小说文本所传达的复杂情绪、思想，实际上是特定人群集体意识、心理的外化。而文学类媒介对探索性、创新性文本的鼓励，推动着文化思潮、社会思潮的更新。纵观20世纪80年代，文学自身不断制造着“轰动效应”，文学报刊、图书的发行量巨大，拥有不同层面的广大受众。报纸、广播、电视等新闻媒体的运作机制、内容生产变革相对滞后，文学的探索和实践则走在时代前列，不断突破思想观念的禁区，触及大量敏感的现实问题，给受众的心灵带来极大震撼。文学和传媒呈现的社会意识，也为我们理解一个时代传媒文化的多元内蕴提供了某种依据。

① ［法］柏格森：《形而上学导论》，刘放桐译，商务印书馆1963年版，第28页。

第九章　理论批评与文化生产的互动

一　理论批评的“命名热”及其发生学探讨

20世纪90年代以来，中国文学批评和传媒文化的格局呈现出前所未有的复杂性。告别意气风发的80年代，作家、批评家的光环渐渐消逝。电视综艺节目、卡拉OK、报纸周末版、时尚期刊等，汇聚成一股强劲的大众文化潮流，给大众以消遣和娱乐，也给文学界带来躁动和迷惘。在不断变动的社会文化语境中，文学被边缘化渐成事实，作家、编辑和批评家追忆远去的光荣与梦想，他们强化文学生产的策划取向，力图改变精神文化现状。尤其是理论批评反应迅速，形成了许多新的批评方法、阐释模式和新的价值观念。批评话语的不断更新和繁衍，新问题的接连产生以及新名词、新概念和新术语的大量涌现，成为特定时期炫目的文学批评和传媒文化景观：

1992年，“后新时期”这一文学史分期术语正式提出，批评家用它来描述90年代中国文学和文化状况。

1993年6月，《上海文学》刊出《旷野上的废墟——文学和人文精神的危机》一文，由此引发了一场历时多年的关于“人文精神”的讨论。“人文精神”与“后现代主义”的论争亦相应展开。

1993 年底，《北京文学》编辑部倡导“新体验小说”的写作。

1994 年 2 月，《上海文学》推出“文化关怀”小说。

1994 年 4 月，《钟山》杂志结束了历时数年的“新写实小说”大联展之后，转而与《文艺争鸣》杂志倡导“新状态小说”。

与“新状态小说”的倡导同年，《春风》杂志标举“新闻小说”；深圳《特区文学》则提倡“新都市文学”，同《上海文学》、《佛山文艺》联合举办的“新市民小说联展”遥相呼应。

1995 年 10 月，《时代文学》与《作家报》联合开展“现实主义重构论”问题的讨论。

1996 年，文坛出现了一批关注社会生活、反映现实矛盾的作品，体现出现实主义的创作倾向。刘醒龙、关仁山、谈歌、何申等作家的名字，开始引起读者和评论界的广泛关注。评论家雷达称这些作家的创作掀起了一股“现实主义冲击波”。现实主义的文学问题，成为世纪末文坛的热点话题之一。

20 世纪 90 年代以来，文学期刊从 80 年代所处的巅峰位置往下跌落，但又不甘居于边缘被人们遗忘。在 80 年代，文学期刊把“铸造时代精神，做时代的代言人”作为自己崇高的使命。“文学期刊里包含的不仅仅有文学，还有影响人们整体生活方式的文化；文学期刊通过文学参与了 1980 年代整体生活方式的建构。”① 其巨大发行量也见证了文学期刊昔日的辉煌，如《人民文学》曾经发行过 150 万份，《收获》120 万份，《当代》55 万份。然而，90 年代中国的社会结构快速转变，人们的精神文化生活日益丰富，心灵诉求的表达方式、表达渠道更多样，报纸、电视和网络迅猛发展，文学期刊在封闭社会的优越性已经一去不返。1998 年，《昆仑》、《漓江》、《小说》纷纷停刊，被称为“天鹅之死”。到 2010 年，全国只有《小说月报》、《小说选刊》、《十月》、《当代》、《收获》等几家文学刊物的月发行量超过了 5 万册。90 年代以来的文学虽然失去了巨大的社会轰动效应，但它仍然在以自己的方式言

① 陈祖君：《论作为文化传播媒介的 1980 年代文学期刊》，《文艺理论与批评》2006 年第 5 期。

说。从上述简单列举可以看出，批评家与文学报刊联手，制造着新的文学和传媒文化潮流。

单就理论批评而言，情形显得尤其微妙而具有喜剧色彩。一方面，人们慨叹着“批评的危机”，“批评在文学中变得越来越没有地位了，批评正在退化”，[①] 文学批评“在‘转型’的今天难以找到表达自己的根据，以至精神危机和‘无言’的痛苦构成了我们这个文学时代的一种深刻的精神主题”，[②] 严重的“失语症”使得我们丧失了与西方对话的能力；但是，另一方面，理论批评在创新驱动力的作用下，依然在迅速地扩张，大量的新名词、新概念或新术语汇集成一股语词的洪流席卷而来，构成了 90 年代文学的“命名热”现象，仿佛在显示着批评的“创造”性能力的大爆发。这种矛盾的状况正是世纪之交语境复杂性的表现。

不管我们对 90 年代的文学批评持什么态度，一个简单的事实却在提醒着我们：进入 90 年代，由于整个社会机制的变动、社会心态的调整，各种思潮流派纷纷涌现，文学创作极为复杂，中国当下理论批评的走向也呈现出极为复杂的形态。多重话语的交错扭结，多元文化的信息爆炸冲击波，使得人们眼花缭乱。知识分子的心灵几乎从来没有负荷过如此多样而富于挑战性的观念。正如查尔斯·纽曼所指出的，“目前，占主导地位的意识不只是思想的相对性，而且还是纯粹数量和信息的错乱”，“当代文化已如此顽固地理论化了”。[③] 种种复杂的局面，使得理论批评本身成了需要阐释的对象。

因此，我们有必要回顾和检视 20 世纪 90 年代以来中国文学批评所走过的道路，以便理论批评及时地反省和调整自己的方向，在新世纪的文化进程中使批评更好地对文学和文化发言。基于此，我们将从 20 世纪 90 年代文学批评的“命名热”这一现象出发，探讨其成因，尽量回避对命名合理与否作

---

① 谢冕：《批评的退化》，《北京文学》1997 年第 5 期。

② 周保欣：《疏离·缺失·寻找——关于“新时期”20 年文学批评的批判性回顾与反思》，《文艺争鸣》1996 年第 5 期。

③ Charles Newman：The Post - Modern Aura，The Act of Fiction in an Age of Inflation. Northwestern University Press，1985，p. 9，p. 13.

简单化的评判，不是情绪化地视之为一种文坛的“语词兴奋”,[①] 或者称之为“语词奔溢的失语”;[②] 也不是简单地质疑其间存在的“失语症”与“话语权”的悖论,[③] 或者将主要原因归于“一部分文学批评家、理论家心中存在的‘命名的情结’”[④]。虽然论者指出了命名现象背后存在的一些问题，但都缺乏系统深入的学理探讨。

释“名”

许慎《说文解字》对“名”的解释是：“名，自命也，从口从夕。夕者，冥也。冥不相见，故从口自名。”《荀子·正名》对“名”的解释是：“名也者所以期累实也”。“期累实”，是将现象、客体之实联系贯通成条理。尹文子则说：“名也者，正形者也。形正由名，则名不可差。故仲尼曰：必也正名乎。名不正则言不顺也。”[⑤] 可见，“名”就是“名字”、概念，“正名”、“命名”，都是人对事物的一种把握方式。其意义在于，让名代表它应代表的，形成一种语言规范，赋予世界以秩序。命名的背后，隐含着语言与现实的关系、人与世界的关系等人类哲学共同的基本问题。

恩斯特·卡西尔在《人论》中指出：“人类知识按其本性而言就是符号化的知识。”[⑥] 借助特定的符号系统，人们用一般的概念、术语或范畴来思考，使世界变得可以理解，获得一种对事物的普遍性的把握能力，进而抽象出可以解释事态的普遍模式，而不是一味纠缠于直接的事实和具体的情景。

从某种意义上说，命名和解释等语言符号活动使人的主体地位得以确立，世界显现为语言的存在。但是，语言与现实并非直接同一。索绪尔说：“在语

① 李洁非：《文坛的“语词兴奋”：一种应该收场的喜剧》，《文学世界》1995 年第 1 期。

② 戴锦华等：《漫谈文化研究中的现代性问题》，《钟山》1996 年第 5 期。

③ 陶水平：《“失语症”与“话语权”的悖论——对近年来文艺理论界“命名”现象的思考》，《文论报》1994 年 6 月 5 日。

④ 朱立元：《命名的“情结”——“新状态文学”论刍议》，《学习与探索》1995 年第 5 期。

⑤ 《尹文子·大道上》。

⑥ ［德］卡西尔：《人论》，甘阳译，上海译文出版社 1985 年版，第 72 页。

言体系中，只存在着各种差异。”[①] 也就是说，语词和意义的结合纯粹是功能性的，语言与它所指称的对象之间并没有本质的、必然的联系，能指与所指之间的关系不是自然的，而是受制于特定的社会历史和文化背景。这样，语言与现实就在本质上相区别开来。

应该看到，索绪尔以来的现代语言学为人们的思维打开了一个新的世界。后起的结构主义、后结构主义思潮无不从中受益，人/语言/现实形成三维互动的关系，语言的地位日益凸显。福柯的话语/权力理论甚至将人们的历史实践总体归结为一种话语表述方式，他认为人类历史文化是由各种各样的话语组成。历史实践虽然表现为主体的物质行为，但行为与话语有着紧密的联系，话语指导着人们的历史实践。在这个意义上，行动是话语的产品。福柯把历史事实与话语实践等同起来，无疑带有“话语决定论”（discursive determinism）的倾向，“忽略了语言之外的历史发展”。[②]

但是，福柯给我们的启示也是同样的深刻。我们考察一种社会文化现象时，更有意义的不是对这个现象进行过程的描述，而是看到特定话语背后更加深广的思想意识和关系：谁在言说，以怎样的立场、观点言说，支配话语消长起伏的权力关系是如何运作的。权力的施展如何创造出新的知识类型，新的知识类型反过来又如何加固某种权力模式。对这些问题的思考是我们考察 90 年代中国文学批评“命名”现象的重要依据。

所谓“命名”，是指批评家运用各自的阐释代码对文学现象、思潮流派、创作方式等所作的分类、概括、定义以及文学史分期的界定等。命名是批评关于文学的理性认识，它意味着新名词、新概念或新术语，同时也可能意味着新问题、新思想的出现。“命名”与“阐释”密不可分，命名的确立，往往离不开阐释性话语为之辩护。因为没有任何新概念是天然的具备内在的合理性或不合理性，这取决于批评主体具体的论证或诠释。由于不同的批评主体受制于各自理解的前结构，阐释不可能做到纯客观，其中融进了批评家主观的选择、参与和创造。而且，各种阐释代码的盛衰、更迭往往是社会文化秩序、话语/权

---

① 转引自伊格尔顿《文学原理引论》，刘峰等译，文化艺术出版社 1986 年版，第 116 页。

② ［荷］佛克马、蚁布思：《文学研究与文化参与》，俞国强译，北京大学出版社 1996 年版，第 70 页。

力秩序的微妙变化使然。

命名是批评家对文学说话的一种方式，就像运用语言是人对世界说话的方式一样。韦勒克和沃伦在他们合编的《文学理论》中指出："没有一套课题、一系列概念、一些可资参考的论点和一些抽象的概括，文学批评和文学史的编写也是无法进行的。"[①] 佛克马、蚁布思也认为："如果取消了概念和概括，如果没有'超语言'的术语，对文学的组成因素和文学史的研究，便不可能科学化。"[②] 罗蒂甚至持这样一种观点：学术研究之所以能不断发生变化和取得进展，乃由于新的词汇、新的概念和新的术语的不断使用。[③] 事实上，批评家对新的文学现象进行命名、阐释，不仅能给无序的处于流动过程中的文学格局带来某种秩序，而且亦使批评对象置于特定的历史文化框架和阐释模式中获得理解并确定其价值，形成有关文学的新的认知，并以可交流的形式把它们表述出来。

概念和规则的使用是理论批评取得独立的地位，走向自觉与成熟的标志之一。陈晓明说："过去我们认为是由上帝'命名'的，是从圣经或某一部经典著作中拿到的，人只有通过'倾听神的声音'，才能对世界命名，现在不需要神，也不需要绝对的权威、经典，小人物通过他们的想象力，他就可以命名。"[④] 80 年代中后期，文学逐渐和政治话语疏离开来，不再简单地成为主流意识形态的附庸，文学思潮的演变、更迭，更多地体现了自身内在规律的要求。按陈晓明的说法，"后工业社会的思潮是被制造出来的，人们必须制造思潮，这就是人对'命名'的一种重新定位。"[⑤] 但是，我们必须看到，理论的热情和话语更新的欲望有时也可能会走向极端，尤其是在这个弥漫着商业文化氛围的时代里，理论话语"同时也不免成为知识界的一种新商品"，[⑥] 各种新名词、新概念有可能成为批评家占据话语舞台中心的招牌。正

① ［美］韦勒克、沃伦：《文学理论》，刘象愚等译，生活·读书·新知三联书店 1984 年版，第 32 页。

② ［荷］佛克马、蚁布思：《二十世纪文学理论》，林书武等译，生活·读书·新知三联书店 1988 年版，第 11 页。

③ ［意］艾柯等：《诠释与过度诠释》，王宇根译，生活·读书·新知三联书店 1997 年版，第 14 页。

④ 谢冕、雷达、陈晓明等：《90 年代文化与新状态恳谈会纪要》，《钟山》1996 年第 2 期。

⑤ 同上。

⑥ ［美］杰姆逊：《后现代主义与文化理论》，唐小兵译，北京大学出版社 1997 年版，第 4 页。

如福柯所说："不要在其所指涉的方向上质问语言，而是要在造就它的维度上质问语言"，[①] 即我们不要急于对命名等语言现象所指涉的内容作真实与否的论断，首要的问题是追问这种现象何以发生，"它来自何处？它如何流传？它由谁支配？"[②]

"命名热"与文化场效用

歌德说过："有一个情况对我很有利，在观察事物之中，我总是注意它们的发生学的过程，从而对它们得到最好的理解。"[③] 所谓发生学，就是把对象置放在特定的社会历史、文化语境内，追根溯源，考察其萌生状态，追问对象是如何生成的。

经验告诉我们，文学命名的发生是批评家的一种学术举动，尽管带有批评家的主观选择性或某种价值取向，但其本身应该是纯粹学理性的。事实果真如此吗？其实未必尽然。20 世纪 80 年代初，关于"朦胧诗"在报刊上的讨论引起轩然大波，实际上折射了那个时代的意识形态由变动后的混乱进而走向建构的历史过程。一开始，"朦胧诗"被指责为"看不懂"，但这种讨论仅止于对诗歌风格的"朦胧"与"明朗"的争鸣。随着争论的展开，"朦胧诗"的意义被不断放大，反对者认为"这些诗言不及国家前途，思不及民族命运，徒以孤芳自赏，玩弄意象游戏，真是太没出息！"[④] 赞成者则誉之为"新的崛起"，[⑤] 称赞这一新诗潮"促进新诗在艺术上迈进了崛起性的一步，从而标志着我国诗歌全面生长的新开始。"[⑥] 不管反对也好，赞成也好，所有这些争论都是当时历史、文化语境复杂性的体现。对"朦胧诗"的命名与阐释不仅与文学话语模式和类型相联系，而且也与时代的社会变动和思想状况相联系。"朦胧诗"在

① 转引自佛克马、蚁布思《文学研究与文化参与》，俞国强译，北京大学出版社 1996 年版，第 69 页。

② [法] 福柯：《作者是什么?》，参见王逢振等编《最新西方文论选》，漓江出版社 1991 年版，第 459 页。

③ 转引自朱光潜《朱光潜美学文集》第四卷，上海文艺出版社 1984 年版，第 455 页。

④ 参见流沙河致贺敬之的信，《星星》1980 年第 1 期。

⑤ 谢冕：《在新的崛起面前》，《光明日报》1980 年 5 月 7 日。

⑥ 徐敬亚：《崛起的诗群——评我国诗歌的现代倾向》，《当代文艺思潮》1983 年第 1 期。

历史的转折关头出现，各种文化力量在此交锋。尽管“朦胧诗”更多的是一种个人话语的表白，但是，关于“朦胧诗”的论争，几乎从未限定在个人经验的范围内来理解。“朦胧诗”的命名和阐释，显得极有深意。一方面，它反叛了原有的文化秩序，被斥之为“晦涩诗”[①]、“古怪诗”[②]；但是，另一方面，它又被纳入新的文化秩序，充当思想解放运动的号角，参与建构新时期的人道主义潮流。

因此，我们对于任何文学现象的理解，必须同时考虑到丰富复杂的处于动态过程中的整个社会文化背景，这一背景可称之为“文化场”。对象的发生和演变，往往是一种文化场产生的综合效应，也即是诸种因素的合力使然，正是这诸种因素的相互作用和辩证运动，促成了对象的形成和演变。

要将 90 年代中国的文化场还原为一个具体的历史过程，这无疑是一种徒劳，而且也没有必要。这里，我们主要从历时态和共时态两方面揭示 90 年代文学批评的“命名热”现象是如何在“文化场”的综合效应下发生的。

“历时态”指的是文学批评的流变和历史背景，它体现了“文化场”在纵向的时间链条上与历史的逻辑联系。正是这种联系，使得我们可以把“命名热”现象置放在中国 20 世纪文学和传媒文化整体的深刻历史变革过程中，作为一股求新、求变的思潮来认识。

一种类似于进化论的价值指归，“新”是 20 世纪文学、传媒与文化最为突出的主题词之一。李欧梵曾经指出：“自晚清以来，日益面向当前的思想（以区别于过去面向经典儒学的总倾向）无论从字面上还是从比喻的意义上讲，都充满着‘新’内容：从 1898 年的‘维新’运动到梁启超的‘新民’概念，到具体表示五四的新青年、新文化和新文学，新这一形容词几乎伴随着所有的社会和知识界的运动，使中国摆脱昔日的桎梏，从而成为‘现代’国家。因此，‘现代性’在中国不但意味着对当前的专注，而且也意味着放眼求索‘新意’，从西方求索‘新奇’。”[③] 崇“新”的文化心理，是现代性的运变逻辑使然，传媒与文学对“新”的追寻，具有充分的合法性与合目的性。

① 参见鲁扬《从朦胧到晦涩》，《诗刊》1980 年第 10 期。

② 参见丁力《古怪诗论质疑》，《诗刊》1980 年第 12 期。

③ 李欧梵：《寻求现代性》，金坚范译，《文艺报》1989 年 4 月 29 日。

直至20世纪80、90年代，求新、求变的社会文化心理仍然是一以贯之。批评家对各种文学现象的命名都不约而同地冠以“新”字，同时又辅以“后”或“晚”字，其实质表达的都是一种更新换代之意。纵向时间链条上的西方文学与文化现象、思潮的次第引进与仿制，一些批评家号称只用十多年走完了西方文化一百多年的历程。这注定了批评话语陷入了“拼命追逐新潮流”的焦躁之中，不断表现为新名词、新概念、新术语的杂然纷呈、花样百出。

如果说，“历时态”主要着眼于文学进程在历史中的逻辑展开，那么，“共时态”则指的是文学批评的现状和当下的社会文化语境。“历时态”和“共时态”的结合，在纵向和横向的维度上交织成复杂的“文化场”网络，它使得90年代的文学批评呈现出浪涌波翻的运动形式与景观。

文学处在这样的语境之中，自身也进入一种“无名”状态。[①] 在“无名”状态下，共同的文学理想破灭了，观念的多元和差异表现为批评话语的分裂状态，各种阐释模式及其背后的文化力量的展开加剧了话语领域的权力争夺。话语权力的争夺首先是争夺命名权，即最先对新的文学现象发言，用一套新的概念、术语来指称对象。“无名”不是没有名称，没有主题。“无名”是名称的混乱、错杂、相互抵消。比如对韩东、鲁羊、何顿、邱华栋等这批人的创作，“新状态”、“晚生代”、“新生代”、“60年代出生群落”、“新生存主义”各路人马都试图把他们收编进去。评论家随意地给新的文学现象贴上标签，然后宣称一个新的流派诞生。而各式标签之间的重复、交叉不仅未能提供对于当下文学走向的准确描述，反而加剧了诸种阐释模式之间的对立。话语的更新最后演变成语词大战，新的概念总是把旧的概念淹没，陷入“无名”状态。

这不是说，批评家对新名词、新概念的标举就毫无意义。应该看到，“无名”状态下急切的命名行为背后，同时也伴随着深刻的文学、文化焦虑。如哈桑所说，“人们提出一个新术语往往是为了给自己开辟一个新领域。”[②] 处在世

① 陈思和：《共名和无名：百年中国文学发展管窥》，《上海文学》1996年第10期。

② 伊·哈桑：《后现代主义问题》，见袁可嘉等编选：《现代主义研究》（上册），中国社会科学出版社1989年版，第319页。

纪之交的转折点，“命名热”体现了批评家对文学现状的不满，它促使我们及时地反省“文革”后的文学历史，尤其思考社会历史转型期间文学所应采取的应对策略，寻找转型期的文学起点，前瞻跨世纪文学未来究竟应是什么样的面目。《北京文学》提倡“新体验小说”，强调“亲历性”，写作应融入作家个人的鲜活体验，来“描写我们当代巨大变化的社会中的各个生活层面，这其中包括错综复杂的人情世态和矛盾困惑。突出的是作家充满现代情绪的人生体验，使读者与社会找到了他们需要的东西，为文学重新获得读者，重新寻找自我价值提供了机遇。”[①]“新体验小说”的探索，意味着文学仍在找寻文本与时代对话、作家与世界对话的途径。“新体验”这一口号也许过于含糊，作家创作本身就是基于自己独特的全新的体验。而且，对“亲历性”的强调，又使它与纪实小说、报告文学纠缠不清。如果撇开这一口号的负面效应，其真正意义在于唤起文学正视现实的叙事精神，文学需要在大的文化背景内给自己重新定位。《上海文学》推出的“文化关怀”小说亦如此。按周介人对“文化关怀”小说的定义，它“不仅仅指关怀文化事业、关怀文化人，而是指小说应该关怀社会的精神环境、关怀人的灵魂、关怀人的价值追求。”[②]“文化关怀”小说的创作背景，则是对中国内地经济起飞、加速现代化进程这一历史阶段的文化反思。在一个重经济的时代，文学无疑要有自己独立的品格和“人间关怀”，才不至于使自己在边缘地位彻底沉落。时代的精神贫乏促使期刊编辑和批评家在匆忙地思考文学的出路。

诸种以“新”字命名的小说，尽管其所表现的文学观念各不相同，价值取向迥异，但它们面对的都是我们时代共同的文学问题。经济和商品话语的侵蚀，要求作家和批评家作出回应，与社会的历史变动进行对话。周介人说：“《上海文学》推出的‘新市民小说’并不是想再倡导一种新的文学观念或方法，究其本意是想为文学寻找一种新的‘生长点’。这种新的‘生长点’并不是存在于作家的学识、才干与私性生活经验的回忆之中，而是存在于作家主体与其生活的时代的对应关系之中。”[③]“新市民小说”偏重市民社会的重新发

---

① 阎延文语，参见《“新体验小说”研讨会纪要》，《北京文学》1994年第6期。

② 周介人：《编者的话》，《上海文学》1994年第5期。

③ 周介人：《谈谈“新市民小说”》，《当代作家评论》1996年第1期。

掘，用新的历史眼光去观照世纪之交的“新市民”群体的文化性格，他们的生存状态与价值观念，涉及现代都市化过程中的人文建构的一系列问题。而“‘新都市文学’重在反映社会主义市场经济条件下，新都市的风貌、新都市的生活，尤其是新都市人的观念、情绪、心态，以及新都市的一切矛盾冲突。”[①]它针对新型城市的发展，强调“中国的文学如同中国的社会，正在迈向一个‘新都市化’的过程”,[②] 文学要用自己的方式参与建构国际性大都市文化发展的理想模式。这种种努力表明，文学在力求提升自己的文化品位，在当下的语境中寻找一个新的“位置”和“立场”。深入喧嚣与骚动的社会生活，站在“涌动的文化之流中”，作出“对当下语言/生存的直接性反应”,[③] 凸现“新闻价值”等等，不管话语表述的差别和理论观点的分歧，但其共同的指向也是明显的：重在参与，强化文学关注社会生活热点和当下的生存状态，在“新”字变异中寻找文学与刊物的新的生存方式，并由此获得一种新的文学、文化阐释的可能。

从根本上说，当下社会文化语境以及文学实践的复杂性决定了理论批评不断更新、发展的趋势，而这种趋势一旦置放在当代文化发展的逻辑链条上，其出现的原因亦不难解释。理论话语同时在共时态和历时态方面展开的迅速“进化”和“竞赛”，使得90年代批评界“命名热”现象的发生，就有了充足的理由。

然而，存在的未必就是合理的。“命名”成了“热”，这一方面表现了批评家的理论热情和参与的愿望，但另一方面也可能陷入草率粗疏、名实不符的境地。这相应地要求批评家对文学现象的归纳、概括和阐释，必须持一种科学的、审慎的态度，建立必要的话语规则。回顾“文革”后的“朦胧诗”、伤痕文学、反思文学、改革文学等浪潮，批评家对这些文学现象的理论阐释，并未刻意地贯以新的名称。批评家的命名总是基于某种新的文学现象形成若干稳定的特征以后力求达成共识。这其中也有过很大的争论，文艺论争是很正常的现象。谢冕在《在新的崛起面前》一文中对正在“崛起”的一批新诗人，“他们

① 《卷首语》，《特区文学》1994年第1期。

② 同上，第4期。

③ 张颐武：《反寓言/新状态：后新时期文学新趋势》，《天津社会科学》1994年第4期。

不拘一格，大胆吸收西方现代诗歌的某些表现方式”给予了充分肯定；对那些把新诗称为“晦涩诗”、“古怪诗”的论调，谢冕主张“听听、看看、想想，不要‘急于采取行动’”，[①] 这就有效地避免了一元独断论，为不同观点的论争以及批评家最终达成某些基本的共识提供了必要的前提。

转入90年代，由于社会转型时期文化结构、文化体系所受的震动，理论批评在特定历史条件的多边作用下，依仗急切的命名行为以及话语的自律运作去寻求自身的合法性，它不可避免地导致了“话语膨胀症”，其表现即是理论与对象的脱节，“名”（能指）与“实”（所指）的分离。加上一些批评家个人的浮躁情绪，他们急于在文学创作中找出新异因素来与80年代划清界限，不免夸大了90年代文学正在生长中的新因素。因此，命名的科学性、实践性、逻辑性就要大打折扣。有的批评家过分倚重西方后现代理论的阐释力量，由“后现代”生发的新概念（诸如“后悲剧”[②]、“后东方”[③]、“后现实主义”[④]、“后寓言”[⑤]、“后乌托邦”[⑥] 以及“后人道主义”[⑦] 等等）来囊括今日一切文学、文化现象，丧失了应有的本土特性，蜕变为理论话语自我炫耀的一种“标签”。

注重命名本身，对文学现象的概括和分类，能够比较清晰的了解当前文学的现状和文学发展动态，带来认识上的便利。但是，命名一旦成为一种商业化的操作，成为“花哨浅薄的时尚”，[⑧] 命名的科学性内涵就值得怀疑，其可靠程度就必然受到损害。如果一味追求命名的热点效应，缺少批评家严肃、冷静

① 谢冕：《在新的崛起面前》，《光明日报》1980年5月7日。

② 有关“后悲剧”的论述，参阅陈晓明《无边的挑战》，时代文艺出版社1993年版。

③ 有关“后东方”的论述，参阅陈晓明《“后东方”视点：穿越表象与错觉》，《文艺争鸣》1994年第2期。

④ 有关“后现实主义”的论述，参阅王干《近期小说的后现实主义倾向》，《北京文学》1989年第6期；王蒙、王干：《说不尽的现实主义》，《文艺研究》1989年第2期。

⑤ 有关“后寓言”的论述，参阅张颐武《走向“后寓言”时代》，《上海文学》1994年8月号。

⑥ 有关“后乌托邦”的论述，参阅张颐武《论“后乌托邦”话语——90年代中国文学的一种趋向》，《文艺争鸣》1993年第2期。

⑦ 有关“后人道主义”的论述，参阅金惠敏《新时期文学中的后人道主义现象》，《文论报》1993年3月13日；《王朔与中国后人道主义》，《通俗文学批评》1994年第4期。

⑧ ［美］丹尼尔·贝尔：《资本主义文化矛盾》，赵一凡等译，生活·读书·新知三联书店1989年版，第16页。

的把握和理性的思考，原本富有意蕴的话题亦可能沦为一种语言的游戏。质言之，科学的命名是与深入的论证、合理的阐释联系在一起的。

命名的延伸与阐释模式的运作

命名与阐释密不可分。我们所有的概括性陈述都是在一个设定的阐释范畴的网状系统中运行，命名的确立意味着一种阐释方法或模式的有效运作。从某种意义上说，批评家关于文学现象的各种各样的概念，实则是不同的阐释模式的衍生物。

“模式”之于思维或方法的意义，早已为许多有识者所洞察。弗·杰姆逊在《语言的牢笼》开篇即指出：“思想史是思维模式的历史”。[①] 按照杰姆逊的说法，模式主要是提供一种思维方法。这不妨结合库恩在《科学革命的结构》中对“范式”的解释作一点引申，模式可以看作是一种关于精神文化结构的普遍语言，是描述人类在其经验中系统地观察某一事物的存在状态的一种理论框架，它通常拥有自己的一套理论体系、研究规则和具体的运作方式。模式意味着相近乃至相同的话语操作。但是，同一模式内部并非铁板一块，它允许有变形、发展，表现为各不相同的具体形态。

当旧的模式不能满足当前的认识需要时，人们就创造出新的模式来把握现实。从理论上说，新、旧模式的关系并非是截然对立的，尽管模式与模式之间是“不可完全通约”的，但仍然蕴涵了对话的可能性。允许有多种模式共存的局面，人们可以从各自的理论视阈出发，对现象作出相应的阐释和界说，在多元互补中共同完成对世界的认知。

佛克马、蚁布思指出：“现代主义是阐释世界的一种模式，后现代主义或现实主义或象征主义亦是如此。”[②] 不同的阐释模式规设了批评家研究路径和解读文学的不同方向或视角。尽管阐释模式不能代替具体的论证或诠释，多数概念或术语本身好像是一种客观判断，体现出表面的“价值中立”，但实际上

---

① ［美］杰姆逊：《语言的牢笼》，钱佼汝译，百花洲文艺出版社1995年版，第1页。

② ［荷］佛克马、蚁布思：《文学研究与文化参与》，俞国强译，北京大学出版社1996年版，第96页。

批评家运用某一种阐释模式思考和言说，意味着所有的解读都将进入特定的理论或语言体系所预设的轨道，其对文学现象的洞见与盲视几乎是同在的。

二　中国“后现代”批评的回顾与反思

“后新时期”概念讨论与“后现代”话语生产

早在20世纪80年代初，后现代主义即已经传播到中国[①]。而后现代主义在中国真正产生影响，是杰姆逊1985年在北京大学的讲演译成《后现代主义与文化理论》由陕西师大出版社出版之后，中国的后现代理论研究和文学批评由此逐渐起步。至90年代，中国的先锋批评家已不满足于对后现代主义作纯

① 早在1980年，《读书》杂志第12期就发表了董鼎山介绍后现代主义小说的文章《所谓“后现代派”小说》。约翰·巴斯著名的“后现代派”论文《补充文学——后现代派小说》，美国《大西洋月刊》1980年第1期刊出，中国上海《外国文学报道》1980年第3期翻译发表。阿兴·罗德威的《展望后期现代主义》，原文载《伦敦杂志》1981年2/3月号，《外国文艺》1981年第6期翻译刊出。1982年，袁可嘉撰写《关于后现代主义思潮》一文（参见《现代派论·英美诗论》，中国社会科学出版社1985年版），指出后现代主义的重要性，称它是“有关全局的问题”。创作方面，海勒、塞林格、加西亚·马尔克斯、博尔赫斯、纳博科夫、巴思、巴塞尔姆、罗伯—格里耶、卡尔维诺等西方后现代主义作家的作品在80年代初期以来都陆续有了节译或完整的译本。至于袁可嘉选编的那本有着广泛影响的《外国现代派作品选》第三册（上、下册）所选的几乎全是后现代主义作家及作品。此外，三位西方学者来华讲学，也对后现代主义进入中国起了一定的推动作用。最早来华的后现代批评家伊哈布·哈桑，1983年在山东大学讲学；之后，杰姆逊1985年在北京大学的讲演，译成《后现代主义与文化理论》由陕西师大出版社出版；1987年，佛克马在南京大学和南京师范大学分别作了《现代主义和后现代主义》的演讲（有关资料参阅王宁《多元共生的时代》，北京大学出版社1993年版）。尤其是杰姆逊，乐黛云称赞其《后现代主义与文化理论》“为我们展示了最新的资料，开拓了新的视野，提供了考虑问题的新层面。这使我不能不想起1921年思想家罗素在北京大学的讲演录的出版”（《后现代主义与文化理论·序》）。中国的后现代主义理论研究和文学批评亦由此起步。至90年代初，已经颇具规模。出版了佛克马、伯顿斯编《走向后现代主义》（1991年）、王岳川、尚水编《后现代主义文化与美学》（1992年）、哈桑著《后现代转折》（1993年，刘象愚译）等译著。其后，一些青年学者推出了他们研究后现代主义的论著：如王岳川著《后现代主义文化研究》（1992年）、王治河著《扑朔迷离的游戏》（1993年）、陈晓明著《无边的挑战》（1993年）、《解构的踪迹》（1994年）等等。而《中国社会科学》、《文艺研究》以及《文学评论》等重要刊物也相继刊发了讨论后现代主义的文章。后现代主义批评在20世纪90年代成了一股重要的阐释力量。

粹的理论介绍，他们尝试运用后现代阐释模式，向批评的实践操作发展，寻求西方视界与中国视界的融合。后现代话语对中国的文学创作、传媒文化产生了很大影响。而“后新时期”概念的提出①，就是后现代理论介入当代中国文学实践的结果。

“后新时期”概念的阐释者，主要是几位集中于学院的先锋批评家，如张颐武、陈晓明、王宁等。所谓先锋批评，指的是以后现代主义文化理论作为主导阐释代码的批评，它因对“先锋文学”的后现代命名而引起广泛关注。中国当代的先锋文学是 80 年代中后期发展起来的一种文学现象，主要包括马原、苏童、余华、格非等青年作家的创作。将先锋文学纳入后现代主义的解读框架，可以看作是先锋批评家运用后现代主义阐释模式研究中国的文学问题的开始。

---

① 1992 年 10 月，题为“后新时期：走出 80 年代中国文学”的学术研讨会在北京大学举行，会上谢冕、王蒙、王宁、陈晓明、白烨、赵毅衡、张颐武等学者提出并基本认同了“后新时期文学”的概念，以区别于“新时期文学”，旨在说明“新时期文学”的转型和变异。“后新时期”这一文学史分期术语最早见之于文章，是谢冕发表在《文学自由谈》1992 年第 4 期上的《新时期文学的转型——关于“后新时期文学”》。之后，先锋批评家王宁、张颐武和陈晓明等成了“后新时期文学”最重要的发言人，他们试图将“后新时期文学”导向一种后现代主义的发展方向。关于“后新时期”的讨论遂逐步引起文学界的广泛关注。其反对意见以李庆西的短文《百无聊赖的“后批评”》（《文汇报》1993 年 1 月 16 日）为代表。这也从一方面说明了人们对同一文学现象的认识存在着重大的分歧。而且，即使是认同“后新时期”概念的批评家，也并未取得一致的共识。以“后新时期”的起始时间为例，至少存在着三种意义。赵毅衡认为“后新时期”“大约从 1985 年新潮小说发端时就开始出现，而在 1987 年先锋小说成形时成形。”（参见赵毅衡《二种当代文学》，《文艺争鸣》1992 年第 6 期）陈晓明则认为 1987 年是当代文学的界线，“马原的出现标志着‘新时期’的终结，或者说进入‘后新时期’”（陈晓明：《解构的踪迹》，中国社会科学出版社 1994 年版，第 189 页）。王宁和张颐武都认为“后新时期”于 1990 年开始，“新时期文学”在 1989 年终结（张颐武：《后新时期文学：新的文化空间》；王宁：《继承与断裂：走向后新时期文学》，均载《文艺争鸣》1992 年第 6 期）。之所以会出现这种术语的不确定性和分歧，最主要的原因是不同的批评主体关注的是不同的研究对象。比如，赵毅衡强调“后新时期”纯粹是为了说明“文学的发展也有其独立的规律可循”，他解构的是文学话语与政治权力话语的依附关系。赵毅衡说他提出“后新时期”不是用以在“时间”上和“政治”上与“新时期”相区别，但他对于文学自律运作性质的强调，实际上是不满意于“新时期文学”的政治意识形态内涵。而陈晓明是从“先锋文学的后现代性”出发，认为先锋文学“与‘新时期’神话无关”，“不具有讲述社会共同愿望、表达共同想象关系的功能”（陈晓明：《无边的挑战》，时代文艺出版社 1993 年版，第 301 页），先锋文学与“新时期文学”构成突兀的断裂，“后新时期”来临。至于王宁和张颐武，看到的是“商品经济大潮的冲击”，出现了“先锋文学”（“〔它〕的激进实验构成了对新时期人文精神的有力挑战”）、“新写实小说”（“〔它〕是对传统的现实主义原则的叛逆”）、纯文学和通俗文学并存的局面（王宁：《继承与断裂：走向后新时期文学》，《文艺争鸣》1992 年第 6 期），这种“多元混杂”的特点，使“后新时期文学”具有了后现代性。

先锋小说发轫之初，马原、苏童等在小说的叙述语言、叙述方式等多方面的探索和实践，使得批评家们有某种落伍之感，新的创作实践，很难用传统模式来进行阐释。如当时陈骏涛提出的“新美学——历史批评”，李陀的文章《昔日顽童今何在》，都表达了批评家的观念、方法落后于小说创作的困惑。先锋批评家敏锐地意识到了这一点，他们得风气之先，尝试运用“后现代”来描述和解析这些新的文学现象。以西方后现代主义为参照系，批评家归纳出了先锋文学的六大后现代主义特征，即二元对立的消失、意义与价值中心的扩散、纯文学与俗文学界线的消失、戏仿与模拟、情感零度、反讽等[①]。客观地说，这些概括提出了一种有意义的理论构想，是对当代文学批评先天的理论匮乏或理论危机的回应。

从某种意义上说，对“先锋文学”的命名，是后现代理论话语扩张的一个信号，它为1992年的“后新时期”概念的提出作了重要铺垫。后现代依托先锋小说，找到了在中国立足以及扩张的根据。陈晓明在给甘肃人民出版社出版的《中国先锋小说精选》所作的序中认为，1987年是中国先锋文学的历史纪元，这年末，苏童、余华、孙甘露等人的作品在《收获》杂志第五、六期上接连出现。陈晓明认定“80年代后期的转折可以在1987年划下一条界线，‘新时期’所确认的共同想象关系，共同的文学规范和准则，都濒临破产”，“大写的人”已经死亡[②]。很明显，陈晓明有意将先锋作家的创作从“新时期”文学中分离出来，从精神意义层面上对“人”进行重新审视。先锋文学的意义经过批评家的阐释被不断放大，先锋小说成了他们逃脱泛政治话语、启蒙话语规范的理论载体，同时也是提出新的文学史分期的一个重要依据。

问题的关键不在于先锋文学有没有“后现代”因素，处在全球化的共时性空间之内，各种异质文化的交融互渗是不可避免的；问题也不在于用什么样的“名称”来概括90年代的文学、文化走向，社会历史转型期间独特的话语模式需要批评家的新的阐释与认知。理论批评应该不断反省的是：自身的话语生产在多大程度上契合其研究对象以及相应的文学状况和社会文化语境，批评的话语功能将把文学导向怎样一种发展趋向。无疑，从“先锋文学”的命名到“后

① 王宁：《接受与变形：中国当代先锋小说的后现代性》，《中国社会科学》1992年第1期。

② 陈晓明：《解构的踪迹》，中国社会科学出版社1994年版，第189页。

新时期”概念的提出，这其中有一个复杂的逻辑运演程序，前者谈的是具体的文学现象，后者论的是文学的整体性质。但是，不管批评的这一逻辑运演程序多么复杂，但有一点是明确的，“后新时期”虽只是一个文学史分期的术语，但它还涉及对“文革”后文学的理解、评价以及文学发展走向的认识与引导等问题。

顾名思义，“后新时期”是相对于“新时期”而言的。1976 年以后的文学创作，被命名为“新时期文学”，是有其特定的政治文化含义的。“新时期”一词，本是描述社会历史进入新阶段的政治术语，它最早见于中共“十一大”文件。按照“十一大”对“新时期”的解释，那就是由于“文革”的结束“使我国社会主义革命和社会主义建设进入新的发展时期”。“十一大”以后，我们从当时担任文化部长的黄镇以及周扬、茅盾等领导人的讲话和文章里，都可以看到中国社会主义文学艺术已经进入“新时期”的论断①。不管“新时期文学”这一概念是否科学，但它所表明的特定的政治文化含义却是明显的。“新时期文学”得以成立的前提首先是社会历史的变动，这样的前提使得它与现实政治有着密切的联系。表现在精神价值方面，人道主义、启蒙主义始终是“新时期文学”价值建构的一个重要内容。知识分子重返“五四”精英的立场，为社会进步和人的现代化鼓与呼。这样，民族国家和个人主体、群体和个体、社会规范与个性张扬的观念在“新时期文学”中对立统一地存在着。

先锋批评家提出“后新时期”概念，从历时的角度划清了它与“新时期”的界线。批评家强调文学作为一种与意识形态密不可分的但又相对独立的艺术表现形式，有其自身的发展逻辑和运作规律，因而对文学史的分期应当同时着眼于历史性和文学性两个方面。这种新的观察或思考角度，显示了先锋批评家为寻找新的文学史建构的基本知识框架及话语模式所作的努力。而 80 年代后期以来文学和社会文化语境的种种变化又确实为先锋批评家的文学史划分提供了某种依据。诸如：先锋文学中深度模式的拆除、整体性的破裂、语言的迷宫、对幻觉与暴力的迷恋；新写实小说用流水账似的同步叙述方式与现实保持“同步”、用冷漠中性的“零度叙述”避免作者感情色彩和理念预设的侵入；各

① 参见史燮之《“新时期”话语溯源》，《作家报》1995 年 5 月 20 日。

种类型的通俗文学、纪实文学充斥文坛，滋长了世俗的消费主义的文化氛围，形成了强有力的“反精英文学”，等等。先锋批评家主张文学史的分期应当返回到文学和文化的层面上来，这未尝没有意义，至少，是一种重要的策略性举动。如王宁在1995年承认的，“后新时期”概念的提出，是出于一种“话语策略上的考虑”[①]。

所谓“策略”，也就是一种人为的对抗性计策，一种谈论方式；在介入对象的时候，它总要反对或抑制一些东西，同时维护和张扬另一些话语。那么，“后新时期”概念体现的又是一种什么样的话语策略呢？王宁说：“90年代初以来，面对国际性的文化转型之大趋势，中国文学已进入了一个新的阶段。”“‘后新时期’这一概念是我们在参与国际性的后现代主义论争并以此来反观当今中国文学过程中提出的，其目的在于促成中国当代文学与世界文学进行同一层面的对话和接轨。”[②] 王宁的表述极为清楚地表明，“后新时期”概念意味着在知识形态上对西方后现代主义的认同，两者有着内在的一致或契合之处。这种契合首先即是话语策略上的“断裂”说。如杰姆逊所指出的，“后现代主义存在的状况所依赖的前提是某种根本的断裂或中断”[③]。它表明时间的线性发展已使时代进入了一个新的历史阶段，意识形态的斗争消失了，社会生产力飞速发展，高科技、信息网络标志着“全球化”时代的来临。这一阶段可称之为“后工业社会”。随着“后工业社会”的到来，先前社会结构的特质（现代性）与新的社会情境（后现代性）存在着根本的差异，后现代文化理论表现为一种对先前社会文化秩序的彻底拒斥，它对理性、真理、主体性、历史等概念不断提出质疑，试图创造出适合于“后工业社会”的新论述或理论。

先锋批评家确信从现代到后现代的文化转变已经发生，“后新时期”既是一个文学概念，也是一个文化概念，它体现为“时间上的延续性和文学代码上的悖离性”[④]。为了突出这种悖离和裂变，批评家认为从“新时期”到“后新时期”的转变乃是“一次告别、一次洗礼、一次突发式的断裂、一个象征性的

① 王宁：《“后新时期”：一种理论描述》，《花城》1995年第3期。

② 王宁：《后新时期与后现代》，《文学自由谈》1994年第3期。

③ ［美］杰姆逊：《快感：文化与政治》，王逢振等译，中国社会科学出版社1998年版，第152页。

④ 王宁：《“后新时期”：一种理论描述》，《花城》1995年第3期。

界标"[1]，我们处身于其中的“后新时期”，“它标志着一个以商品和大众传媒为主导的多元话语的形成则已成为一种较为普遍的共识。这种多元话语具有明显的‘后现代性’的特点，是‘后现代性’在中国内地的第三世界文化语境中的独特的展现。”[2] “后新时期”不只是一种“知识观点的过渡状态”，而且它体现为一种文学实践，一种试图超越“新时期文学”及其文化实践的决裂式否定。“后”这个字眼表示某个历史阶段的终止，某一文学、文化形态的终结。“后”与“新”紧密相连，旧者渐逝而新者来临。

先锋批评家为了从理论上和国际“接轨”，将 90 年代整个社会的文学、艺术，全部复杂的文化现象，都归结为是后现代主义的——社会历史、文化已发生根本性的断裂，我们处在一个启蒙理性、人道主义神话破灭的“后新时期”。这样，“后新时期”概念的一个最重要的内容，即是对“现代性”的策略性批判。先锋批评家将后现代主义尊奉为唯一正确的阐释模式，他们对“新时期”话语总体拒斥，进而对“新时期文学”表征出的“现代性”进行追问。

现代性是人文社会科学领域里一个极其复杂的概念[3]。一般认为，现代性是西方自近代以来启蒙思潮的文化主线。“理性”至高无上的地位，以及以“主体”为中心的一整套意识形态，设定了传统的以单一标准去裁定所有差异进而统一所有话语的“元话语”。“追求真理”与“自由解放”两套堂皇叙事齐头并进，它提供了两大支撑现代文化的“元话语”：一是以德国黑格尔传统为代表的对整个知识系统作纯思辨式的思考，一是以法国大革命为代表的富于激进政治性的自由解放的观念，注重人文独立解放的思考模式。这种现代性话语带来了“个人主体”和“民族国家”的观念。然而，现代性的文化设计从一开始就潜伏着一个很大的危机，启蒙主义的承诺从来没有像它所承诺的那样真实地实现，它无法克服人类异化的疯狂过程。知识成为一种强制性的话语暴力，人被囚禁于话语的牢笼之中。自由、博爱、民族、国家、正义和信仰，人们正是打着这些旗号进行一场又一场残酷血腥的战争游戏。“启蒙的目的都是

① 谢冕、张颐武：《大转型——后新时期文化研究》，黑龙江教育出版社 1995 年版，第 10 页。

② 张颐武：《对“现代性”的追问——90 年代文学的一个趋向》，《天津社会科学》1993 年第 4 期。

③ 参阅汪晖《韦伯与中国的现代性问题》，《汪晖自选集》，广西师范大学出版社 1997 年版。

使人们摆脱恐惧，成为主人。但是完全受到启蒙的世界却充满着巨大的不幸。”[①] 现代性的美好设计不幸走向了它的反面。

当代中国的现代性历程远比西方复杂。20 世纪 60 年代，实现四个现代化的宏伟目标就被主流意识形态郑重推出，但现代化主要着重于物质、技术层面，表现为社会群体的物质实践活动。而现代性则内在地定位于精神、文化层面，更多地表征为一种“知识话语”。70 年代末、80 年代初，以“朦胧诗”、“伤痕文学”等的崛起为标志，现代性工程全面启动。作为知识形态的现代性话语渗入作家的主体世界，人性、自我、民主、自由等等观念成为作家价值追寻的目标。

对“新时期文学”体现出来的现代性倾向进行反思和追问，构成了“后新时期”概念讨论的一个最重要特征。张颐武认为，“‘现代性’乃是‘新时期’文化和文学话语的关键问题，它在‘新时期’小说中的展开为我们提供了了解‘新时期’文化的新的探索与反思的‘视点’”[②]。按照张颐武的观点，“新时期”小说的现代性倾向主要表现在两个方面：首先是作为“现代性”话语的前提和基础的“现代化”的经济目标，它激起了强烈的社会改造的愿望以及世俗化的向往；另一方面，与对于“现代化”的世俗日常生活的肯定形成极为复杂的对应、参照及矛盾的关系的乃是以“个人主体”的神话建构一套有关“人”的伟大叙事，它旨在重建个人的绝对性、终极性和超越性，提供一种以“人”为中心，而非以群体为中心的价值选择。也就是说，现代性的民族国家和个人主体观念交错扭结而又并行不悖地在“新时期”小说中复杂地展开，通过作家之笔成为物化的文本形态。对“新时期文学”的整体解读，批评家发现了“新时期文学”与现代性的整体关联。如前所述，现代性在西方是一个不断遭受怀疑与质问的命题，现代性的合法地位已严重动摇。如何超越现代性的局限，既是西方思想家面临的难题，也是中国先锋批评家所选择的阐释的中心之一。

事实上，先锋批评家从西方的理论视角出发，宣告中国现代性追求的终结以及“人”的死亡，并未考虑东、西方语境的差异，而这恰恰是要深入追问的。必须看到，西方文化有其自身发展的逻辑。从根本上来说，后现代主义的

① ［德］霍克海默、阿多诺：《启蒙辩证法》，洪佩郁、蔺月峰译，重庆出版社 1990 年版，第 1 页。

② 张颐武：《新时期小说与“现代性”》，《文学评论》1995 年第 5 期。

确始自反叛。墨菲指出，“后现代主义是反二元论的。简言之，不再假定有一个绝对支点可以用来使真理和秩序合法化。德·曼把‘对理论的抵制’看成是后现代主义的核心。利奥塔德在谈到后现代主义者避免‘玄妙的叙述’时重新提出这个课题。这些作者所说的是，人类的行动或历史必须自行证明是正当的，因为人们不再认为现实可能有公认的基础。”[①] 后现代主义不仅反叛了传统哲学的基石——二元论，而且对启蒙主义的自由进步的信仰及真理的唯一性、权威性观念提出根本的质疑，其目标针对的是整个西方的社会文化秩序。自近代以来，西方的社会文化秩序都是建构在现代性的一整套价值系统之上的（如理性、自由、人性、主体性等），并且形成了一种稳固的文化制度。反思现代性，意在解构传统价值观念中的等级结构，打破固有的二元对立模式，代之以一种网络结构。这样，西方后现代主义的反叛，的确是有其针对的目标，它指向的是相对稳定的以“逻各斯”为中心的西方社会文化秩序及其价值观念。

中国的语境则要特殊得多。现代性求索虽然从 19 世纪末即已开始，但远未成熟或完结。对个性话语的大力张扬，也仅仅出现在“五四”和 80 年代，时间非常短暂。现代性在“文革”后启蒙思潮的激荡下固然获得了前所未有的长足发展，但随即就遭到了世俗化浪潮的巨大冲击，造成价值观念的混乱和精神认同上的困境，人的主体位置并没有在现实中真正得到确认。90 年代的文学、文化虽然出现了一些新的因素，但也仅仅是一种苗头。因此，中国的先锋批评家提出“后新时期”概念，宣称“现代性的终结”，其理论运作更多的是出于西方后现代主义的批评视阈。王宁把“后新时期”文学看成是对“新时期文学”主旨的挑战，这种挑战和背离的主要表现，是文学对“大写的人”的主体的放逐，精英文学与通俗文学的鸿沟逐渐缩小[②]。告别启蒙主义的话语，打破雅俗的界限，为世俗的日常生活辩护，这是先锋批评家的话语立场。张颐武指出，“在 90 年代以来的‘后新时期’文化中，对‘现代性’的追问已成为一个主要趋势。”“作者神话的溃解、对知识分子的反思、拯救意识的批判和对西

① 墨菲：《后现代主义对社会科学的意义》，参见王岳川、尚水编《后现代主义文化与美学》，北京大学出版社 1992 年版，第 170 页。

② 王宁：《“后新时期”：一种理论描述》，《花城》1995 年第 3 期。

方文化与价值的失望，这些都是20世纪最后岁月中汉语文化对‘现代性’的反思。”[①] 批评家从中看到了超越“新时期文学”的希望，这就是“一种世俗日常生活意识形态的崛起，一种与消费文化相适应的新话语的崛起。”[②]

“新时期文学”体现出来的现代性倾向并非不能反省。哈贝马斯认为，以理性为标志的现代性从18世纪欧洲启蒙运动中诞生以来，就不断遭到攻击[③]。正是在现代性遭受危机的过程中，“后现代性”及后现代文化思潮浮出历史地表，宣告启蒙、理性、主体性的合法化危机。但是，这种对现代性的反思，并不意味着人们就要彻底中止现代性的追求，导向一种虚无主义。事实上，对现代性的反思，应该促使我们在更具历史深度的层面上追求一种更健全的现代性，即为现代性的“理性万能”和“人性宗教”设立界线，防止它们的恶性膨胀，而不是完全抛弃。解构大师德里达在谈到“解构”这个字眼时，也声称“它与破坏毫无关系”[④]。到1992年，德里达甚至承认“解构”这个词“丑恶艰涩”，它处处诘问主体，使之无处可依，然而它无意“摧毁或取消主体。解构与重建须臾不可分离”[⑤]。

总之，中国的批评家提出“后新时期”概念，用以描述90年代文学、文化状况，使之与“国际惯例”接轨，这并非全然没有合理性。批评家敏锐地抓住了90年代以来中国文学、文化与80年代的“新时期”发生的可见变化，针对新的文学、文化格局的形成过程，提出新的话语形式与阐释策略，这为我们打开了批评的另一视阈：既反思“新时期”话语的种种基本命题，同时预测90年代以来文学、文化的发展前景。因此，“后新时期”话语意味着批评家对90年代文学、文化新趋向的一种新的描述和理论探讨，它为我们提供了新的思考与探索的角度、领域，也提供了一种新的“知识”。

但是，先锋批评家将整个90年代纷繁复杂的文学、文化现象化约到后现

---

① 张颐武：《对“现代性”的追问——90年代文学的一个趋向》，《天津社会科学》1993年第4期。

② 同上。

③ 参见王岳川、尚水编《后现代主义文化与美学》，北京大学出版社1992年版，第13页。

④ 德里达：《结构，符号，与人文科学话语中的嬉戏》，参见王逢振等编《最新西方文论选》，漓江出版社1991年版，第153页。

⑤ 参见陆建德《本来无一物，何谓德里达?》，《麻雀啁啾》，生活·读书·新知三联书店1996年版，第192—194页。

代主义这一维度上，他们利用从西方借来的“解构”武器，不遗余力地损毁现代性工程，将启蒙主义、人道主义视为过时的东西，将作家创作中所体现出的人间情怀视为多余，这就脱离了中国的特殊国情。值得注意的是，这种对现代性文化设计的激烈排斥，有可能导向一种新的独断论、一元论或新的二元对立模式。先锋批评家解构了中心、深度、主体、理性和意义等等现代性观念，一元派生性整体规范原则被后现代知识体系的对等网络、无中心互存、多元相关等等原则所取代。然而，先锋批评家在标举“后新时期”、“后现代”概念时，又设立了新的二元对立：后新时期/新时期、后现代性/现代性；他们极力主张扬弃现代性的价值观念，宣扬“世俗日常生活意识形态”，这不能不陷入新的独断、专制与排他。事实上，对现代性的质疑必须是开放的、多元的、宽容的。“后现代知识并非仅仅是权威手中的工具，它增强我们对于差异的敏感，促进我们对于不可通约事物的宽容能力。”① 后现代不是一个可任意粘贴的标签，也不是万能的阐释代码。后现代主义在反思现代性的同时，也必须反思自身，而不是从一些假定或前提出发去阐释对象。只有这样，后现代主义阐释模式才能真正提出属于中国文学的问题，“一种理论框架只有在实践中才能显示出它能否自圆其说”②。

“走出西方”的悖论

东方民族在反抗现代性的过程中，同时也必然将其矛头指向西方中心。从根本上说，现代性话语是典型的西方叙事的产物。在先锋批评家那里，对现代性的攻击，就合乎逻辑地导向了对西方中心的反抗，对本土性的张扬。张颐武提出，“第一世界用一种‘世界主义’的幻觉将自身变成一种‘超文化’的元语言，以之来影响、控制和压抑第三世界，将第三世界变为一个被动的‘客体’，一个被观看的奇怪性的物。”③ 以西方之矛攻西方之盾，用他者话语来解

① 利奥塔：《后现代状态：关于知识的报告》，参见王岳川、尚水编《后现代主主义文化与美学》，北京大学出版社 1992 年版，第 27 页。

② ［加拿大］斯蒂文·托托西：《文学研究的合法化》，北京大学出版社 1997 年版，第 7 页。

③ 张颐武：《叙事的觉醒》，《上海文学》1990 年第 12 期。

构他者的权利，打破第一世界/第三世界的二元对立，最终赢得本民族的文化创造权和诠释权，正是先锋批评家所致力的目标。

应该看到，西方的现代性确实出现了危机，我们需要尽量避开西方人的陷阱。近代以来，面对中国的文化危机，我们只能亦步亦趋地跟在西方的后面，乞灵于用他人话语来解决自己的精神困境。对列强的反抗与对西方话语的认同，就这样矛盾地统一在中国人身上。

历史进入 20 世纪 90 年代，先锋批评家试图重新理解西方/东方、第一世界/第三世界的二元对立关系，“以我为主”，以新的立场重新审视和思考世界文化关系，在西方的理论之外建构我们自己的理论①。因为“现代性作为一种现实进程正趋于完结”，一些批评家主张用“中华性”来代替“现代性”。“中华性既是对古典性和现代性的双重继承，同时又是对古典性和现代性的双重超越。”② 告别西方中心，寻找自己的话语，批评家的文化使命意识是值得称许的。在经历了百年的现代性追寻之后，中国的知识分子觉醒了。西方人的道路，并非是人类文明的坦途。西方严肃的哲人，一直在思考着西方文明的危机及其出路。作为中国人，也必须深入思考中心/边缘问题，探索走出中西方文化危机的途径。

90 年代，“第三世界”、“东方主义”、“后殖民主义”等话题在中国引起了广泛的讨论。然而，批评家在迈出“告别西方中心”第一步起，就陷入了一种悖论境地：主观上试图走出西方，客观上却根本无法走出西方。批评家反抗西方的武器，本身就源自西方。杰姆逊的“第三世界文化”理论，福柯的话语/权利学说，德里达的解构话语，被中国的先锋批评家奉为圭臬。而杰姆逊的《处于跨国资本主义时代的第三世界文学》译文在《当代电影》1989 年第 6 期刊出后，更是成了 90 年代中国后殖民理论的滥觞。张颐武的有关“第三世界文化”理论的探讨，可以明显看到杰姆逊的影子，同时又有德里达的解构幽灵。

先锋批评家对自己的理论困境并非全然没有认识。张颐武说，“借用西方

---

① 张颐武：《在边缘处追索——第三世界文化与当代中国文学》，时代文艺出版社 1993 年版。

② 张法、张颐武、王一川：《从“现代性”到“中华性”——新知识型的探寻》，《文艺争鸣》1994 年第 2 期。

的话语，面临着忽视本土文化特征的指责，拒绝西方的话语似乎又没有一套自身的话语来阐释我们的语言/生存。”① 批评家在对“西方中心”发起猛烈攻击的同时，并没有对西方话语予以一概否认，至少是对最新的理论有所保留。事实上，今天的人文社会科学如果统统抛弃西方的话语，我们将陷入真正的“失语”状态，连基本的学术表达、交流都很难进行。完全走出西方是不可能的。张颐武在阐释第三世界文化理论时指出，不必抵制西方的新理论，“第三世界文化理论是借助他人的话说自己的话，它‘自身’是在对西方理论的广泛借用中重构的。”② 然而，西方的新理论是否包含了新的话语权利，是不是对西方中心的再次确认，张颐武回避了这一问题。其实，后现代等新理论远不是非中心的，虽然它在西方是以颠覆中心的面目出现的，但其在“理论旅行”的过程中，如果以普遍真理的形式出现，无疑是从另一个角度重申了西方中心。

更重要的是，批评家在运用西方话语“重构”第三世界理论时，试图解构西方中心，可是自身又树立起了一个新的中心。他们揭示了西方现代性话语的虚妄性，主张回到本土文化之中，从本土经验和文本中创造新话语。在这里，批评家实质上仍然没有逃逸出东方/西方的二元对立模式，只不过是确立了“本土”的绝对优先性、实在性。刘禾曾说，“由于国内学界对于后殖民理论认识上的混乱，我们经常可以听到如下说法：萨伊德＝反西方主义＝提倡民族主义”③。其实，对西方话语霸权的批判，并不一定导向一种民族主义的立场。问题在于，批评家“走出西方”的动机本身就带有强烈的对抗性，在批判西方文化霸权的同时，预设了自身理论的正确性，力图建立自己的话语权力。这样，批评家不得不面对来自各方的指责，有的论者甚至认为中国的后殖民批评有意无意地迎合了官方意识形态，因为它大谈第一世界对第三世界的话语压迫，回避本土社会的文化对抗④。

后现代、后殖民话语在中国的演进过程说明，我们曾经殚精竭虑地追寻现代性，同时也接过了西方文化的危机；然而，反抗“西方中心”，又使自己置

---

① 张颐武语，见《文艺研究》1993年第1期。

② 张颐武：《在边缘处追索——第三世界文化与当代中国文学》，时代文艺出版社1993年版。

③ 刘禾：《互译性：现代思想史写作中的一个语言盲点》，见《语际书写——现代思想史写作批判提纲》，生活·读书·新知三联书店1999年版，第5—6页。

④ 徐贲：《走向后现代与后殖民》，中国社会科学出版社1996年版，第222—223页。

于一种悖论境地。中国人，真正碰到了两难。“中国大地上已经不存在单一的文化形态。我们的任务已不是简单地从中国文化危机中走出来或从西方文化危机中走出来，而是从中国文化危机和西方文化危机二者中走出来。”[①] 寻找自己的话语，将是新世纪中国最紧迫的文化问题。

知识分子：位置与心态

由于理论预设所形成的陷阱，中国的后现代批评出现了一些明显不足，但是，我们不能因此完全无视其合理的地方。在反思现代性的过程中，后现代主义同时也解构了启蒙主体，对知识分子的立场进行重新定位。后现代主义要求知识分子舍弃精英理想和“中心”心态，这显示了它具体的针对性和活力。其锋芒指向，触及了历史和现实语境中知识分子赖以安身立命的深层次问题。

中国知识分子历来就有以天下为己任的人文传统。所谓“为天地立心，为生民立命，为往圣继绝学，为万世开太平”，体现了一种高姿态的道德理想情怀。传统文人、士大夫不仅仅是知识精英，他们往往参与官方意识形态的制作，在社会文化领域中常常充当着民众的领导者和立言人的角色。这使得他们成为一个特殊的阶层，形成了凌驾于民众之上的文化心态。

从某种意义上说，中国知识者在历史文本中所扮演的传统角色在近、现代社会中被承传和延续下来。而启蒙主义的价值归趋，理性、真理的出场，更强化了知识分子作为大众的立法者和精神导师的地位。如张颐武所说，知识分子成了“文化英雄”，试图为普通大众指出一条可能的道路。“文学写作变成了一种充溢着使命感和英雄主义的事业，他们是试图成为先知和巨人的人们，他们被神圣的火光所照亮。”[②] 虽然知识分子曾一度被政治放逐，但走向中心舞台的想象，却从未真正断绝过。

20 世纪 80 年代中后期以来，知识分子的身份认同出现了危机。商品经济的浪潮将文人推向话语的边缘，知识分子所固有的“中心”心态遭到现实的无

① 程文超：《寻找一种谈论方式——“文革”后文学思绪》，中山大学出版社 1997 年版，第 431 页。

② 张颐武：《理想主义的终结——实验小说的文化挑战》，见《生存游戏的水圈》，北京大学出版社 1994 年版，第 119 页。

情否定。知识分子日益平民化，严肃文学放弃了那种夸张的精英意识形态神话，80年代前期追求个性自由、人的价值的主题自行瓦解。1993年，文坛发生的两起颇具象征意味的事件被炒得沸沸扬扬：一是《废都》的出版，二是顾城之死。这两起轰动性事件均被涂上了浓重的末日颓废色彩，它们无可置疑地宣告了精英文化理想的幻灭和文人形象的沉沦。

切断历史记忆与传统幻象，知识分子不得不承受“话语失落”的痛苦。这种际遇，实际上也警醒我们，应该历史地反思知识者自身在社会文化领域中的角色定位。传统的人生价值模式已经解体了，我们必须重建知识者在现代社会文化网络中的价值体系，找到自身的合理位置。在新的价值坐标上，知识分子不再是“圣人”、“立法者”，也不是代言人，他和大众处在完全平等的地位。陈晓明、张颐武、王一川等提出，面对历史转型，“我们不再对这个时代作出偏执的拒斥、居高临下的批驳，并且给文明前景作出武断的承诺”，“我们无从判断这个时代是走向胜利还是走向溃败，我们只能设法给这个时代文化的地形图。同时，我们对我们的前提和文化目标都持审慎的态度，不再自认为掌握了真理，不再自认为可以拯救大众。”[①] 作为精神文化的思考者与言说者，知识分子应该认识到自身的局限，作自我反思。这是对启蒙主义弊端的一种深入洞察，也显示了先锋批评家对自己所从事的工作有着清醒的认识。

放弃话语权威的角色，并不等于知识分子要泯灭自身的精神追求。陈晓明说，“我们并没有明确的文化目标，因而无力给出文化前景的承诺，但这并不意味着我们从事的工作就是不认真的，不严肃的，它全然没有历史的真实性。恰恰相反，我们对职业怀有道德感，认真做好我们的每一项工作，这也就是对文化作出的承诺，它终究会在文化的建构/解构之中扎下根来。”[②] 后现代理论破除了终极真理的神话，认为不存在所谓一切事物的第一原因和宇宙人类的终极目的。而知识分子的文化思考、精神探求，只不过是自身的一种生存方式，这种生存方式与大众的其他生存方式并没有高下之分。文人必须划出一道知识的界限，不能把自己的信仰、理想强加给大众。

① 陈晓明、张颐武、王一川等：《后现代：文化的扩张与错位》，《上海文学》1994年3月号。

② 同上。

反思文人自身，是知识分子的又一次觉醒。“五四”以来的启蒙先驱，在对传统文化进行激烈批判的同时，又不自觉地继承了中国古代“士”的文化心态。古代的“士”和西方的启蒙思想者，合成了20世纪中国知识分子的人格参照。囿于现代性的逻辑，启蒙者的自身启蒙问题，却先验地被搁置起来了。进入20世纪末，后现代批评提醒我们，不能“把批判的主体设想为真理的天然拥有者，设想为一个引导文化前进的超人。”[①] 如果知识分子仍然固守传统的“教化”立场，保持原有的“启蒙”心态，自诩为终极关怀、乌托邦追求的代表，试图充当大众的精神导师，那难免不会有“失语”的尴尬。

作为社会的良知，知识分子的思考在任何时代都是不能缺少的，今天的中国尤其如此。转型时代纷繁复杂的社会文化问题，离不开知识分子的诊断。如何把握自身存在、寻找精神出路，需要大批智者作不倦的探索。但是，知识分子的思考、诊断，不是绝对真理，它应该容许不同声音的存在，留有交流、讨论的余地。知识分子与大众之间，人与人之间，是对话与沟通的新型关系。“众多的、地位平等的意识连同它们各自的世界”展开全面的、多声部性的对话，“每个人物都在为自己说话：‘我有完全的权利！’”[②] 知识分子不是高居于对话之上，占据着话语的制高点，而是在边缘作“大众型的思考者”，构建一种兼容并包、平等参与、相互尊重、寻求理解的健康的文化品格，这才是知识分子今天应有的姿态。

寻找问题

后现代批评在中国的演进过程中，其理论亮点与缺陷是同时并存的。理论话语的生命力在于不断提出有价值的问题，与我们文化的历史实践，与当下生存现实的困境联系起来。

马克思说过，每个时代总有属于它自己的问题，而所谓问题，“就是公开的、无畏的、左右一切个人的时代声音。问题就是时代的口号，是它表现自己

① 陈晓明：《历史的误置：关于中国后现代文化及其理论研究的再思考》，《文艺争鸣》1997年第4期。

② ［俄］巴赫金：《陀思妥耶夫斯基诗学问题》，生活·读书·新知三联书店1988年版。

精神状态的最实际的呼声”[①]。强化理论研究的问题意识，必须勇于探索和直面当代社会实践中提出的复杂而深刻的矛盾和难题，将现实问题转化提升为理论思考。“文革”后的理论批评取得了长足的发展，尤其是在引进西方文论方面，作了一定的文化积累，但也暴露出种种不足。事实上，对西方思潮的次第“拿来”与仿制，中外文化的对话交流本身并不等于自己的文化建设。无视西方理论产生的具体语境，一味追新逐异，自然很难提出针对中国本土的有价值的问题。

回顾近年来理论批评所走过的道路，我们有必要反省和调整自己的方向，强化问题意识，更多地关注当下现实。从事理论阐释，是批评家的重要任务，但任何理论问题都必须先还原为历史过程，必须将问题“语境化”。现实中所包含的各种原生态现象，鲜活的、生发于中国语境中的社会文化现象，是我们从事理论创造的“地基”。在这个基础上，我们才能明白中国的问题是什么？这些问题是怎么来的？如何有效地进行诊断？任何有价值的问题的提出，都是基于一种理论眼光，知识和理论是分析问题、解决问题的有力武器，但我们不能因此而受其蒙蔽。新世纪的理论批评，绝不是从理论到理论、从知识到知识的逻辑论证，而应该是立足于复杂多变的社会生活以及具体生动的历史过程，在充分把握对象的前提下发言，并经得起实践的检验。

三　现实主义：“命名”的尴尬

自1985年文坛出现了第一篇被称为“真正的中国现代派文学作品”（刘索拉《你别无选择》）之后，中国的现实主义文学似乎一下失去了昔日的光荣，受到人们的冷落。但是，这并不意味着现实主义自此销声匿迹了，它在文学类传媒上仍占有自己的地盘。因为一种创作方式、创作成规一旦基本定型之后，它的合理成分都已经被内化为文学本体价值的一部分，在一个相当长的时期

① ［德］马克思：《集权问题》，见《马克思恩格斯全集》第40卷，人民出版社1982年版，第289—290页。

内，它还将以特定的文学观念、人生态度和审美倾向介入作家的头脑，影响着作家的创作。因此，不难理解，20世纪90年代中国文坛仍然有呼唤现实主义的声音。这里，我们拟以90年代报刊上的“现实主义重构论”[①]和“现实主义冲击波”[②]两个批评话题为例，围绕文学与现实的关系问题，探讨重提现实主义的洞见与盲视，力图为批评的话语更新以及作家重新卷入当代历史提供一种参照。

必须承认，现实主义不是一个封闭的模式类型，随着社会政治、经济、文化的变迁，现实主义必然历史地呈现出不同面貌。从宽泛的意义上讲，不同时代有不同的现实主义。80年代后期以来，文学报刊上的现实主义作品就已非一种形态。比如，侧重表现市民百姓原生态生活的“新写实小说”；展现现代都市景观、表现现代都市人的生存状态与人生困境的新都市、新市民小说；追踪现实生活，表现作家亲历性的新感受、新体验的“新体验小说”等等，都可以说是脱胎于现实主义，但又与经典现实主义有着明显的分野，亦不同于80年代初期的伤痕文学、改革文学等现实主义类型。或者说，现实主义告别了80年代初期的对于历史和社会现实的意识形态叙事之后，进入了紧张的探索期，具备了发展的多种可能性。问题的关键是我们今天选择怎样一种现实主义才更有利于文学对“现实”说话，更符合文学发展规律。因此，90年代重提现实主义是有意义的。在“文学梦”日渐破碎的大众化、世俗化和市场化语境

① 1995年10月，《时代文学》和《作家报》联合提出“现实主义重构论”，意味着对现实主义的重新命名。用李广鼐的话来说，“今天我们倡导重构现实主义绝不是原来意义上的现实主义的简单回归，也不是几种文学主张的简单归一，而是一种整合和扬弃，一种前进和超越。”（李广鼐：《拓宽现实主义文学之路——现实主义重构论之缘起》，《时代文学》1995年第5期）重构现实主义的目的，意在“重新构建一种同我们的历史文化和社会现实特别是我们的文学现状相适应的现实主义理论，以拓宽文学发展之路。”（出处同上）现实主义重构论主要包括三个方面的内容，简单说来就是：现实精神（或“现实主义精神”）、现代理性精神和现实叙述话语。其理论发言人主要是李广鼐、王光东和孔范今等。

② 1996年1月号的《人民文学》与《上海文学》同期推出两部中篇小说：《大厂》（谈歌）、《分享艰难》（刘醒龙）。与这两部作品相类似，显示出一种共同的把握生活的方式和创作取向的小说还有：《乡村豪门》（许建斌）、《天缺一角》（李贯通）、《大雪无乡》、《破产》（关仁山）、《年前年后》（何申）、《黄坡秋景》（张继）等等。评论家张颐武认为，这些作品代表了一股新的文学潮头，可以称之为“分享艰难的文学”或者“社群文学”（参见张颐武发表于《文论报》1996年5月15日及《光明日报》1996年7月18日的文章）。评论家雷达认为，这些作品出现的时间相近，揭示的矛盾和思索的问题竟也像事先预约好了一样的相似，它们在一起就形成了一种阵势，可以称为一股现实主义的冲击波（参见《文学报》1996年6月27日）。

中，现实主义寄托了一些作家、编辑和批评家的突围理想，他们希望由此找到摆脱文学创作和期刊生存困境的一个突破口。

现实主义作为一个文学理论和批评的常用术语，有其核心范畴、代码和质的规定性。[①] 其中很重要的一个理论范畴，即是“客观”、“真实”。客观、真实地再现社会现实，这是经典现实主义的第一要义，也是90年代现实主义论者的逻辑起点。李广鼐提出，重构现实主义首先是“不放弃现实主义的最基本原则，即严格地忠实于现实，艺术地真实地反映现实。”[②] 现实主义崇尚“现实”，“现实”必须得到真实的反映。正是在这个意义上，雷达赞赏“现实主义冲击波”作品“以较前更全面、更冷静也更求实的眼光，以不回避的正视姿态，来看待现实关系的复杂性和某些现实问题的尖锐性，没有削平、淡化或回避生活中新出现的重大矛盾，也没有简化现实关系的新的错综状态，从而把文学的真实领域发掘到一个新的层面，扩充到一种新的广度。”[③]

无疑，“写真实”是现实主义的一面旗帜。现实主义作家以其文学实践介入社会历史变动，客观地呈现现实生活的各个层面，反映特定历史时期特殊的历史风貌。“现实主义冲击波”小说“从人的现实关系出发反映社会矛盾”，

---

① 根据韦勒克在《文学研究中现实主义的概念》一文中的考察（参见韦勒克《批评的诸种概念》，四川文艺出版社1988年版，第214—243页），“现实主义”既可以指一种哲学思想、一种“对于观念的现实性的信仰”，同时也可以指一种伦理的立场，或者一场文学运动。当然，最终它定位于“一种支配着某一特定时代的多种艺术规范的体系”，即定位于艺术的创作方法、创作原则与批评模式。“按照生活的本来面目描写生活”，这是19世纪批判现实主义大师们创作实践经验的总结。加上众多作家、艺术家和理论家的阐释、界定，尤其是马克思主义经典作家的论述，现实主义在历史中生成了。归纳韦勒克的论述并综合经典作家们的意见，经典现实主义的核心内容主要包括这样几个方面：客观地再现社会现实、注重典型的塑造以及历史主义的批判立场等等。如果说，19世纪批判现实主义标志着现实主义的高度成熟，那么，现实主义在20世纪则呈现多元发展的态势。各种打着现实主义旗号的文学争相出现，显示了一种泛现实主义倾向，如社会主义现实主义、超现实主义、新现实主义、魔幻现实主义、心理现实主义等等。与此相对照的是，现实主义的定义扩大了，具有了开放性和兼容性。加洛蒂《论无边的现实主义》甚至认为：“没有非现实主义的、即不参照在它之外并独立于它的现实的艺术；这种现实主义的定义不能不考虑作为它的起因的人在现实中心的存在。”（《论无边的现实主义》，上海文艺出版社1986年版，第167页）现实主义是无边的，因为现实主义的发展没有终期，人类现实的发展也没有最终期。加洛蒂采用这种整体性一元命名的方法，是现实主义概念范围扩张所能达到的极致，它打碎了旧的阐释模式系统得以维持的传统观念和理论规范，并以一种兼容并包的观念、体系取代之：文学永远离不开现实，从这个意义上说，所有的文学都是现实主义的。这实际上等于是取消了现实主义、现代主义等的“名”、“实”之争，将问题转换为文学如何介入、抵达现实。

② 李广鼐：《拓宽现实主义文学之路——现实主义重构论之缘起》，《时代文学》1995年第5期。

③ 雷达：《现实主义冲击波及其局限》，《文学报》1996年6月27日。

“描写了站起来的小人物”，“相当真实地表现了这个特定历史时期的人们的追求、希望、痛苦、困惑、挣扎和反抗。”[①] 以至现实主义论者确信：“新时期文学领域现实主义形成浪潮，主要是70年代末至80年代前期和最近一段时期这样两次。借用一度流行的话语，也不妨说是现实主义美学原则的两度崛起。”[②]

“客观”、“真实”的话语指向，意在建立文学与现实的关系。“文学要关注现实，这是一条颠扑不破的真理。”[③] 而现实主义在关注现实方面，有着得天独厚的条件，现实主义文学与现实本身的界线经常或总是被人们忽略了，“现实主义”甚至就成了“现实”本身。作为一个重要的征兆，“镜子”的比喻曾一度为现实主义赢得了极大的赞誉，逼真地映照出外部世界，现实主义文学具有无可争议的“真理性”。因此，不难理解，当代文学中从来没有一种文学话题如同现实主义那样受到持久的关注和探讨：革命现实主义、社会主义现实主义、现实主义深化、现实主义——广阔的道路……现实主义文学与现实构成一种密切的相互依赖、合作的关系。文学需要权威性的现实赋予自己以合法地位，现实依靠文学去发掘其本质规律，为大众提供一种共同的想象性认同方式。

重提现实主义，其实质是重新审视、把握文学与现实的关系问题。80年代中期以后，文学日益弱化了自身对现实的依赖关系，现实主义不再热衷于构造时代的本质规律。尤其是先锋小说的崛起，它将文学中的叙事问题提到一个相当醒目的位置。先锋小说专注于语言、形式方面的实验，其叙事基本与现实无关，与民族的历史文化也不发生联系，变成了一种语言能指的自律运动。吴亮那篇著名的文章《马原的叙述圈套》曾经“用叙述崇拜、神秘关注、无目的、现象意识、非因果观、不可知性、泛神论与泛通神论这八个词来概括马原的观念”。[④] 正是在这一点上，马原使小说叙事逐渐演变为复杂、偏执、高深莫测的方法论活动，并引发了一场“小说叙述革命”。先锋小说面向叙事方法领域的实验性探索，唤起了人们的形式自觉，促使文学关注的重心从“写什

① 熊元义：《当前现实主义文学的新特征》，《文艺报》1997年6月24日。

② 敖忠：《现实主义与文艺反映论》，《文艺报》1997年8月5日。

③ 陆建华：《关注现实：文学义不容辞的责任》，《钟山》1997年第1期。

④ 吴亮：《马原的叙述圈套》，参见张国义编《生存游戏的水圈》，北京大学出版社1994年版，第218页。

么”到“怎么写”转换。

但是，先锋小说的叙事实验同时也给自己带来了一个严重的后果。由于它背向接受大众“封闭”了文学与读者无障碍交流的“通道”，并且在文本中放逐了“历史”和“现实”，理性、真理、主体等传统的人文信念遭受了根本的质疑，先锋小说的“叙述圈套”最后不免沦为价值废墟上虚无主义的语言游戏，其发展便不能不受限制。这一点，甚至连先锋小说的重要评论家陈晓明亦不无夸张地承认：“作为一群被先验性阉割了历史和未来的先锋派，他们在当代中国当然不会成为马尔库塞所期待的‘革命的’艺术家，他们充其量是文化的掘墓人，然而，他们却同时埋葬了自己，这是当代历史给他们算定的劫数，所有的先锋派（‘后新潮’）文学群体都在劫难逃！”①

先锋小说使“叙事”本身得到了“解放”，但其形式实验又走得太远，搅乱了读者的阅读习惯和原有的文学观念。因此，90年代“现实主义回归”，力图将文学引回原有的叙事成规和惯例，重返“现实”的叙事立场。

重新建立文学与现实的关系，首先就必须要有新的现实观念。然而，“现实”又是什么呢？19世纪的批判现实主义大师们受当时的实证主义、理性主义等的影响，坚信现实是完整的、可以把握的。客观世界为人的高贵理性所臣服，表现出内在的秩序和确定性，只要作家不动情地冷静观察、客观剖析，就一定能将客观世界逼真地再现出来。理性规定、命名或定义了现实，现实有了确定的内容，人们就享有这样一个共同的现实。但是，复杂多变的生活常要挣脱“理性”的控制，使“现实”从旧形式的束缚中获得“脱轨”的机会。这样，逸出常规的“现实”当然期待着新的表达方式，就像罗伯—格里耶所说：“巴尔扎克的时代是稳定的，刚刚建立的新秩序是受欢迎的，当时的社会现实是一个完整体，因此巴尔扎克表现了它的整体性。但20世纪则不同了，它是不稳定的，是浮动的，令人捉摸不定，它有很多含义都难以捉摸，因此，要描写这样一个现实，就不能再用巴尔扎克时代的那种方法，而要从各个角度去写，把现实的飘浮性、不可捉摸性表现出来。”② 也就是说，文学所能做的事情即是对“现实”的不断重新书写。

---

① 陈晓明：《无边的挑战》，时代文艺出版社1993年版，第60页。

② 转引自柳鸣九主编《二十世纪现实主义》，中国社会科学出版社1992年版，第29页。

现实变幻莫测，不同的现实观必然产生不同的现实主义创作和新的突破。问题在于，纯粹客观的现实并不存在。从某种意义上说，文学中的“现实”本身即是语言叙述的产物。客观实体世界要获得理解，必须通过语言叙述和人类的思维方式。叙事方式不仅具有某种独立不可更改的地位，而且它又是与现实融为一体的。文学中的“现实”实际上是一种话语建构的产物，现实主义再现的“现实”也只是人们理解世界以及自我的叙述形式中的一种。

现实主义“书写”的现实远非“客观”，因此，问题的关键就变成了文学如何介入、抵达现实。重提现实主义，意味着唤起文学正视现实的叙事精神。王光东提出，“现实主义既然是指人们在文学艺术实践中对于客观和对于艺术本身的根本态度和方法，那么，我们认为这个根本态度的核心问题，就是对于‘现实精神’的深刻思考和艺术地真实地呈现。”① 批评家试图以“现实精神”（或“现实主义精神”）为核心来“重构现实主义”。“现实精神”是人们在叙述过程中表现出的一种介入当下的姿态，它在理论上当然具有更大的兼容性，也在一定程度上显示了批评家的洞见。

但是，理论的“创见”同时也难免存在局限。王光东将现实精神定义为“深切关注现实和理性审视人生”②，李广鼐的界定与之相似：“对现实的人生的深切关注和对人生的现实的理性审视”③。这种提法很容易模糊现实主义的本质内涵，现代主义同样也表现出了强烈的“现实精神”，对人的精神世界的关怀以及精神家园的寻找。杰姆逊说：“现代主义是关于焦虑的艺术，包含了各种剧烈的感情：焦虑、孤独、无法言语的绝望等等”④，这未尝不是一种“对现实的人生的深切关注”；而“现代主义想要表现的是‘绝对’，最终的真理”⑤，同样也体现了“对人生的现实的理性审视”。正因为此，一向对现代主义持严厉批评态度的马克思主义文艺理论权威卢卡契，看了卡夫卡的作品以后不得不承认：“卡夫卡到底是现实主义者”，而且应该列入“更高层次的现实主

① 王光东：《现实精神·现代意识·叙述话语——现实主义重构论》，《时代文学》1995年第5期。

② 同上。

③ 李广鼐：《拓宽现实主义文学之路——现实主义重构论之缘起》，《时代文学》1995年第5期。

④ ［美］杰姆逊：《后现代主义与文化理论》，唐小兵译，北京大学出版社1997年版，第179页。

⑤ 同上书，第175页。

义作家的家族”。[①] 这样，我们应该如何划清现实主义与现代主义的界线呢？李广鼐宣称：“现实主义与现代派文学的根本区别在于它充满着很强的理性精神，而后者是非理性的。”[②] 这种区分能够成立吗？现代主义文学虽然表现了人与世界的非理性的一面，但不能认为它本身就是非理性的。恰恰相反，有的现代主义流派正是用强大的理性来作为文学的支撑点，完成其对宇宙人生的形而上把握。

回避“现实”的多样性、复杂性，试图用一种抽象的精神来整合现实主义，其结果则有可能导向一种新的文学的观念性与理念化。在谈到文学作品如何才能深刻地呈现“现实精神”这一问题时，王光东提出要有强健的“现代意识”，“对人类的未来、现在、过去有着深刻的、清醒的认识，而不被外在的既定观念、时尚所左右，具体一点说，就是爱的激情、批判精神、理想精神。”[③] 孔范今则用“对于完善人类生存的特殊责任感”、“对于人类的宽厚的爱心”、“对于人类生存的现实的独特关注与表现”来概括“文学的现实主义精神”。[④] 值得注意的是，我们强调“现实精神”或者“现实主义精神”，都只是从艺术外部确定一种“精神”或原则。所谓“爱的激情”、“责任感”、“批判精神”、“理想精神”都可以看作是一种人道主义的美好承诺，人道主义的信念诚然有其合理内核，但是今天我们倡导“现实主义重构”，在价值维度上显然已不能满足于传统理性所提供的法则。“现实精神”应是立足于当下现实生活基础之上的价值体系，它对已有的精神价值体系不是全盘照搬，不是将难以预测的现实变化纳入到一个稳定统一的意义系统中，并明确地标画出未来发展的方向。否则，重构现实主义，就无法走出经典现实主义的笼罩和覆盖。

固然，现实主义的创新与重构，并非是不可能的事情，现实主义并没有穷尽发展的全部可能性。现实主义创作的最基本特征和创作方向应该是始终以“现实”为艺术表现和把握的对象；所谓“现实精神”，必须与现实主义的艺术方法、创作原则之间存在真正的、内在的联系，即必须把精神、理想化为一种

① 转引自叶廷芳《现代审美意识的觉醒》，华夏出版社、安徽文艺出版社 1995 年版，第 379 页。
② 李广鼐：《拓宽现实主义文学之路——现实主义重构论之缘起》，《时代文学》1995 年第 5 期
③ 王光东：《现实精神·现代意识·叙述话语——现实主义重构论》，《时代文学》1995 年第 5 期。
④ 孔范今：《一个通往新世纪不可逾越的话题》，《时代文学》1995 年第 6 期。

立足于“现实”的叙述话语，而不是追求任何精神的偶像或某种抽象的观念世界。现实主义体现出来的文化精神、人生精神，是一种对于“现实”的不断重新书写，是始终不渝地以现实作为价值的源泉，而不是将复杂的现实和人生过程简化为“爱心”、“责任感”、“理想精神”等等大字眼。重构现实主义，不是为了怀旧，或者恢复现实主义在文学中的一元独尊的文化霸权。现实主义的发展前景，只能从现实的、实实在在的社会人生过程中去寻找。

由于“现实主义重构论”阐释上的困境，且缺少新的理论信息，因此，它在文坛没有产生太大的反响。这也从一方面说明了现实主义话语更新的难度。如果没有新的价值原则、艺术方式与文化策略的注入，现实主义就只能在自身封闭的系统中往复轮回。这一点，我们还可以从有关“现实主义冲击波”作品的讨论中得到印证。尽管“现实主义冲击波”作品引发了极大的社会关注，但其对文学观念的发展、新变却缺少足够大的作用力。

雷达在命名“现实主义冲击波”小说时，其核心仍然是文学与现实关系的重新把握问题。雷达强调，“现实主义冲击波”小说贴近生活、干预生活，注重文学的认识功能、教育功能，每一部作品都包含了一个令人深思的“问题”。这些小说更容易让人想起“传统的现实主义”，或者 80 年代前期的创作风貌。[①]

如此说来，“现实主义冲击波”也就意味着“传统的现实主义”的回归。值得深思的是，为什么人们总是在历史转型与生活进程的重要时刻，重新提出现实主义问题？从 70 年代末期开始的历史转折，开创了以建设社会主义现代化为宏伟目标的“新时期”。而“表现社会主义新时期的生活和斗争，这是我们革命文艺工作者的光荣而艰巨的任务”[②]，可以说，文学选择现实主义是历史转折的一种“规定”。历史转折时期激发了人们经邦济世的豪情，文学着眼于国计民生的大问题。国家、民族、人民、人道、自由、理性、真、善、美，等等，这一切都被对象化在“现代化”目标之中，个人的讲述沉浸于历史的宏伟叙事之中。“现实”、“历史”被重新命名、重新规定，作家作为历史代言人的身份，讲述“民族/国家”的宏伟叙事。然而，80 年代中后期以来，“传统

① 雷达：《现实主义冲击波及其局限》，《文学报》1996 年 6 月 27 日。

② 周扬：《在斗争中学习》，《文艺报》1978 年第 1 期。

的现实主义”面临着合法化危机，严重的意义匮乏使文学很难给社会提供共同的思想支点。在丧失文化方向的情况下，要解决文化危机和意义危机，意识形态起着非常重要的作用。中国的主流意识形态一直在呼唤新文学参与建构，它选择“现实主义”作为最主要的书写方式，要求现实主义参与寻找新意义、重建新秩序的过程。90 年代中国社会的复杂性在于，改革开放、市场经济给中国的发展前景既带来了无限丰富的可能性，同时也面临着严重的文化困境和危机。社会心理严重失衡，中国人失去了社会的认同感。这要求当代意识形态必须对此作出回应。就文学而言，认同社会必然牵涉到“反映现实”的问题，通过对现实的解释，通过客观主义式的陈述而获得对真理的优先占有，进而建立起强大的历史法则。

熊元义认为，当前的现实主义文学有着“对历史的进步和道德的进步的统一的执著追求”，它把握了当前变革历史的真正积极力量，这批作品中的人物直面改革的阵痛和现实的消极方面，自觉地将国家的利益和个人的利益结合起来。[①] 通过批评家的阐释，我们可以看到当代意识形态对当前现实主义文学的影响和渗透。“现实主义冲击波”作品主要涉及了两个方面的题材：一是艰难中的国有企业，一是困难中的农村基层乡（镇）政府；所塑造的主人公一是厂长（书记），一是乡（镇）长，他们都是有着道德良心的好干部。用张颐武的话来说，这些作品中的主人公常常为社群的利益而不得不放弃一些次要的价值，因而在“现实中‘发展’不是正义取代邪恶的简单的过程，而是在冲突中求沟通和妥协，为普通民众和我们的民族赢得更多的利益和力量的过程，是‘国情’与‘世情’的复杂性中寻找社群的更大的生存空间的坚韧的‘阵地战’”。[②] 周介人则在作品中“看到甚至‘听到’了人与人之间的摩擦，听到一些美好的东西被磨损时的呻吟，同时更看到人性党性在‘入世’而非‘出世’的多种磨合中闪闪发光，它留给我们的是分享一分艰难的气度与力量。”[③] 重返历史和道德的立场，分享时代的艰难，建构共同性的社会文化秩序，这意味着一种居于中心而非边缘、倡导向心而非离心的话语倾向，一种面对历史和社

① 熊元义：《当前现实主义文学的新特征》，《文艺报》1997 年 6 月 24 日。
② 张颐武：《分享艰难——谈“社群文学”的崛起》，《文论报》1996 年 5 月 15 日。
③ 周介人：《现实主义再掀“冲击波”——编者的话》，《上海文学》1996 年第 8 期。

会现实的意识形态叙事。如周介人所正确指出的，“现实主义冲击波”这批作品“所描写的现实关系本质上仍然是人与人之间的政治关系；但这种关系时时处处落实、渗透在经济利益关系之中”。[①] 经济发展和历史、道德的冲突是这批作品的最重要的主题，如何在金钱至上、个人至上的价值取向与生存艰难、非道德化的现实之间谋求一种妥协，“现实主义冲击波”这批作品提供了一系列“受难者”的形象。作品中的厂长（书记）抑或乡（镇）长，都是道德人格的化身，批评家赞许他们“正视痛苦、坚韧不拔”，[②] 为了共同的社群的利益而承受内外的压力和损害。“‘我’/‘你’虽有利益、价值上的多重差异，但却仍以民族的承诺/社群的承诺为前提凝聚成一个社群，去承担共同的艰难，分享共同的欢乐，探索共同的未来。”[③] 这样，“现实主义冲击波”小说巧妙地解决了当代意识形态的难题：既无法直面现实的艰难，又不能绕过现实的困窘，而“受难”的主人公与现实矛盾的圆满解决，为当代意识形态提供了一种想象性的实践方式。

“现实主义冲击波”小说因其与社会历史变动保持某种同步效应，介入当下的现实，触及了当代社会政治或与之相关的某些问题，因此，它能够引起人们一定的反响或关注。但是，如何在参与现实同追求文学自身的意义和价值之间保持必要的张力与平衡，这是“现实主义冲击波”小说需要深入探索的。否则，如一些论者所指出的，假若现实主义凝固成了一套僵化的“书写”模式，那么在不同的历史语境中，极易转换成新的文学等级制度和霸权地位，“成为社会现实的认同者和辩护士”，“成为主流意识形态的一部分”[④]。

总而言之，90 年代批评家基于不同的话语立场，对同一文学现象的认识和评价难免会有分歧。就现实主义而言，对文学与现实的关系的多种理解、阐释与评价，说明我们时代不再存在一种共同的文化想象可以整合人们的文学观念。在转型期的社会历史语境中，传统/现代、中心/边缘、主流/非主流等等各种话语众声喧哗、语言杂多，都在争夺文学、文化话语霸权瓦解后的语言真

① 周介人：《现实主义再掀“冲击波”——编者的话》，《上海文学》1996 年第 8 期。
② 熊元义：《当前现实主义文学的新特征》，《文艺报》1997 年 6 月 24 日。
③ 张颐武：《“社群意识”与新的“公共性”的创生》，《上海文学》1997 年 2 月号。
④ 萧夏林：《泡沫的现实和文学——我看“现实主义冲击波”》，《北京文学》1997 年第 6 期。

空和各自的话语权。作家、编辑和批评家在创作方法与文学思潮的选择、评价中，同时也陷入了前所未有的焦虑与困惑。面对受众逐渐被分流、传播媒介更趋多样的现实，文学报刊、书籍的空间和位置不断被挤压。有关现实主义的讨论，无疑给我们分析特定时期的文学状况、传媒文化、社会心理乃至当代现实，提供了一个耐人寻味的认识领域。

第十章　人文建构的跨界阐释

一　20世纪90年代知识界关于文化重构问题的思考

20世纪90年代以来，随着市场经济的推进，中国的社会文化结构发生了急剧的变动和重组，知识界也趋向分化。历史转型带来的各种深层次问题逐渐“浮出水面”，知识分子基于不同的话语立场，分别提出各种不同的理论来描述、阐释中国的文化状况和现实问题，由此在报刊上引发了一系列的论争，如关于人文精神、“后学”、保守主义、激进主义、自由主义和“新左派”的论争等。

我们对90年代以来中国思想文化状况的理解、评价，必须考虑到历史逻辑和当下语境等诸种因素的合力。而世纪之交一系列论争的发生，正是历史和现实双重作用的结果。知识分子所设计的各种不同的文化方案，以及由此引发的论争、交锋，为我们多角度地认识“中国问题”提供了极有价值的文本。

90年代文化的一个基本特征，是“普遍共识”的破灭与同质空间的消失。理论批评取得了独立的地位，分别提出各种不同的阐释框架，来把握当下的现实。这不是说批评家的话语创造可以随心所欲、天马行空，因为每一时代批评家所处的社会历史、文化语境，已经先在地规定了他们选择和创造批评话语的前提条件。90年代论争的各方，尽管其所表现出来的思想、文化观念各不相同，价值取向迥异，但他们面对的都是我们时代共同的文化问题。他们所运用的理论话语，相互之间可能存在着巨大的差异性，但从各自的出发点而言，仍然有其相通之处。

从论争各方的文化心态来看，都有一种阐释中国的焦虑，社会历史变动促使知识分子紧张地思考我们的精神出路。徐贲、赵毅衡把90年代初以来中国内地理论批评的若干发展趋向，视为一种“民族主义”或“新保守主义”，张颐武在《阐释“中国”的焦虑》一文中回应说，“中国政治/文化/经济的进程完全脱离了昔日居于话语中心的‘知识分子’的把握，也完全脱离了在海外或中国本土所产生的既定话语及阐释模式的把握。中国似乎已变成了一个无法加以驯服的‘他者’。在这个空间中所发生的一切犹如一种异常尖锐的挑战，它在嘲弄着我们业已形成的‘知识’。这就构成了一种有关‘中国’的巨大的阐释焦虑。”[①] 在这里，张颐武敏锐地看到了90年代语境的错综复杂。当今中国的发展态势，远远超出了知识分子的文化想象。

金元浦、陶东风合著的《阐释中国的焦虑——转型时代的文化解读》[②]，对90年代的文化状况作了全景式的扫描。该书以“阐释中国的焦虑”作书名，亦表达了作者对当下文化语境复杂性的认识。批评家不约而同地以“阐释中国的焦虑”作为文章的标题或著作名，从一个侧面可以说明“焦虑”已成为了知识分子的一种集体意识。

“焦虑”产生的原因是多方面的，诸如知识分子自身的边缘化，旧的价值体系分崩离析，新的话语范型未及建构，等等。更重要的，是缘于批评家对现实的惶惑、不满。朱学勤在分析自由主义所遭遇的挑战时说，“自由主义已经注意到社会现实层面日益尖锐的利益分殊及其冲突。从某种意义上说，它正是注意到这种利益冲突，才比其他言说更为迫切地要求政治体制改革。”[③] 不管批评家对现实问题开出的“药方”是什么，其背后的动机，都是在一种文化良知的驱使下，力求找到解决时代的精神困境的途径。

处在历史转型期，各种新旧问题纷至沓来，知识分子如果不能作出合理有

① 张颐武：《阐释“中国”的焦虑》，《二十一世纪》1995年第2期。

② 金元浦、陶东风：《阐释中国的焦虑——转型时代的文化解读》，中国国际广播出版社1999年版。

③ 朱学勤：《1998：自由主义学理的言说》，《书斋里的革命：朱学勤文选》，长春出版社1999年版，第389页。

效的解释、说明，必然将感觉到愧对我们的时代。90年代一系列的论争，除了极少数个人意气用事外，绝大多数知识分子都是从自己的研究出发，回应当今时代的历史的发问。他们可能借鉴了西方的理论学说，但其目的，主要还是用以阐释中国的问题。赵毅衡将90年代以来大陆学术界有关民族文化传统的思考动向解释为海外保守主义的进口，郑敏在辩驳中说，“其实近年关于文化传统的讨论，据我所知，其动力还真是来自世纪末自我审视，是纯本土的，出于回顾与展望，形成中国当前文化的前因后果，而产生的焦点谈论。”① 面向历史和现实，批评家力图在一个宏大的背景内为中国文化重新定位，显示了一种积极探寻的理论姿态。而批评家之间的思想交锋，尽管未达成共识，但毕竟提出了一些有意义的话题，理论批评自身也将在论争中逐步确立规范，走向成熟。就像张颐武所说的，“只有在对话和交流之中，理论批评才能保持自身的活力。”“基于中国文化及理论批评发展的极度复杂性，对它的巨大阐释焦虑仍会在不同的空间中继续下去，吸引人们去尝试克服和超越它。”②

必须承认，知识界的论争是一种正常现象。在90年代较为宽松的意识形态环境里，各种观念、思想都获得了一定的表达自由。批评家基于不同的话语立场，对同一现象、问题的认识、评价难免会有不一致之处。90年代论争的各方，其分歧主要表现在以下两方面：

首先，是对20世纪中国思想文化历程不同的价值评判态度。处在世纪之交的转折点，知识分子很容易产生回顾过去、前瞻未来的文化冲动。总结历史的经验教训，为新世纪的文化重构提供思想资源，这是知识界共同的关注点之一。在有关“激进”与“保守”的论争中，新保守主义从对“五四”新文化运动的反思入手，猛烈批判激进主义。陈来将“五四”与“文革”相提并论，“五四”彻底反传统的激进主义造成了中国文化的危机，“而‘文化大革命’所预设、所主张的文化观念与价值，除了来自对马克思原典的片面了解之外，明显地与五四新文化运动的观念价值有继承性。”③ 郑敏也对文化激进主义作了历史性的否定，她从新的视角出发，重新评价了“五四”白话文运动。她将

① 郑敏：《文化、政治、语言三者关系之我见》，《二十一世纪》1995年第3期。

② 张颐武：《阐释“中国”的焦虑》，《二十一世纪》1995年第2期。

③ 陈来：《20世纪文化运动中的激进主义》，《东方》创刊号。

"五四"以后新诗没有获得长足发展的原因，归于白话文运动"矫枉必须过正的思维方式和对语言理论的缺乏认识"[①]。

新保守主义对激进主义的全面声讨，遭到了一些学者的反对。严家炎针对陈来将"五四"与"文革"联系起来的认识，提出不同的意见："'文革'表面上是对封、资、修大批判，实际上是封建主义大回潮，是传统文化中的糟粕在起作用。所以，'文革'与'五四'新文化运动在根本方向上是相反的。为了避免'文革'悲剧的重演，我们得出的结论应该相反，不是否定'五四'新文化运动，而是应该发扬'五四'新文化运动启蒙、理性的精神"[②]。许明则认为，郑敏对白话文的重新评价，关涉到今天的我们对中国现代文化进程的根本态度。"'五四'以来的文化激进主义思潮是推进中国现代化进程的强有力的思想杠杆，它的历史合理性是不能否定的。只有历史条件发生了变化的时候，一种社会思潮的原先的合法性才会发生变化。"[③]

"新左派"虽未与新保守主义发生正面论争，但他们却以另外一种形式肯定了文化激进主义。如崔之元对大跃进、"文革"的重新认识，力图挖掘其合理因素。崔之元认为，毛泽东在"大跃进"后期提出的"鞍钢宪法"，其中的"两参一改三结合"方针，就是经济民主的重要体现[④]。崔之元甚至还把民主与"文革"联系起来，"今天，我们应把毛泽东所谓'文革七、八年再来一次'制度化为定期的全国性直接普选，这才是'人民民主专政'或'无产阶级专政下继续革命'的本质。"[⑤] 这显然是一种认识上的偏差。

90年代论争各方的分歧之二，是对中国当下现实定位的差异，批评家由此提出了各自不同的文化设计方案。今天的中国文化，呈现出历史上从未有过的多元性、异质性。批评家对现实的把握，因其理论切入点不同，得出的结论也迥异。

---

① 郑敏：《世纪末的回顾：汉语语言变革与中国新诗创作》，《文学评论》1993年第3期。

② 严家炎：《五四·文革·传统文化》，《知识分子立场：激进与保守之间的动荡》，时代文艺出版社2000年版，第240页。

③ 许明：《文化激进主义的历史维度——从郑敏、范钦林的争论说开去》，《知识分子立场：激进与保守之间的动荡》，时代文艺出版社2000年版，第207—208页。

④ 崔之元：《制度创新与第二次思想解放》，《二十一世纪》1994年第4期。

⑤ 崔之元：《发挥文革中的合理因素》，《亚洲周刊》1996年5月26日。

市场经济的推进，必然瓦解原有的社会结构。袁伟时在分析市场经济的负面作用时所指出："市场经济无疑对人文精神有强烈的削蚀作用。理想的追求为现实的利害计较所取代；感官的满足成了文化的最高指令；庸俗文化淹没高雅文化；金钱的权威冲决道德堤坝；日益扩大的财富差距亵渎着社会公平；以新技术为基础的话语霸权钳制着人们的思想自由……诸如此类的世界性的市场经济固有的弊端，已足令人忧心忡忡。而中国独有的下海狂潮——'知识分子大逃亡'，更不能不令忧时之士摇头叹息，为文化前景悲痛欲绝。"[①] 知识分子如何面对社会语境的变化，对现实作出理论回应，以完成价值观念的更新以及人文尺度的重建，同时也成了无可回避的问题。

问题的核心不在于要不要重新设计我们的文化战略与生存策略，而在于如何设计。换言之，这种新的文化战略与生存策略是如何成为可能的。恰恰就是在这一点上，我们的理论批评陷入了困境。

王晓明等人在《上海文学》1993 年第 6 期首先发起有关"人文精神"的讨论，将"文学的危机"论以极端的形式重新提出来，其根本原因之一即是市场变革带来的世俗化现实对文学、文化造成的冲击，文学跌落到迎合当下世俗社会生活的叙事游戏之中。文学创作中的欲望、暴力、性爱、死亡等主题，形式上的叙事迷宫、语言嬉戏以及精神价值指向方面的虚无主义倾向等等，这一切都构成了对原有的文学观念的背离，它迫使理论批评追问这样一个命题：在当代中国的文化背景下，文学究竟充当何种角色、承担怎样的功能。人文精神论者要求文学"上升到人性来观察人类的痛苦，探索人类的命运，追求永恒"，"伟大的文学作品表现人性从来是相通的。缺乏终极关怀使中国作家难以吸收世界一流作品的精华。"[②] 提倡人文精神的终极目的，"就是人自身的完善和解放。"[③] 人文精神论者要求文学追索人生最深刻的意义和价值，并寻求这种意义和价值的实现。如陈思和所说："当商品经济的大潮冲垮了传统的价值观念以后，在人的精神方面出现了巨大的空白，这是无可否认的事实。"[④] 用人文

① 袁伟时：《人文精神在中国：从根救起》，《现代与传统》1994 年第 5 期。

② 袁进等：《人文精神寻踪》，《读书》1994 年第 4 期。

③ 张汝伦等：《人文精神寻踪》，《读书》1994 年第 4 期。

④ 陈思和：《关于"人文精神"讨论的两封信——致坂井洋史》，《大潮文丛》1994 年第 4 期。

精神来填补商业社会的价值真空，用人间关怀、终极价值来拒斥世俗欲求，这是论者的逻辑起点，也是其最终目的。

“人文精神失落”说提出后，引起了广泛的讨论，赞同者有之，反对者亦有之。其中最强烈的质疑声音，来自“后学”。张颐武说，“‘人文精神’对当下中国文化状况的描述是异常阴郁的。它预设了一个超验神话。它以拒绝今天的特点，把希望定在了一个神话式‘过去’，‘失落’一词标定了幻想的神圣天国。它不是与人们共同探索今天，而是充满了斥责和教训的贵族式的优越感。它恐惧目前文化的复杂与多元，而以专横的霸权姿态确立自己的话语权威。”[①]由于“后学”与人文精神根本对立的姿态，双方互不承认对方立论的基础，讨论也就很难深入下去。

从某种意义上说，人文精神论者强烈的批判精神，为后来的“新左派”所继承。但“新左派”的提问方式、理论来源均与人文精神论者有很大的差异。“新左派”认为，市场经济的推进，使中国加快卷入全球化的浪潮。跨国资本的扩张，加强了对民族国家的压迫。资本主义的文化矛盾，已经弥散到中国的现实逻辑中去了。汪晖提出，“中国的问题已经同时是世界资本主义市场中的问题，因此对中国问题的诊断必须同时也是对日益全球化的资本主义及其问题的诊断”[②]。

而自由主义的代表之一徐友渔则认为，近十年来中国社会发生了巨大的变化，但就社会性质和制度而言，没有断裂、质变。“把中国说成是市场社会，是跨国资本主义的一部分，其结果是把批判的视线从中国社会内部引开”[③]。

基于这种不同的认识，“新左派”对资本主义现代性提出强烈的批评，试图寻找一种不同于西方现代化的文化形态。汪晖指出，“全球资本主义的未来图景也并未消除韦伯所说的那种现代性危机。作为一个历史段落的现代时期仍在延续。这就是社会批判思想得以继续生存和发展的动力，也是中国知识界进行理论创新和制度创新的历史机遇。”[④] 正因为看到了资本主义的弊端，“新左

① 张颐武：《人文精神：最后的神话》，《作家报》1995年5月6日。

② 汪晖：《当代中国的思想状况与现代性问题》，《文艺争鸣》1998年第6期。

③ 徐友渔：《自由主义与当代中国》，《开放时代》1999年第5期。

④ 汪晖：《当代中国的思想状况与现代性问题》，《文艺争鸣》1998年第6期。

派”特别强调进行理论创新和制度创新，以超越西方的现代性。而自由主义倾向于认同西方的主流文化，将个人的自由放在最优先的地位。如徐友渔所说，“90年代的自由主义对80年代文化热衷的人道主义和启蒙主义思潮基本持肯定态度，并与之有一种继承、发展关系。它将哲学层面上的对人的价值的肯定转化为制度安排，把对文革式的神权政治与专制主义的谴责落实为法治与分权的防范与保证。”[①]

以上两个方面的分歧，因为涉及中国“历史”与“现实”的重大问题，论争的各方很难在短期内见出分晓。事实上，我们也没有必要急于对“中国问题”作出诊断结论。

二　“第二媒介时代”的人文导向

从信息的高速流动和大众传媒的影响力而言，21世纪可以说进入了“第二媒介时代”[②]。在当下全新的社会文化语境中，大众传媒尤其是影视和互联网的不断扩张、繁衍，各种话语过剩生产，传统、现代与后现代的价值观念相互撞击，新旧问题杂然共生，这些构成了我们时代多维展开的文化冲突。社会历史、文化语境的变迁，产生了一种对于原有的媒介阐释模式的“切断”效用。消费社会的世俗化浪潮以汹涌之势冲击着整个文化体系，一个浮躁功利、喧嚣浅薄的泡沫时代宣告到来。由于传媒高居社会文化中心的位置，其正负面效应迫使人们追问，媒介如何建构公共空间，对整个社会的文化整合进行引导，并提供人文价值系统和沟通交往规则。

新的文化战略与生存策略

“第二媒介时代”的表征，是互联网、手机等新媒体与报刊、电视等传统

① 徐友渔：《自由主义与当代中国》，《开放时代》1999年第5期。

② ［美］马克·波斯特：《第二媒介时代》，范静哗译，南京大学出版社2001年版，第4页。

媒体语言杂多、众声喧哗的无主题变奏。而媒体的自我更新以及各种不同的炒作方式，又给人一种“乱哄哄你方唱罢我登场”之感，仿佛媒体的追新逐异已经成为今天的一种文化时髦。与此同时，旧的运作模式仍然在作最后的坚守与捍卫，新的模式也在生成与衍化，媒介本身的形象变得复杂、暧昧。

大众传媒在扩张的同时，必须承担起自己的社会责任，深怀文化良知，为建立一套具有普遍性的价值规范鼓与呼。重建新的精神中心，直面现实的价值认同困境，这是我们时代精神文化问题的根本症结。随着市场经济的推进，原有的社会结构瓦解了，新的社会结构还未及成型，文化失去了统一性，人们被抛入杂乱的文化状态，整个社会思想的中心价值观念不再具有支配性，“现代文化形态”并没有伴随现代化的步伐同期而至，人们精神上处于“无根”状态，并由此导致了一种普遍的文化不适应。

从当下的语境来看，今天的中国无疑具有自己独异的时代文化特征，其文化场容纳了各种异质的文化因子，表现为“固有中心的离散”与“大一统”模式的消解与崩溃。这意味着政治权力话语对精神文化不再处于绝对支配地位，意识形态领域出现了一些松动，传媒的自主性和大众的精神空间增大，人们的生活方式和价值观念发生变动。传统的政治、经济体制已不适应现代社会的迅猛发展趋向，中国一贯的政治中心社会开始向现代市场经济社会过渡、位移。市场的出现，必然伴随着相应的文化建构和经济、商业价值观的新变。但是，文化建构又非短时间便能成就的事情，这使得传统/现代、中/西、古/今、自我/他者之间的二元对立尤为激烈，构成了真正意义上的文化冲突。在这个社会文化结构变动的过程中，话语的解放、转型与失重、无序，价值、意义中心的解体与文化的无主题流向，几乎是同时并存的。而政治与商业的张力促使媒体寻求新的生存、发展策略，在娱乐化的取向中开拓市场空间，这样既可以不受政治意识形态的限制，又能够迎合大众的心理需求。

传媒时代的人文建构，首先必须面对商业社会的价值准则。20 世纪 80 年代中后期以来，随着知识分子启蒙地位的日渐失落，民众奉行经济实用主义价值观念而远离知识分子。新兴的市民阶级随着经济地位的提高，相应的在文化上有了自己的要求或主张，大众文化当然也挣脱了知识分子的话语权力而成为纯粹的消费性文化，注重其娱乐消遣功能。由历时态观之，“历史中的每一个社会都有它自己的大众文化，而今天的大部分大众文化是大量制造的并通过大众媒介来散播的"[1]。人们远离了神圣话语一类的传统教育，回到了世俗的日常生活之中。大众传媒和大众文化创造了一种新的平等，过去的游戏规则与等级制度完全崩溃了。"木子美"、"流氓燕"等网络符号成为大众文化欲望化的代码，它们动摇着传统的文化秩序和规范，沉醉于一种肆意宣泄的快感。

与大众文化的崛起相对照的是，精英文化出现前所未有的衰败。如作家们都希望沾影视剧的光，在媒介的转换中扩大社会知名度和受众覆盖面，文学在某种意义上沦为了影视剧的附属品。受众的兴趣发生转移，以"超级女声"为代表的媒介娱乐文化，成为社会各界共同关注的场域，它甚至被媒体誉为"庶民的胜利"[2]。《快乐大本营》、《玫瑰之约》、《欢乐总动员》、《非常男女》等电视节目，显示着传媒为推进娱乐化不断推陈出新。受娱乐节目的挤压，新闻也出现娱乐化的倾向，"各种娱乐形式充斥于新闻和信息当中，'街头小报'式的信息娱乐文化更加流行。"[3] 从大众传媒的走势便可以看出人文环境、社会心态的变化，以及中国社会生活世俗化过程中凸显出的文化活动解神圣化、多元化、商品化与消费化的趋势，追求感官愉悦、日常生活和商品性、消费性的大众文化迅速崛起。在这个大的趋势中，传媒的话语导向便面临着人文价值的再定位问题。

人文价值的再定位，首先是新的人生观念的建构。因为每一次社会历史的转型，必然伴随着人生价值观念的深刻变动。20 世纪 80 年代中后期以来，我们的国家发生了巨大的、历史的变化，社会心态也在变，大众对政治话语、启蒙话语失去了兴趣。如何追索人生最深刻的意义和价值，并寻求这种意义和价值的实现，困扰着每一个人。当商品经济的大潮冲垮了传统的价值观念以后，在人的精神方面出现了巨大的空白。尤其是当欲望被充分激活之后，如何在东方/西方的双重视阈中叙述欲望也就有了多种可能。最典型的是广告的勃兴，

---

① Stan Le Roy Wilson, Mass Media/Mass Culture, An Introduction, McGraw - Hill, Inc. 1995, p. 5.

② 社论：《超级女声：一场庶民的胜利》，《南方都市报》2005 年 8 月 13 日。

③ ［美］道格拉斯·凯尔纳：《媒体奇观——当代美国社会文化透视》，史安斌译，清华大学出版社 2003 年版，第 1 页。

它的叙述方式与人们的欲望相吻合："正是这些广告告诉我们，什么是人们无意识的欲望，使我们知道人们对一个乌托邦式的社会有什么样的设想。"[①] 广告的形象体现出对欲望的话语转移，也就是通过话语的叙述，用一套价值与意义引导人们，使其注意的重心发生转移，诸如青春美丽、自由幸福等，广告正是把那些最深层的欲望通过形象引入到消费中去。

传媒要把握好人文导向，必须对世俗化的社会现实以及人们的欲望化诉求有比较全面的、清醒的认识。其实，从某种意义上说，现代化的过程也就是社会生活世俗化的过程。美国学者丹尼尔·贝尔在《资本主义文化矛盾》中，敏锐地分析了当代西方社会的剧烈变化所带来的传统价值观念（尤其是宗教性的终极关怀）的淡薄，贝尔透辟地剖析了这种变化的必然性。商品化的逻辑浸渍到人们的思维，也弥散到媒介文化的逻辑中去了。中国的情况跟西方当然有很大的不同，但是，市场变革带来的社会生活世俗化以及商业化浪潮却与西方的文明情境有相似之处。世俗化的过程凸现了人们对物质的追求和欲望满足的实现的愿望，它不可避免地带来享乐主义、消费主义等倾向。

问题在于，人文价值与世俗欲望是一种什么样的关系呢？必须看到，社会生活的世俗化同时存在着正面和负面的效用。市场经济贯穿自由竞争和平等竞赛的法则，在一定程度上激活了个体的个性、尊严、自主与创造力；但是，另一方面，金钱又建立起了新的价值准则或社会主导观念，利益原则与利己主义的驱动可能导致人的欲望大释放。因此，人文价值的存在将和世俗化过程中欲望的"铁律"构成必要的平衡。它将有效地防止人的欲望恶性膨胀，针对现实保持一种理性的批判精神，成为商业社会精神文化领域制衡的砝码器。

这不是说，人文导向的提出就一定要取消世俗化的价值准则，泯灭人的欲望诉求。在西方，世俗化的过程同时也是一个"解神圣化"的过程，人们追求日常世俗生活的幸福，对抗宗教的道德禁律。民间的政治、经济、文化活动切断了自身与神圣价值、终极关怀与彼岸乌托邦世界的联系。欧洲 14—16 世纪的文艺复兴运动就是在此基础上发展起来的。当时的人文主义思潮正是以世俗

① ［美］杰姆逊：《后现代主义与文化理论》，唐小兵译，北京大学出版社 1997 年版，第 223 页。

利益为驱动，并借助这种力量把矛头对准了神权宗教，由此建构自己的人文话语。

因此，对人生最高意义与价值的寻求，就必须从世俗的、现实的此岸当中去寻找，而不是迷失于虚幻的彼岸乌托邦世界。也就是说，终极关怀必须与现实关怀保持必要的张力，“永恒的人性”亦不以摒弃世俗欲望为前提。应该看到，人文价值建构并不是营造一个本质的、终极性的概念系统，在不同时代、不同历史条件下，人文价值具有多样性、丰富性和复杂性。80 年代末期以来，当代文化的实践出现了紊乱无序、方向迷失、话语的急剧断裂与变形的喧闹局面，这种混乱的背后，同时也蕴涵了各种话语互相融合、撞击、对话进而生成新的人文价值的可能。关于这一点，巴赫金在《拉伯雷研究》等书中关于文化转型时期的“狂欢节”理论，对我们可能会有颇多启发。巴赫金认为，处于历史转型期的文艺复兴时代就是一个“狂欢节”的时代，这个时代之所以产生但丁、拉伯雷等文化巨人，因为他们“倾向于融汇不同的话语”。狂欢节的核心是民间文化、大众文化对肉体感官欲望的弘扬和对神圣化事物、等级秩序的颠覆和嘲讽，人回归到了自身。狂欢节寄托着大众文化的乌托邦理想，“洋溢着交替和更新的激情”[①]。虽然巴赫金的“狂欢节”概念有过分浪漫和理想主义的弊病，但它无疑为多元共生、“多声部性”对话提供了合法性基础。对于中国的媒介文化而言，既然时代已经发生了大的变迁，再回到单一话语独霸的时代也是不大可能的。

实现媒介价值的再定位

大众传媒对人文导向的把握，意味着媒介对自身作为一种精神文化实践方式的独特功能的寻求，以实现媒介价值的再定位，解决时代的精神“认同”困境。可以说，这种努力显示的是一种积极的社会关切、文化关切的姿态。

然而，人文价值重构是一个绝大的命题，它不可能一挥而就。尤其是在全球化的语境中，各种异质文化对媒介以及人们的心灵造成巨大冲击。时至今

① ［俄］巴赫金：《拉伯雷研究》，李兆林等译，河北教育出版社 1998 年版，第 12—13 页。

日，全球化已经成了不可阻挡的历史潮流。科学技术的突飞猛进，社会经济的高速发展，跨国资本的频繁流动，构建了一个全球性的经济体系，将各民族/国家连为一体。然而，全球化并不意味着是普世的福音或大同社会的真正降临。尽管“全球化作为一种话语似乎变得越来越普遍，但是对它的最热情的宣传却来自旧的权力中心，尤其是来自美国，因而实际上更加剧了对霸权企图的怀疑。”[①] 全球化无法掩盖各民族/国家社会经济、文化事实上的不平等。对发展中国家而言，建设现代化仍然是一个刻不容缓的课题。

毋庸置疑，建设现代化是当今中国最紧迫的任务。作为发展中国家，富国强兵是我们的梦想，也是延续了一个多世纪的总主题。而现代化的逻辑，显然包含了民族腾飞的承诺。大力推进中国的现代化，按照新的全球想象来构建世界，告别传统社会，重新塑造文明结构，媒体肩负的文化使命任重而道远。但是，加快现代化的步伐，融入世界体系之中，并不等于是对西方中心的无条件认同。全球化加剧了西方话语称霸的进程，同时也强化了世界范围内的反抗霸权文化的力量。全球化不但没有消弭东、西方文化的实质性差异，反而进一步凸显了各自的精神个性与价值。如何在东方/西方、现代性/反现代性的对立统一中找到新的精神价值系统，回应全球化的挑战，就成了当下中国面临的一个重大的文化难题。

全球化的复杂语境使得社会历史转型期间新的文化主题、策略及其问题日益凸显，我们时代的文化语境构成了一个强大的力场。在这个力场中，各种截然不同的文化冲动表征为各不相同的话语言说方式自律运作，话语的多样性正是这个过渡时代的典型特征。而当今中国的媒介文化状况，在社会转型和全球化浪潮的冲击下，我们很难感受到一个占支配性的、能整合其他文化因子的文化主因的存在，因而目前无法找到一种描述、阐释当下媒介文化状况及其走向的最佳构架。主导话语的丧失，启示了新的分化与组合的必然。

新的人文价值建构，必须在全球化的视阈中直面中国的社会现实。改革开放、市场经济的实践，同时在寻找一种新颖有效的政治、经济和文化模式的建构。转型期中国的处境类似于杰姆逊所概括的，是一个复杂到令人困惑的“超

① ［美］德里克：《后革命氛围》，王宁等译，中国社会科学出版社1999年版，第4页。

空间”(hyperspace)[①]。社会生活领域被不断拓宽，多种社会成分并存。市场的崛起，商业的勃兴，使得人们的生活方式、思维观念和价值准则发生了很大的变化。社会的变革又为各种媒介话语的展开提供了历史性的契机。各种传媒基于不同的话语立场，都在以自己的方式制造着新的话题或潮流，以至于追新逐异成了我们时代醒目的文化景观。作为一种群体精神或处境的演示，一些学者便用“多元主义”一词来阐释、概括当今的文化语境。“多元”不仅是一种理论视阈的代名词，更是传媒文化与现实世界共同指向的目标。“多元”的浮现，是对统一化或总体化“宏大叙事”的拒绝，是新的文化状况、生存态度和话语准则的表征，它显示了人们思维方式所可能有的新维度。

当然，多元主义是一种全球性的价值追求，它并不是我们时代的产物，哲学上的多元主义由来已久。中国古代哲学把世界的本原归结为金、木、水、火、土五行，就是多元论的一种。西方近代德国哲学家戈·莱布尼茨则代表了另一种形式的多元论哲学，他认为世上万物是由一个个相互独立存在的“单子”(或者叫“实体的形式”、“实体的原子”)构成的。总的说来，不管何种形式的多元论，都认为世界是由多种本原构成的。由此出发，进而发展了这样一种观点：不存在所谓的绝对真理，一切事物的第一原因和宇宙人类的终极目的的设想，都应该抛弃掉；任何对现实的阐释都有其合理性，人们用不同的语词系统、不同的价值标准、不同的表达和示范方式能够构造出多少个世界，也就有多少个世界。这种多元真理观无疑为文化多元铺平了道路。因为每一种文化形态的背后，都有一整套赖以支撑的语言体系或价值观念。认可真理的多元，必然承认每种文化形态内部核心语码的独立自主性，从而为多种意义与价值系统的合法性奠定了基础。大众传媒坚持多元主义的人文话语立场，有助于在全球化的进程中挖掘本民族文化的丰富性，同时让各种声音获得表达的自由。

应该说，相信多元主义又不等同于认同绝对的相对主义。相对主义断言，世界的多元性排除了对世界进行客观认识、论证与批判的可能性；阐释世界的各种模式、框架在本质上是不相通的。相对主义在一切问题上，都秉持绝对中立的立场。而多元主义虽反对一元独断论，否认绝对真理的存在，但它希望通

① Steven Best and Douglas Kellner, Post modern Theory: Critical Interrogotions, the Guilford Press, 1991, p. 259.

过交流、对话，不断地超越现有的言说方式和阐释框架。

在大众传媒的人文话语导向中，多元对话主义具有十分重要的意义，它弘扬一种文化的宽容精神，强调各种思维模式、认识范型的相对独立性，它对社会现实、精神文化诸领域是如何构成与互动持有一种广泛的开放的观点。观点的多样性表明，对于任何社会文化现象，从来没有一种话语可以完全地加以说明。正如尼采、韦伯以及其他许多人所主张的，所有对实体的知识都是由一种特定的观点、一种认识模式所延伸出来的，所有的知识“事实”都是建构起来的诠释，所有的观点都是有限而不完整的。

惟其如此，多元对话主义以对话论为核心内容，强调只有通过不同主体之间的对话，各种思维方式、认识范型以及模式才得以相互补充、相互沟通，共同完成对世界的认知。主体与主体之间、主体自身内部展开的对话，不仅可以有效地克服不同观点、不同认识模式体系内部所固有的盲点与限制，而且可以回避一种“怎么样都行”的极端的相对论，避免混成拼贴以及无限自由的多元主义，进而超越各种思维模式之间的对立，也即绕开各种理论预设以及各知识形态无法通约所形成的陷阱。人类精神文化就在不同主体之间的对话交流中逐步获得新生的活力并不断延续下去。正是在这个意义上，伽达默尔将对话视作语言的本质和生命。

从上述观点出发，我们就会发现，当今中国的媒介文化格局，离真正的多元共生、多元沟通与对话局面的形成还有一定的距离。各种文化形态、媒介力量在不断标新立异的同时，是自身文化使命感的缺失，商品拜物教和西方中心观念挥之不去，商业利益和话语权力成为主要的追求目标，大众传媒领域也被人们视为一个大的名利场。当媒体的文化使命与商业利益发生冲突时，前者往往成了牺牲品，这在广告、娱乐节目中表现得最突出，贯穿其中的是一种纯粹的商业价值观。

值得警醒的是，“多元”不是各单元之间的机械组合、简单相加。这种“多元”极有可能陷人文化的“无政府”状态。走向对话式的多元主义，既是向世界的无限丰富性、多样性、差异性敞开，也是对价值废墟上基本共识的寻求与建构。在感性与理性、世俗化与神圣化、实践性与超越性、功利性与责任感、全球化与民族化等层面，大众传媒的人文价值诉求需要展开广泛的对话和探求。“对话”不是“对立”，它是各种思维方式、认识范型以及阐释模式之间的相互补充、相互沟通，以共同完成对世界的认知。用霍埃的话来说，“为使对话成为可能，就得有一个交流的共同基础才行”[①]。也许，一劳永逸的共同基础并不存在，至多只能说，共同的基础可以在整个过程中产生。但是，既然时代已经向我们提出了这样的课题，我们就有责任去寻求关于媒介文化话语的最低限度的共识。从文化社会学的观点来看，媒介符号是“社会整合”的最佳工具：作为知识和交流的工具，各种符号使得对于社会世界的意义达成共识成为可能，这种共识其基本特征是对于社会秩序的再生产[②]。尽管人们对文化有不同的评判尺度，但具体到中国特定的现实，就必须在多种声音的相互激荡中找到一些基本的人文共识，建构自己的话语。面对 21 世纪的价值体系重组，大众传媒的人文话语导向应该是在多元论的基础上完成更加复杂的综合。这样，我们的文化也许能够“重新获得一种聚合力，一种有维系力、有经验的聚合力，而不是徒具形式的聚合力。”[③] 在走向市场化的进程中，人文价值的坐标也有助于传媒发展不偏离正确的航向。

---

① ［美］霍埃：《批评的循环》，兰金仁译，辽宁人民出版社 1987 年版，第 95 页。

② Bourdieu，p.，Language and Symbolic Power，（ed），Tompson，J. B.，Cambridge：Polity Press，1991，p. 166.

③ ［美］丹尼尔·贝尔：《资本主义文化矛盾》，赵一凡等译，生活·读书·新知三联书店 1989 年版，第 168 页。

第十一章 媒介技术与人文素养的融合

一 新闻教育的人文向度

随着大众传媒事业的发展，新闻传播学成了“显学”，高校纷纷增设相应的院系、专业。有关数据显示，全国新闻学类专业点在1994年以前共有66个，而2008年全国新闻学专业点已达到878个，在校学生约16万人，分布在全国近400所高校。这种超常规的发展，为迅速扩张的传媒业输送了新鲜血液，但不容忽视的是，新闻教育尚未取得理想的成效，业界和教育界不约而同地指出当前新闻教育存在着较大缺陷。

纯粹功利主义的短视和偏差

业界对新闻院系毕业生通常的评价是“上手快，后劲不足”。之所以出现这种状况，必须深入分析国内新闻院系的教学状况。与中文、历史、哲学等人文学科相比，新闻传播学科尚处于一种不成熟状态，学科规范、课程体系也不完备，新闻教育在很大程度上成了一种职业教育，新闻学专业的毕业生进报社，广播电视专业的毕业生进广播台和电视台。为传媒界培养合格的从业人员本是新闻教育的根本任务，但正如不少专家所指出的，近年来，大学课程设置呈现职业化倾向，大学有逐渐沦为职业培训机构的危险。

传媒业的发展，需要大量传媒人才，毕业生也以进入这一领域为荣。作为一种"生计学科"，新闻学类专业点强烈地吸引着学生，在高考和考研中，考生趋之若鹜。为了适应社会需求，新闻教育格外注重采写实践和传播技能的训练，重业务素质而轻人文素质。实用主义的社会心理，要求学校教育更实际些，新闻教育因而打上了很深的"生计化"的烙印。这种倾向的极端发展，很可能导致学校课程的工具化、"异化"。如某大学一位教师曾准备自编"新闻炒作学"教材，并打算在学校里开设这门"崭新的课程"，其申请居然获得了校方的批准。此事经过媒体的"炒作"，该校也感觉不妥，便又声明取消了这门课程。受商业化浪潮的冲击，"新闻炒作学"无非是迎合媒体的经济效益诉求，将各种奇招、怪招作为新闻技巧向学生传授。

在新闻教育中，上述例子当然是个别的，更多的情况是，功利性的价值取向促使学校设置了较多的职业课程，并延长实习的时间，注意培养学生适应社会和职业的能力。在教育内容上，侧重于专业基础知识、传播科技应用，而人文课程受到轻视和排挤；在教育方法上，着重知识的灌输和技能的训练，而忽视心灵的教化和人文精神的培养，学生的独立性、创造性、探索欲望受到抑制，人文德性、审美修养处于被遮蔽状态。这种教育的结果是，学生毕业之后能较快适应职业要求，短期内具有不可替代性，但缺乏长远发展的深厚内涵。在新闻从业人员中，拥有中文、法律、经济、哲学等学位的人才，相比之下反而更具后发优势。

应该看到，教育适应社会并不等于盲目顺应社会。纯粹功利主义的目标取向，其实是教育目的短视和偏差造成的后果，是一种工具理性、技术理性要求的反映。工具性、技术性教育培养人的谋生技能，它最终导致学校的培养目标出现简单化、划一化和工具化的倾向，把学生当作像商品原料一样的加工对象，经过加工成为大工业生产所需要的标准型的专门人才，以便可以在大工业生产的流水线上获得一个职位。片面强调职业教育，会造成急功近利的心态，教育模式雷同、刻板，学生的思维方向单一，共性有余而个性不足，人文素质缺乏，这些都会影响学生的后期发展。

其实，学生在学校获取的知识是有限的，关键在于思维方式、知识结构的训练。哈佛大学的一项研究表明，一个人的知识只有20%是在学校获得的，其余80%是走出学校后在工作、生活的压力下去获得的。过分夸大教育的社会地位和社会作用，将使人们对教育的期望过高，大学教育被当成了打造“饭碗”的工程。丘成桐先生曾一针见血地指出：中国的学生急功近利一点，比较重视就业前途。美国学生在大学里有很多选择，可以念数学、物理、音乐或者其他，根据兴趣去选择，不一定为了以后的工作、前途。他们接受的是通才教育，自信心很强。在哈佛大学，很多本科生毕业后很快就能转到其他行业做。国内很多学生不够博学，思想不够活跃，常被所学专业“捆住”。事实上，做新闻工作者需要接受广博的通才教育。作为一名新闻工作者，他必须懂得与之谈话的人们谈论的话题，必须理解他“报道”的人们的演讲内容。他应该懂一点音乐、艺术、戏剧，因为他有可能要报道这些东西。如果他对社会学、经济学、历史学、自然科学、哲学、文学和艺术没有一点粗浅的知识，他就抓不住其中的重要意义，无法进行诠释，而只能浮光掠影，或者只能抓住一些人人都知道的肤浅东西，使新闻事业成为文化人口中的笑柄。“上佳新闻事业的声望将因劣质新闻的粗糙而受损”[①]。

美国是一个非常重视实用主义的国家，他们对高等教育采取功利主义的态度，学校开设各种学术性、实用性、职业性等课程，但他们并未陷入“职业至上论”的偏颇。美国实用主义哲学的鼻祖杜威虽然较为重视适应社会生活的职业教育，但也反对那种狭隘的、过于专门化和工匠式的纯功利性的职业训练，不应把人文教育与职业教育分割开来或对立起来。他认为职业训练是使教育更有效地成为学生进入社会生活之前的一种见习工作，其重点是参与各项社会活动。学校不应过早地给学生职业定向，不要预先就为学生决定将来从事某种职业，也不应只给学生一种职业训练，而应看到学生将来从事多种职业的可能性。职业教育要培养的是“一个发展的人”，一个具有多种可能性的人[②]。新闻学科本质上是应用学科，但不能将实践经验和专业技能作为人才培养的全部。

---

① ［美］利昂·纳尔逊·弗林特：《报纸的良知——新闻事业的原则和问题案例讲义》，萧严译，中国人民大学出版社2005年版，第230页。

② 扈中平：《教育目的论》，湖北教育出版社2004年版，第136—137页。

媒介人的素质决定媒体的品位

只有和谐完整的教育，才能促进个人和社会的全面和谐发展。怀特海曾精辟地指出："没有纯粹的技术教育，也没有纯粹的人文教育，二者缺一不可。"新闻院校的学生单纯掌握采编技巧是不够的，他们课外还必须广泛涉猎文史哲经典著作，拓宽知识面，注重人文修养。虽然现在很多新闻院校也开设了《中国古代文学》、《中国现代文学》、《基础写作》等课程，但大多是概览式的、应景式的，学生对名著不感兴趣，无心阅读经典文本，而热衷于流行的时尚读物。没有扎实的人文基础知识，专业训练是很难深入的，它很可能是停留在表面的纯技术性操作。

传媒业是实践性很强的领域，同时也离不开知识的创新和运用。新闻采编等业务技巧在本质上是一种程序化知识，它易于掌握；而人脑中属于灵感、创新的那部分意会性知识，才真正是个体能力的体现。主体的意志品质、适应能力、合作精神、心理承受力、创造力等，单靠实践性的职业训练是无法完全激发的。美国新闻界人士认为，新闻学不仅是研究新闻的学问，而是集一切学问之大成的科学。现代美国报纸的先驱者和示范者普利策曾说过："应该承认新闻工作是一项伟大的并需要高度文化修养的职业，要有最渊博的知识和最高尚的品格。"[①] 正因为此，美国著名高校的新闻教育都是把基础课的教学放在重要位置。基础课占75%，它是广泛的人文科学、自然科学和社会科学知识。哈佛大学的核心课程计划便包括6个学科领域：外国文化、历史研究、文学和艺术、伦理思辨、科学、社会分析。

新闻从业人员必须具备特别的经验与广博的知识，同时也要有良好的意志品质、精神境界和职业道德，比如，追求真理的理性精神，实事求是的严谨精神，批判超越的创新精神，团结协作的团队精神，公平公正的法治精神；崇尚实践、积极竞争、知行合一、尊重科学、兼容并包的人格和风貌，等等。作为一个和谐发展的高级专门人才，其价值观念、道德情操和能力水平是建筑在较

① 李建新：《中国新闻教育史论》，新华出版社2003年版，第29—30页。

高的科学文化素养之上的，特别是文史哲素养上。新闻教育的主要目的，在最广泛的意义上就是“塑造人”。正如爱因斯坦所说：“只教给人一种专门知识、技术是不够的，专门知识和技术虽然使人成为有用的机器，但不能给他以一个和谐的人格。”① 如果学生只是局限于太狭窄、太技术化的职业知识，以功利主义作为人生目的，就很难具有高尚情操、人文情怀以及社会历史使命感。新闻传媒工作者在采写新闻、传播信息时，还必须在事实与价值之间有明确的判断，必须能回答“为什么”的问题。传媒人在新闻传播活动中不仅应确信自己在技术上正确的，也应该包括对道德和社会的思考，深刻理解所从事专业的社会伦理意义，并赋予自身工作以价值。新闻不仅是客观存在物的复制、写真，其中也蕴涵着认识主体的看法、评价、意见。而这种看法、评价、意见，不一定由报道者站出来自己表白叙说，而往往通过对客观存在物的细心选择和巧妙组合，用事实自身的逻辑说服力来“说话”。而通过事实“说话”的新闻，更能显示出报道者与接受者之间的“真情对话”，更能体现出报道者对接受者的“人的关怀”。这种观点所展示的“新闻本位”，实际上正是人文精神在新闻报道中的生动体现，比没有人的灵魂的“纯客观报道”更能体现出对人的关怀，流露出人的真情实感②。

大学不同于一般的社会领域，新闻教育在贴近大众社会的同时也要与它保持适当的距离，大学在社会当中毕竟是一种精英力量，通过一种人文主义、理想主义的教育提供给学生进而影响社会。新闻教育当然也不是万能的，不过是从培养最初的新闻从业人员开始，用一种理想和情怀向学生施加影响。用一位资深传媒人士的话来说，如果新闻院系培养的学生出去后对各种不符合传媒操守的事情感到难过，这就说明教育仍是成功的。

古人云：一乡有一善士，则一乡化之。原清华大学校长梅贻琦又添上一句：“况学府者应为四方善士之大总汇乎？”现代的“善士”，不仅要掌握各种专业技能，同时也应是一个素养高深、心灵博大与人格健全的人。人文教育虽不是万能的，但如果大学都将其舍弃，老师在课堂上向学生灌输投身传媒业有什么实惠、月薪多少，让拜金主义、利己主义泛滥校园，那么学生进入社会之

① 刁培萼：《教育文化学》，江苏教育出版社1992年版，第75—76页。

② 童兵：《科学和人文的新闻观》，《新闻大学》2001年夏季卷。

后，就很可能成为狗仔队，是非不分、善恶不辨，为了让传媒机构和自己赚更多的钱，甚至没有起码的社会责任理念、职业操守，在金钱面前泯灭了同情心和人道精神。这绝不是危言耸听。2003 年 9 月，在山西繁峙“6・22”特大煤矿爆炸事故中，11 名新闻记者在采访中收受当地有关负责人及非法矿主贿送的现金、金元宝，导致所在媒体的“集体”失声。2004 年 9 月，央视 4 套《今日关注》栏目在关于俄罗斯北奥塞梯别斯兰市人质危机的报道中，滚动播出有奖竞猜信息，罹难的鲜活生命变成了有奖竞猜的数字，此举引起观众的极大愤慨，不少观众在网上留言指出“传媒应有道德底线，不应借人质事件发财”。在传媒竞争的格局中，受利益驱动、功利驱动，类似事件绝非个别。有学者剖析了当前中国传媒普遍存在的缺乏新闻职业意识和职业规范的 14 种表现，包括受贿丑闻、假新闻出现的频率越来越高，记者对血腥、暴力和涉及人的尊严的事件，表现冷漠，采用毫无人性的词句描写事实等等①。这些现象足以令人警醒。

为了迎合部分受众的趣味，有的媒体社会责任感淡薄，出现了新闻炒作、新闻媚俗化等现象，纯粹的市场逻辑带来了报道价值观的偏颇，片面追求趣味低下的“卖点”。一些传媒人连起码的职业道德、社会良知都没有，传媒又如何能肩负起舆论引导和价值引导的角色？新闻界的前辈萧乾先生曾指出，新闻记者不仅仅是个消息的采访者，他还必须具有一腔对人的热情关怀。“他必须是侠胆义肠的，坚决站在受欺压者的一边，揭露邪恶，反对横暴。他的职务是报道，他更加神圣的职责是扶持正义，捍卫真理。”② 除了客观传播环境之外，新闻传播者自身的人文修养，是确保新闻传播活动中有足够人文精神浸染的重要条件。

中华民族有着“观乎人文，以化成天下”的古老信念，这一古老信念和现代大学的功能并不相悖。一种思想文化，往往是植根于本民族历史的进程之中的。媒介伦理、社会良知是靠人文教化长期培育并代际相传的，而不是靠空唱利他主义的高调进行说教式教育。建构媒介伦理、社会良知必须仰仗人文教

① 陈力丹：《传媒职业精神与工作规范缺失的若干表现》，《采写编》2005 年第 1 期。

② 萧乾：《从斯诺的一生看新闻记者的素质》，《萧乾全集》第四卷，湖北人民出版社 2005 年版，第 309 页。

育，人的品质决定于人文教育的品质，媒介人的素质决定媒体的品位。大学教育中必须蕴涵一种深厚的人文精神，护守文化的传承，为莘莘学子和社会大众提供“真”、“善”、“美”的价值观念，提升、拓展人的精神境界；应该继承人类富有价值的思想文化遗产，并进行创新，承担起教化社会的角色，为社会变革注入精神动力。因此，传媒人才的培养，应该将专业训练与人文素质、历史良知熏陶结合起来，培养有独立行动和独立思考的个人，他们把为社会服务、实现自我价值看作是人生的最高目标。

在更新教学设备、引入高科技手段、加强操作性技巧训练的同时，新闻教育如能贯穿人文精神的底蕴，人文课程与实务课程并重，道德人格与专业技能兼修，无疑有助于培养合格的高素质的传媒英才。当然，人文教育也不是一成不变的，它应该根据社会的发展、时代的变革以及青年学生的心理特点，不断地调整教学方式、教育内容。以传统的人文学科为依托的人文教育模式如何适应今天的现实，还需要作更多的探索。大学的人文教育应该直面当下的社会文化语境，用符合时代精神的价值体系引领和整合多样化的思想观念和社会思潮，对青年学生的世界观、人生观、价值观施加正向的影响。

目前，我国高等教育尚不发达，受过大学教育的人口比例仍很小。人们有理由期待这些年轻人如胡适先生在几十年前提出的那样，要保留一点“与众不同之处”。这与众不同不是高居云端不食人间烟火、脱离社会实践，不是与大众格格不入，而是他们受过的系统教育要求他们比一般人更有知识和头脑，表现出更强的责任意识和积极入世的精神，也即个体生命能够更和谐地融入社会。

二　新媒体语境中编辑的阅读取向与人文诉求

网络、手机等新媒体的强势崛起，改变了新闻出版业的运作环境。在新的技术平台上，传统媒体与新媒体大汇流，媒介融合成为一种必然趋势。传媒行业原本存在着精细分工，报刊、图书、影视、网络和手机之间界限分明。然而，新媒体技术打破了分工的壁垒，各种形式的传播发生了彻底的变革，媒体产业面临前所未有的变局和大幅度调整的命运，新兴业态不断涌现，传统模式所设定的专业操作界限难以适应媒介融合的潮流。在这样的语境中，新闻出版的流程将重构和再造，编辑角色功能处于调整变化之中，其阅读取向、知识结构也必须相应进行重组、更新和优化。

阅读取向的文化内涵

新媒体技术与知识经济、信息社会是紧密联系在一起的，媒介的技术创新和整个社会的信息传播、知识创新都呈现出一种超常规的、加速度的发展态势。在某种意义上，大众传媒塑造着我们的知识获取方式、思维方式和生活形态。日常生活中的信息膨胀和爆炸，与其立体化的全方位传播便有很大关系。

传播方式的革命，不仅是在技术层面，同时也深刻地塑造着人们的思维模式和接受方式。正如美国学者尼尔·波兹曼所指出的，“表达思想的方式将影响所要表达思想的内容”。早在 16 世纪，人们的认识论就发生了巨大的变化，任何一种知识都要通过铅字来表达和传播。关于这个变化，路易斯·芒福德写道：“印刷书籍比任何其他方式都更有效地把人们从现时现地的统治中解放出来……铅字比实际发生的事实更有威力……存在就是存在于铅字之中：其他的一切都将渐渐地成为虚无。所谓学习就是书本的学习。”印刷术推动了人类文明的进步，对知识文化起了很大的普及作用。“阅读从来就没有被视为上等人的活动，印刷品广泛传播在各类人群之中，从而形成了一种没有阶级之分的、生机勃勃的阅读文化。”尼尔·波兹曼认为，阅读从本质上来说是一件严肃的事情，也是一项理想的活动。阅读过程能促进理性思维，铅字那种有序排列的、具有逻辑命题的特点，能够培养“对于知识的分析管理能力”。阅读文字意味着要跟随一条思路，这需要读者具有相当强的分类、推理和判断能力。这里指的不是个人的潜力，而是一种文化气质的倾向。在印刷术统治下的文化中，公众话语往往是事实和观点明确而有序的组合，大众通常都有能力进行这样的话语活动。① 阅读取向是人们选择、阅读、评价出版物的立场，以及对读

① ［美］尼尔·波兹曼：《娱乐至死》，章艳译，广西师范大学出版社 2004 年版，第 39—67 页。

物需求所显示出来的一种兴趣，它是个人学识、思维方式、学习态度、认知目的等知识倾向性的综合表征。书籍阅读最能培养人们的理性思考能力和批判意识，也是智慧和创造的源泉。

随着新媒体的崛起，信息和知识传播的方式更多样化、立体化、平民化，现代人的阅读方式和习惯正发生着深刻的变化。大众传媒广泛的辐射效应，使人们同时陷入信息饥渴和信息焦虑之中。“由于数字时代的到来，今天的人们对信息的渴望远较过去任何时代更加强烈。虽然数字的载体 0 和 1 的脉冲是如此的简单，但它对人类的影响却像原子弹一样大。”[①] 10 多年前，人们可能会为堆在家里的杂志和报纸而焦虑，如今，随着数字流充斥着我们生活的各个领域，这种焦虑在不断地增加：电子邮件、网站、电子新闻、聊天室、手机报、移动视频、实时信息……所有这些数据流几乎无时无地不在影响着我们的工作和生活。美国学者约瑟夫·奈指出，在权力与信息流动增加的关系中，存在着一个“充足的悖论”（the paradox of plenty）。丰富的信息导致关注的贫乏。当我们被大量的信息淹没其中之时，我们难以确定关注什么。注意力取代信息成为稀有资源，而可以将有价值的信号与白噪声（white noise）区分开来的人就获得了权力。对编辑人员、信息筛选人员、信息提要编制人员的需求增加，对那些能够告诉我们应该关注什么的人士而言，这就是权力之源。信息流动的权力属于那些编辑信息、对信息进行权威证实、并分拣出正确、重要信息的人。[②] 海量的信息并非全部都有价值，关键在于它们对受众是否有意义。如果受众接触信息时并未获得知识，人们就无法从中受益或获得启发。

编辑的信息过滤和知识分类功能十分重要。在信息社会中，知识创新模式和媒介技术传播的变化，带来了知识性质、知识结构的根本性变化，应用性知识受到更多的重视。知识进展的速度是每四五年就翻一番，一个大学生毕业后从事编辑工作，如果不继续学习，四五年后原有知识就报废一半。“过去 30 年比从前 5000 年产出的信息还要多。《纽约时报》平日版面的信息量比 17 世纪一个男人或女人整个一生所经历的信息还要多。每天大约 1000 本书在世界范

---

① ［美］沃尔曼：《信息饥渴——信息选取、表达与透析》，李银胜等译，电子工业出版社 2001 年版，第 13 页。

② ［美］约瑟夫·S. 奈：《硬权力与软权力》，门洪华译，北京大学出版社 2005 年版，第 152 页。

围内出版发行”。[①] 海量的知识和信息，快速变动的社会生活，向人们提出了全新的知识及知识结构的要求。

作为一种专业技术工作，编辑有其特有的方针理念、业务流程、知识体系和评价标准。由于自身职业所承担的文化建构和传承功能，编辑除了要努力掌握与业务工作直接有关的知识外，还要有广博的基础知识，文学、历史、哲学、政治、经济、法律、宗教和文化等方面的书籍都应该读一些，对前沿科技知识也应该保持关注。

新媒体技术具有无所不在的渗透力，网络、QQ 聊天、ICQ、BBS、MSN、Google、百度、BT 下载、迅雷、PPstream 播放器、博客、微博、3G、手机报纸、移动视频等，已经进入人们的日常生活。就新闻出版工作而言，数字出版、虚拟编辑部、互动媒体、全媒体和媒介融合平台等概念让人目不暇接。由于新闻出版与新媒体技术出现融合趋势，使得数字技术、信息技术、网络技术等不仅参与新闻出版的编排、外部包装，加快出版物的传播速度，扩展传播范围，而且推动新闻出版内容质量的开掘。文字、图片、音频、视频以及大量相关信息合为一体的新兴业态，要求编辑应掌握较高的计算机技术、多媒体技术和数据化管理技术，并熟练地使用各种相关的应用软件。编辑的知识结构和思维模式应该是开放性的，根据自己的兴趣与需求，调整阅读取向，将信息和知识进行筛选、加工，不断地从科学技术的前沿发展中获取新的滋养，优化知识结构，多角度、多视点地构建自己的知识体系。

编辑处于文化建设的前沿地带，肩负着信息传播、知识积累、文化传承和价值引导的使命，只有不断更新理念，兼收并蓄，将新信息、新知识与原有的知识结构整合为有机的整体，才能实现编辑水平、能力的提升。

科学与人文的融合

编辑的阅读取向与其文化眼光、价值理念是一种互动的关系。阅读行为、知识获取是文化眼光和价值理念形成的基础，文化眼光和价值理念反过来又影

① ［英］史蒂文·拉克斯编：《尴尬的接近权：网络社会的敏感话题》，禹建强、王海译，新华出版社 2004 年版，第 152 页。

响着阅读取向。新闻出版工作不纯粹是技术性的，编辑的阅读趣味、文化理想、对信息和知识的评价，会在文本选择、导向判断、内容编排等方面显现出来。

当今时代的生活节奏日益加快，信息和知识海量膨胀，传播途径和存储方式改变，出现了数字化的符号交流方式。人们逐渐放弃深度阅读，选择浏览式的浅阅读，图像化、影视化、快餐化、娱乐化的文本受到更多的欢迎。就像英国学者马尔科姆·卢瑟福所说的，“物质和技术环境塑造生活模式，后者又转而变成了常规。生活习惯同样包括某些成为常规的思维方式。这些思维方式包括共同体的技术知识及普遍持有的价值和信念”。[①] 新媒体用自身特有的方式传达信息、知识、意义和价值，不断改写日常生活中的文化规则。

面对涌动的新媒体技术浪潮，传媒产业和编辑人员不能让科技成为绝对的主宰，技术手段最终是为内容传播、文化建构服务的。人文精神与科学精神交融，文化素养和媒介技术互渗，才更有利于人们创造性思维的发挥和生活品质的提升。否则，科技发展得越快，精神危机也越重。对此，哈佛大学李欧梵教授忧心忡忡地说：“新闻本身的转变——从文字、印刷逐渐向视觉和网络，这一个转变，不只为新闻也为整个社会带来前所未闻也难以想象的影响。这一个影响所造成的就是一个更为广泛的人文危机。”[②] 假如一个社会的新闻出版从业者，只有专业技术的知识技能，只关心经济效益，对弱势群体缺少人文关怀，对社会痼疾缺少反思能力，对文学、历史、哲学、艺术、宗教和文化一窍不通，这样的社会必然丧失文化的生机，陷入深重的精神困境。

科技发展很快，编辑更应该有一种文化自觉的意识，拥有广阔的文化视野。物理学家杨振宁在谈到人的创造精神培育时说：“在这样一个错综复杂、新学问多得不得了的今天，不管是科学、工程、人文都是这个样子，在这样复杂的情形之下，要想产生出真正有创新的想法，必须要培养广泛的兴趣。”[③] 对于编辑来说，兴趣广泛、文化底蕴深厚更是不可或缺的。人文素养的提升，

① ［英］马尔科姆·卢瑟福：《经济学中的制度：老制度主义和新制度主义》，陈建波、郁仲莉译，中国社会科学出版社 1999 年版，第 112 页。

② 李希光：《不做新媒体技术的奴隶》，《运城学院学报》2007 年第 1 期。

③ 杨振宁：《大学教育与文化自觉》，甘阳、陈来、苏力主编：《中国大学的人文教育》，生活·读书·新知三联书店 2006 年版，第 3 页。

智慧和创造力的获得，都不是在朝夕之间。“唯有全面的终身教育才能够培养完善的人，而这种需要正随着使个人分裂的日益严重的紧张状态而逐渐增加。我们再也不能刻苦地、一劳永逸地获取知识了，而需要终身学习如何去建立一个不断演进的知识体系——‘学会生存’。”[①] 这也说明，编辑要结合时代特点动态建立自己的知识结构。

新媒体技术并没有从根本上改变世界的本质、人的基本意义和存在价值。无论传播技术的转型升级和辐射能力有多强，无论信息、知识的载体会发生何种变化，阅读思想深沉、情感真挚、哲理丰厚的出版物，能激励我们思考和探索，将信息和知识整合为一个连贯而充满智慧的整体，拓展精神的空间和维度，凝聚和延伸社会核心价值。

① 联合国教科文组织国际教育发展委员会编：《学会生存——教育世界的今天和明天》，华东师范大学比较教育研究所译，教育科学出版社 1996 年版，第 2 页。

参考文献

A

［美］阿尔文·托夫勒：《未来的冲击》，蔡伸章译，中信出版社 2006 年版。

［法］艾德加·莫兰：《社会学思考》，阎素伟译，上海人民出版社 2001 年版。

［美］埃弗利特·E. 丹尼斯、约翰·C. 梅里尔：《媒介论争——19 个重大问题的正反方辩论》，北京广播学院出版社 2004 年版。

［英］埃里克·克拉克：《欲望制造家——揭开世界广告制作的奥秘》，刘国明、孔维凤译，河南人民出版社 1991 年版。

［英］奥利弗·博伊德-巴雷特、克里斯·纽博尔德编：《媒介研究的进路：经典文献读本》，汪凯、刘晓红译，新华出版社 2004 年版。

B

［美］保罗·莱文森：《手机》，何道宽译，中国人民大学出版社 2004 年版。

［法］贝纳德·格塞雷、罗伯·埃伯格：《广告创意解码》，沈吕百、黄振家编译，中国物价出版社 2003 年版。

［美］比尔·盖茨等：《未来之路》，辜正坤主译，北京大学出版社 1996 年版。

C

蔡翔：《日常生活的诗情消解》，学林出版社 1994 年版。

陈翰伯：《陈翰伯文集》，商务印书馆 2000 年版。

陈力丹：《陈力丹自选集——新闻观念：从传统到现代》，复旦大学出版社 2004 年版。

陈力丹、易正林：《传播学关键词》，北京师范大学出版社 2009 年版。

陈晓明：《无边的挑战》，时代文艺出版社 1993 年版。

陈晓明：《解构的踪迹：历史、话语与主体》，中国社会科学出版社 1994 年版。

陈卫星：《传播的观念》，人民出版社 2004 年版。

程文超：《程文超文存》（八卷本），中国社会科学出版社 2009 年版。

D

［美］大卫·奥格威：《奥格威谈广告》，曾晶译，机械工业出版社 2003 年版。

［美］戴安娜·克兰：《文化生产：媒体与都市艺术》，赵国新译，译林出版社 2001 年版。

［美］戴维·阿什德：《传播生态学——控制的文化范式》，邵志择译，华夏出版社 2003 年版。

［英］戴维·冈特利特主编：《网络研究：数字化时代媒介研究的重新定向》，彭兰等译，新华出版社 2004 年版。

［英］戴维·莫利、凯文·罗宾斯：《认同的空间——全球媒介、电子世界景观和文化边界》，司艳译，南京大学出版社 2001 年版。

［美］丹尼尔·贝尔：《资本主义文化矛盾》，赵一凡等译，生活·读书·

新知三联书店 1989 年版。

［英］丹尼斯·麦奎尔、［瑞典］斯文·温德尔：《大众传播模式论》，祝建华、武伟译，上海译文出版社 1987 年版。

［美］道格拉斯·凯尔纳：《媒体文化——介于现代与后现代之间的文化研究、认同性与政治》，丁宁译，商务印书馆 2004 年版。

［美］道格拉斯·凯尔纳：《媒体奇观——当代美国社会文化透视》，史安斌译，清华大学出版社 2003 年版。

［美］德里克：《后革命氛围》，王宁等译，中国社会科学出版社 1999 年版。

杜声锋：《皮亚杰及其思想》，三联书店（香港）有限公司，1988 年版。

［英］多米尼克·斯特里纳蒂：《通俗文化理论导论》，阎嘉译，商务印书馆 2001 年版。

E

［德］恩斯特·卡西尔：《人论》，甘阳译，上海译文出版社 1985 年版。

F

［荷］梵·迪克：《作为话语的新闻》，曾庆香译，华夏出版社 2003 年版。

方厚枢：《中国当代出版史料文丛》，中国书籍出版社 2007 年版。

［荷］佛克马、蚁布思：《文学研究与文化参与》，俞国强译，北京大学出版社 1996 年版。

［英］弗兰克·富里迪：《知识分子都到哪里去了》，戴从容译，江苏人民出版社 2005 年版。

［美］弗雷德里克·杰姆逊：《后现代主义与文化理论》，唐小兵译，北京大学出版社 1997 年版。

［美］弗雷德里克·杰姆逊：《语言的牢笼·马克思主义与形式主义》，钱佼汝、李自修译，百花洲文艺出版社 1995 年版。

G

戈公振：《中国报学史》，上海古籍出版社 2003 年版。

葛兆光：《中国思想史》，复旦大学出版社 2001 年版。

辜鸿铭：《中国人的精神》，广西师范大学出版社 2001 年版。

H

[德] 哈贝马斯：《公共领域的结构转型》，曹卫东等译，学林出版社 1999 年版。

[加拿大] 哈罗德·伊尼斯：《传播的偏向》，何道宽译，中国人民大学出版社 2003 年版。

[美] 赫伯特·马尔库塞：《单向度的人》，刘继译，上海译文出版社 2006 年版。

黄兴涛：《闲话辜鸿铭》，广西师范大学出版社 2001 年版。

[美] 霍埃：《批评的循环》，兰金仁译，辽宁人民出版社 1987 年版。

J

蒋述卓：《在文化的观照下》，广东人民出版社 1997 年版。

蒋述卓等：《文化视野中的文艺存在》，中国社会科学出版社 2003 年版。

蒋述卓、李凤亮主编：《传媒时代的文学存在方式》，广西师范大学出版社 2010 年版。

[美] 杰拉德·J. 泰利斯：《广告效果评估——广告何时、如何和为什么有效》，李洋、张奕、晓卉译，中国劳动社会保障出版社 2005 年版。

金元浦、陶东风：《阐释中国的焦虑——转型时代的文化解读》，中国国际广播出版社 1999 年版。

[法] 居伊·德波：《景观社会》，王昭风译，南京大学出版社 2006 年版。

K

［英］卡尔·波普尔：《科学知识进化论》，纪树立编译，生活·读书·新知三联书店 1987 年版。

［德］卡尔·曼海姆：《意识形态和乌托邦》，艾彦译，华夏出版社 2001 年版。

［美］凯·克拉克、迈·霍奎斯特：《米哈伊尔·巴赫金》，语冰译，中国人民大学出版社 1992 年版。

L

［美］兰斯·班尼特：《新闻：政治的幻象》，杨晓红、王家全译，当代中国出版社 2005 年版。

［英］雷蒙·威廉斯：《关键词：文化与社会的词汇》，刘建基译，生活·读书·新知三联书店 2005 年版。

［美］理查德·凯勒·西蒙：《垃圾文化——通俗文化与伟大传统》，关山译，社会科学文献出版社 2001 年版。

［美］理查德·沃林：《文化批评的观念》，张国清译，商务印书馆 2000 年版。

［美］利昂·纳尔逊·弗林特：《报纸的良知——新闻事业的原则和问题案例讲义》，萧严译，中国人民大学出版社 2005 年版。

［英］利萨·泰勒、安德鲁·威利斯：《媒介研究：文本、机构与受众》，吴靖、黄佩译，北京大学出版社 2005 年版。

李希光：《转型中的新闻学》，南方日报出版社 2005 年版。

李泽厚：《批判哲学的批判》，安徽文艺出版社 1994 年版。

梁启超：《饮冰室合集》第七册，中华书局，1989 年版。

梁漱溟：《梁漱溟集》，群言出版社 1993 年版。

刘禾：《语际书写——现代思想史写作批判提纲》，生活·读书·新知三联书店 1999 年版。

刘建明：《新闻学前沿》，清华大学出版社 2005 年版。

刘康：《对话的喧声：巴赫金的文化转型理论》，中国人民大学出版社 1995 年版。

刘再复：《性格组合论》，上海文艺出版社 1986 年版。

柳鸣九主编：《从现代主义到后现代主义》，中国社会科学出版社 1994 年版。

柳鸣九主编：《二十世纪现实主义》，中国社会科学出版社 1992 年版。

鲁曙明、洪浚浩主编：《西方人文社科前沿述评·传播学》，中国人民大学出版社 2007 年版。

陆扬、王毅选编：《大众文化研究》，上海三联书店 2001 年版。

陆扬、王毅：《文化研究导论》，复旦大学出版社 2006 年版。

罗钢、刘象愚主编：《文化研究读本》，中国社会科学出版社 2000 年版。

［美］罗杰·菲德勒：《媒介形态变化》，明安香译，华夏出版社 2000 年版。

［法］罗杰·加洛蒂：《论无边的现实主义》，吴岳添译，上海文艺出版社 1986 年版。

［英］罗杰·西尔弗斯通：《电视与日常生活》，陶庆梅译，江苏人民出版社 2004 年版。

M

［加拿大］马歇尔·麦克卢汉：《理解媒介——论人的延伸》，何道宽译，商务印书馆 2000 年版。

［加拿大］马歇尔·麦克卢汉：《机器新娘——工业人的民俗》，何道宽译，中国人民大学出版社 2004 年版。

［美］马克·波斯特：《信息方式》，范静哗译，商务印书馆 2001 年版。

［美］马克·波斯特：《第二媒介时代》，范静哗译，南京大学出版社 2001 年版。

［德］马克思·霍克海默、特奥多·阿多尔诺：《启蒙辩证法》，洪佩郁等译，重庆出版社 1990 年版。

［美］马泰·卡林内斯库：《现代性的五副面孔》，顾爱彬、李瑞华译，商务印书馆 2002 年版。

［英］迈克·费瑟斯通：《消费文化与后现代主义》，刘精明译，译林出版社 2000 年版。

［美］曼纽尔·卡斯特：《网络社会的崛起》，夏铸九等译，社会科学文献出版社 2006 年版。

孟繁华：《传媒与文化领导权——当代中国的文化生产与文化认同》，山东教育出版社 2003 年版。

［俄］米·巴赫金：《巴赫金文论选》，佟景韩译，中国社会科学出版社 1996 年版。

［俄］米·巴赫金：《陀思妥耶夫斯基诗学问题》，白春仁、顾亚铃译，生活·读书·新知三联书店 1988 年版。

［俄］米·巴赫金：《拉伯雷研究》，李兆林等译，河北教育出版社 1998 年版。

［美］米切尔·舒德森：《广告，艰难的说服》，陈安全译，华夏出版社 2003 年版。

N

［美］尼尔·波兹曼：《娱乐至死》，章艳译，广西师范大学出版社 2004 年版。

［英］尼克·史蒂文森：《认识媒介文化》，王文斌译，商务印书馆 2001 年版。

［英］尼古拉斯·加汉姆：《解放·传媒·现代性——关于传媒和社会理论的讨论》，李岚译，新华出版社 2005 年版。

P

［瑞士］皮亚杰：《发生认识论原理》，王宪钿等译，商务印书馆 1981 年版。

［瑞士］皮亚杰：《结构主义》，倪连生、王琳译，商务印书馆 1984 年版。

R

［法］让·波德里亚：《消费社会》，刘成富、全志钢译，南京大学出版社 2006 年版。

［法］让-弗朗索瓦·利奥塔尔：《后现代状态——关于知识的报告》，车槿山译，生活·读书·新知三联书店 1997 年版。

［法］让-马贺·杜瑞：《颠覆广告》，陈文玲、田若雯译，中国财政经济出版社 2002 年版。

S

［英］斯图亚特·艾伦：《新闻文化》，方洁等译，北京大学出版社 2008 年版。

T

陶东风、徐艳蕊：《当代中国的文化批评》，北京大学出版社 2006 年版。

［英］特里·伊格尔顿：《历史中的政治、哲学、爱欲》，马海良译，中国社会科学出版社 1999 年版。

W

汪晖：《汪晖自选集》，广西师范大学出版社 1997 年版。

汪民安等主编：《后现代性的哲学话语》，浙江人民出版社 2000 年版。

王宁：《多元共生的时代》，北京大学出版社 1993 年版。

王晓明编：《人文精神寻思录》，文汇出版社 1996 年版。

王一川：《语言乌托邦》，云南人民出版社 1994 年版。

王永亮等编著：《传媒思想——高层权威解读传媒》，中国传媒大学出版社 2006 年版。

王岳川：《后现代主义文化研究》，北京大学出版社 1992 年版。

王岳川、尚水编：《后现代主义文化与美学》，北京大学出版社 1992 年版。

王岳川主编：《媒介哲学》，河南大学出版社 2004 年版。

[德] 沃尔夫冈·韦尔施：《重构美学》，陆扬、张岩冰译，上海文艺出版社 2002 年版。

[美] 沃纳·赛佛林、小詹姆士·W. 坦卡德著：《传播理论——起源、方法与应用》，郭镇之主译，中国传媒大学出版社 2006 年版。

吴飞主编：《传媒竞争力》，中国传媒大学出版社 2005 年版。

X

肖东发、方厚枢主编：《中国编辑出版史》，辽海出版社 2003 年版。

谢冕、张颐武：《大转型——后新时期文化研究》，黑龙江教育出版社 1995 年版。

徐贲：《走向后现代与后殖民》，中国社会科学出版社 1996 年版。

Y

[英] 以赛亚·伯林：《俄国思想家》，彭淮栋译，译林出版社 2003 年版。

尹鸿：《尹鸿自选集》，复旦大学出版社 2004 年版。

[英] 约翰·B. 汤普森：《意识形态与现代文化》，高铦等译，译林出版社 2005 年版。

[美] 约翰·费斯克等编撰：《关键概念：传播与文化研究辞典》，李彬译注，新华出版社 2004 年版。

［美］约翰·帕夫利克：《新媒体技术——文化和商业前景》，周勇、张平锋、景刚译，清华大学出版社 2005 年版。

［美］约书亚·梅罗维茨：《消失的地域：电子媒介对社会行为的影响》，肖志军译，清华大学出版社 2002 年版。

Z

［英］詹姆斯·库兰、［美］米切尔·古尔维奇编：《大众媒介与社会》，杨击译，华夏出版社 2006 年版。

［美］詹姆斯·R. 汤森、布兰特利·沃马克：《中国政治》，顾速、董方译，江苏人民出版社 2004 年版。

［美］詹姆斯·特威切尔：《美国的广告》，屈晓丽译，江苏人民出版社 2006 年版。

［美］詹姆斯·W. 凯瑞：《作为文化的传播——“媒介与社会”论文集》，丁未译，华夏出版社 2005 年版。

张京媛主编：《新历史主义与文学批评》，北京大学出版社 1993 年版。

张君劢、丁文江等：《科学与人生观》，山东人民出版社 1997 年版。

张颐武：《在边缘处追索》，时代文艺出版社 1993 年版。

张国义编：《生存游戏的水圈》，北京大学出版社 1994 年版。

张志安：《报道如何深入——关于深度报道的精英访谈及经典案例》，南方日报出版社 2006 年版。

［日］植条则夫：《广告文稿策略——策划、创意与表现》，俞纯麟、俞振伟译，复旦大学出版社 1999 年版。

周宪：《中国当代审美文化研究》，北京大学出版社 1997 年版。

周宪：《审美现代性批判》，商务印书馆 2005 年版。

周宪：《文化研究关键词》，北京师范大学出版社 2007 年版。

周小仪：《唯美主义与消费文化》，北京大学出版社 2002 年版。

［美］朱丽·汤普森·克莱恩：《跨越边界——知识　学科　学科互涉》，姜智芹译，南京大学出版社 2005 年版。

后　记

“狐狸有多知，而刺猬有一大知。”这是古希腊诗人阿基洛科斯存世的断简残篇中的一句。英国大思想家以赛亚·伯林对这一隐晦难解的句子作了精彩的诠释。伯林在分析19世纪俄国思想家的时候，区分了历史上的两种作家或思想家：一种是刺猬型的，他们聚精会神，将所有的思考归系于某个单一的中心框架或相对连贯密合、条理明备的体系，并根据这个框架、体系去感受事物和理解世界。另一种是狐狸型的，他们东张西望，对各种事物和目标都感兴趣，其生活、行动与观念是离心而不是向心式的，他们的思想或零散或漫射，在许多层次上运动。

以赛亚·伯林还指出，不只是作家或思想家大致可以划分为“刺猬”和“狐狸”两种类型，甚至一般人也显示出类似的思维模式的深刻差异。的确，思维模式决定了观察事物的角度和关注的重心。能够唤起我们注意力和持久兴趣的事物，都经过了自身特定思维模式的选择性过滤。在学术研究中，这种思维模式的区别是非常明显的。我自知是普通人，但愿意将自己喻为东张西望的“狐狸”。这并没有攀龙附凤、自我拔高的意思，只是就思维的发散性而言。从个人的阅读来看，也是胡乱翻书，无主题变奏，未设定一个中心领域。除了新闻报刊和相关研究著作外，文学、历史、哲学、宗教和文化等，兴之所至，自由漫步，浅尝辄止，不求甚解。闲时诵读唐诗宋词、《金刚经》和《心经》，转换思维角度和日常心态，希望在蝇营狗苟、浮躁焦虑的万千世相中多一份淡定和从容。

本书的内容包括新媒体技术、知识传播、新闻出版、媒介批评、广告艺术、欲望叙述、人文论争和新闻教育等方面，这里面并没有一个严密的理论框架和逻辑系统，只能说是对传媒文化多侧面的观察，信马由缰的散点透视，浮光掠影式的思索，不讲究什么章法。我要感谢《现代传播》的张国涛，《中国出版》的朱音，《出版发行研究》的石河，《新闻战线》的祝晓虎，《求是学刊》的杜桂萍，《晋阳学刊》的马斗全，《天津社会科学》的时世平，《浙江学刊》的项义华，《学术研究》的陶原珂、王法敏，《暨南学报》的王桃，《学术论坛》的陈梅云，《文艺争鸣》的孟春蕊，《广西社会科学》的邓双霜，《广东外语外贸大学学报》的许莲华，《粤海风》的徐南铁、谭运长、逸风、傅修海，《探求》的温朝霞，本书的大部分内容能在这些刊物发表，得益于编辑老师的包容。

多年来，导师蒋述卓教授对我教诲良多、勖勉有加。能够跟随蒋老师不断学习，真是荣幸之至。师恩难报，心中愧疚，深恐辜负了先生的厚望。

此外，暨南大学新闻与传播学院的范以锦教授、林如鹏教授、蔡铭泽教授、刘家林教授、董天策教授、曾建雄教授、杨先顺教授、薛国林教授、谭天教授、申启武教授、张晋升教授等，在我的工作中给予了诸多帮助，在此一并致谢！

本书的一些章节是我主持的网易科研资助项目、暨南大学科研培育与创新基金项目、暨南大学学位与研究生教育教学研究和改革项目、暨南大学教学改革项目的部分成果，谨向这些项目的资助者网易公司、暨南大学社科处、暨南大学研究生部、暨南大学教务处表示谢意！

从事科研工作实在是一件苦差事，终日枯坐在书斋中面对电脑，“两眼一睁，忙到熄灯”。妻子周山丹与我一路行来、执手相偕，她对我的工作予以极大的理解和支持，还经常是我所写文字的第一读者，并提出了很多建设性的修改意见。在湖南家乡的双亲默默地关注我的情况，然而，我能回报他们的也只有这微末的文字。这两年岳母为我们分担家务和照料小孩的任务，创造了安宁的环境。5岁多的儿子晗章现在也很少来打扰我了，他知道爸爸在敲电脑时是不能随便碰的。他在跟小伙伴的嬉戏中，在阅读、画画和钢琴中找到了自己的乐趣。

2010年10月于广州暨南园